AF231580

LEÇONS

DE CHRONOLOGIE

ET D'HISTOIRE

HISTOIRE DU MOYEN AGE

COURS D'ÉTUDES ÉLÉMENTAIRES

De l'abbé GAULTIER

REVU ET AUGMENTÉ PAR SES ÉLÈVES

Lecture.

Boîte typographique pour apprendre à lire aux enfants.................................... 5 fr.

Lecture. 1er Cours; 1 vol. in-18. avec fig.. cart.. » 75

Lectures graduées pour les enfants du premier âge; nouvelle édition revue et illustrée de plus de 200 gravures sur bois. 2 vol. in-18 cart.. 3 »

Lectures graduées pour les enfants du second âge; 3 vol. in-18 cart....................... 4 50

Chronologie et histoire.

Histoire Sainte et Ecclésiastique; 1 vol. in-18 cart... 1 50

Histoire Ancienne; 1 vol. in-18 cart............ 1 50

Histoire Romaine; 1 vol. in-18 cart............ 1 50

Histoire du Moyen Age; 1 vol. in-18 cart...... 1 50

Histoire Moderne; 2 vol. in-18 ca............. 3 »

Histoire de France; 1 vol. in-18 car.......... 1 50

Médaillons des Rois de France, en étui........ 2 50

Eléments d'Histoire de France; 1 vol. in-18 car. » 75

Géographie.

Leçons de géographie et de sphère, 26e édition. 1 gros vol. in-18, avec fig. dans le texte, cart. 1 50

Éléments de géographie, extrait des Leçons de géographie; 1 vol. in-18 cart................. » 75

Atlas de géographie, contenant 15 cartes gravées sur acier et coloriées; in-folio cart..... 6 »

Étiquettes du jeu de géographie, 1 feuille..... » 75

— Les mêmes, collées sur carton et renfermées dans un étui........................... 2 »

Petit Atlas de Géographie; 11 cartes, col.. in-4, cart... 2 »

LEÇONS

DE CHRONOLOGIE

ET D'HISTOIRE

DE L'ABBÉ GAULTIER

Entièrement refondues et considérablement augmentées

PAR

DE BLIGNIÈRES, DEMOYENCOURT, DUCROS (DE SIXT)
et LECLERC, ses élèves.

TOME IV

Histoire du moyen âge.

PARIS

LIBRAIRIE RENOUARD

H. LOONES, successeur

ÉDITEUR-PROPRIÉTAIRE DES OUVRAGES DE L'ABBÉ GAULTIER
6, Rue de Tournon, 6
1875

Les dépôts ayant été effectués conformément à la loi, tout contrefacteur ou débitant de contrefaçons de cet ouvrage sera poursuivi avec rigueur.

Les exemplaires sont revêtus de la signature de l'Éditeur-Propriétaire.

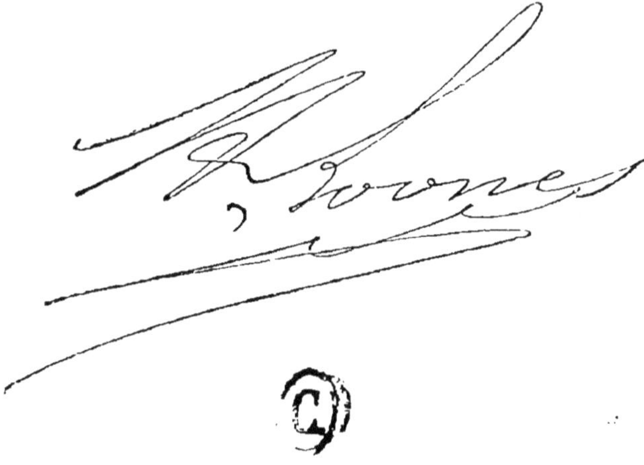

AVANT-PROPOS

L'*Histoire du moyen âge* est une des plus intéressantes ; elle est, en même temps, une des plus difficiles à présenter en abrégé à la jeunesse. La variété des événements qui la remplissent, la formation des États modernes, qu'on voit tour à tour naître et se développer, la destruction des deux grands empires qui en marquent, par leur chute, le commencement et la fin, sont de nature à attirer puissamment l'attention. Mais, d'autre part, la multiplicité de ces mêmes événements tend à la fatiguer, dans un âge surtout où elle n'a pas encore acquis toute sa force ; et si l'on cherche à suivre les différents peuples dans leur marche vers leur organisation actuelle, on sent combien il est malaisé de ne pas se perdre au milieu des débris confus et des transformations successives de tant d'États divers.

Un premier but était donc désigné à nos efforts : donner à ce vaste tableau, renouvelé sans cesse et présenté en raccourci, le plus de netteté possible, pour qu'il se gravât dans la mémoire d'une manière plus profonde et plus durable.

La division de l'histoire par siècles, employée dans les autres volumes du *Cours complet*, nous a été, dans celui-ci particulièrement, d'un grand secours pour arriver au résultat que nous recherchions. Dans chaque siècle, nous avons placé, d'une manière identique, les États suivant la place, qu'ils occupent sur la carte d'Europe. Nous avons pris soin d'indiquer, au moyen du *titre courant*, d'un côté le siècle, de l'autre le pays. De cette manière, le professeur et l'élève pourront à leur gré, soit avoir un aperçu de l'histoire générale de l'Europe à une même époque, soit s'attacher à l'histoire particulière d'un même peuple, et retrouver, à travers les différents siècles, la série des principaux faits qui composent cette histoire.

Nous n'avons pas la prétention d'avoir tout dit, ni même tout indiqué. Un ouvrage élémentaire a des limites qu'il ne faut point dépasser. Nous nous sommes résignés, dans l'intérêt de l'ensemble, à des omissions nécessaires. Les événements les plus saillants disparaîtraient dans la confusion d'un trop grand nombre de faits ; les noms qui doivent être retenus seraient oubliés, si d'autres, moins importants, venaient aussi solliciter la mémoire. Toute notre ambition a été de bien choisir et de raconter avec exactitude.

Pour comprendre l'histoire d'un peuple, il est souvent indispensable de n'être point étranger à celle des autres nations : car les faits contemporains ont entre eux, dans bien des circonstances, la connexion la plus étroite. Cette *Histoire du moyen âge* sera le complément toujours utile, parfois nécessaire, de toute *Histoire de France*[1], et réciproquement.

Au VIIe, VIIIe et IXe siècle, l'élément germanique

---

[1] Un volume spécial du Cours complet est consacré à l'histoire de notre pays ; il a été étudié par les élèves avant le moment où celui-ci est mis entre leurs mains. Il doit être repris et consulté fréquemment au milieu de cette nouvelle étude. Refaire ici l'Histoire de France eût donc été un double emploi fâcheux, au point de vue de l'unité de notre œuvre, et nous avons dû ne la faire figurer dans ce volume que sous forme de *sommaires* placés à la fin de chaque siècle. Ces sommaires, que nous nous sommes étudiés à présenter d'une manière complète, réveilleront les souvenirs des élèves et permettront au professeur d'apprécier d'une manière sûre, au moyen de questions, la ténacité et la fidélité de leur mémoire.

joue un très-grand rôle dans l'histoire du pays des Francs. Ce royaume, ou du moins celui de leurs royaumes qui s'appelait Austrasie, ne comprend pas seulement une partie du territoire de la France actuelle, il s'étend dans l'Allemagne et pénètre dans le centre de l'Europe. L'empire Carlovingien embrasse presque tout l'Occident. Pendant cette période, nous avons dû présenter un résumé de notre histoire nationale, fait au point de vue de cette histoire universelle.

La féodalité a eu, en France, ses premiers développements ; mais elle a existé dans la plupart des États du moyen âge et y a exercé une influence des plus considérables. C'est en France, au xe siècle, après l'histoire de l'empire Carlovingien, que nous a paru devoir se placer le plus naturellement l'explication de cet important système.

Enfin, l'histoire n'est pas seulement une succession chronologique de faits ; elle est surtout le récit du développement politique, intellectuel et moral des peuples.

Les constitutions politiques, nous les avons indiquées sommairement, comme il convenait de le faire dans un ouvrage de cette nature. Nous sommes entrés dans plus de détails relativement à certaines institutions, à certains faits qui captivent l'imagination, qui relèvent l'aridité de certaines autres parties d'un livre élémentaire, et qui sont le charme et la gloire du moyen âge : nous voulons parler de la chevalerie, des ordres militaires, des croisades.

Fidèles à ce même principe, nous avons présenté, à la fin de chaque siècle, le tableau du mouvement intellectuel pendant cette période. L'éclat des lettres, des sciences, des arts, s'obscurcit ou se ravive suivant que la barbarie ou la civilisation reprend son cours, et il devient durable dans l'Europe occidentale

à partir de ce xiiie siècle où l'Église, à force de persévérance, a réorganisé une société dont les éléments
avaient été pendant si longtemps rebelles à l'harmonie
qui devait les unir.

L'histoire du christianisme, en effet, voilà le couronnement de tout le reste. Sans elle, celle du moyen
âge ne se comprendrait pas, n'existerait même pas.
Le monde moderne s'est constitué pendant cette
époque. Les invasions ont apporté les matériaux. Mais
ces matériaux, qui les a dégrossis? qui les a mis en
œuvre? L'Église. Nous avons donc, dans chaque siècle
aussi, rappelé les travaux de l'Église, le dévouement
de ses apôtres et de ses saints, la naissance de ses
ordres religieux qui, en gardant, comme une étincelle
précieuse, l'œuvre du génie humain, répandent à
flots la lumière divine de l'Évangile et font connaître
à l'orgueil des Barbares la sainteté du travail, la puissance de la douceur, la nécessité de l'humiliation et de
la prière. L'hommage public que tout chrétien doit à
sa religion est une justice et un devoir tout spécial
pour l'historien de ces temps de transformation sociale. Si la conscience atteste ce que le christianisme
fait pour le bonheur de l'individu, l'histoire ne doit-
elle pas proclamer ce qu'il a fait pour montrer aux
peuples la voie et pour leur donner la vie?

Mai 1864.

SOMMAIRE CHRONOLOGIQUE

DE

L'HISTOIRE DU MOYEN AGE

EN VERS TECHNIQUES.

Fin du IVe siècle et du Ve siècle.

*nvasion des Barbares. — Chute de l'empire romain d'Oc-
cident. — Origine des États modernes.*

395 Trois cent quatre-vingt-quinze ouvre le moyen âge.
Pour toujours des Césars l'empire se partage.
Arcade, Honorius n'ont régné que de nom.
403 Les Goths sont, près d'*Asti*, vaincus par Stilicon.
Les Barbares, du Rhin ont franchi la barrière,
Lorsque d'Honorius succombe le beau-père [1].
412 Alaric entre à Rome et meurt à Cosenza.
Épris de sa captive, Ataulfe l'épousa.
Bourguignon [2], Visigoth [3], Suève [4] et puis Vandale [5]
Ont fondé quatre États de durée inégale.
451 En un combat fameux qui se livre à *Châlons*,
Attila met aux mains toutes les nations;
Mais ce n'est pas par lui que Rome sera prise :
452 Léon sait l'arrêter. On voit naître Venise,
455 Genséric piller Rome, et, sous un faible enfant,
476 Disparaître sans bruit l'empire d'Occident,
489 L'Hérule et l'Ostrogoth fondre sur l'Italie
Et par l'Anglo-Saxon la Bretagne envahie [6].
Anastase à Byzance est l'empereur romain,
Quand Clovis aux Gaulois s'impose en souverain.

VIe siècle.

*lovis, roi des Francs. — Théodoric, roi des Ostrogoths. —
Justinien législateur. — Pontificat de S. Grégoire le
Grand.*

Byzance a son long mur, Anastase hérétique
18 Est suivi de Justin, trop zélé catholique.

[1] Meurtre de Stilicon en 408. — [2] En 413. — [3 et 4] En 419. — [5] En
5. — [6] En 455 et en 491.

520 Arthur a des Saxons retardé les progrès.
    La race de Clovis se souille de forfaits.
    Le grand Théodoric tient captifs à Pavie
524 Et Boëce et Symmaque, et leur ôte la vie.
    Benoit[1], que de bienfaits sont dus à tes enfants !
527 En l'an cinq cent vingt-sept, et pour trente-huit ans,
    Justinien revêt la pourpre impériale ;
    A ses codes il doit sa gloire principale ;
    Il subit le tribut qu'exige Chosroës ;
    Mais par ses généraux, Bélisaire et Narsès,
    Il est vainqueur, il prend l'Afrique et l'Italie ;
    Puis, ayant à grands frais bâti Sainte-Sophie,
    Plein d'orgueil, il se croit un Salomon nouveau.
    On envoie à Narsès et quenouille et fuseau ;
569 Il fait signe aux Lombards, et le même an amène
    Alboin devant Pavie et Longin à Ravenne.
    Trop peu de temps régna Tibère-Constantin.
    Les Angles, pour apôtre, ont le moine Augustin,
600 Lorsque, vers l'an six cent, environné de gloire,
    Sur l'Église régnait l'humble et savant Grégoire.

VIIe siècle.

Héraclius. — Mahomet.

602 Maurice et ses enfants ont un sanglant destin ;
    Phocas succède à ceux dont il est l'assassin.
    De Brunehaut[2] on sait la déplorable histoire.
    Héraclius[3], courant de victoire en victoire,
    A repoussé le Perse et reconquis la croix.
    L'Arabe Mahomet veut fonder à la fois
    Une religion et le plus vaste empire.
622 En l'an six cent vingt-deux a commencé l'*hégire*.
    Mercie est le plus fort des royaumes Saxons.
    Eloi, Wilfrid, Wilbrod vont prêcher les Frisons.
    La Syrie et L'Egypte, et la Perse et Carthage,
    Des Musulmans vainqueurs deviennent le partage.
    De l'Islam sous Ali naît la division.
    D'Herstal commence alors[4] la puissante maison.
    En ce siècle la cloche invite à la prière ;
    L'Espagne aux Visigoths obéit tout entière.
    Pour ses sujets Lombards Rotharis fait des lois,
    Et le Grec se défend avec le feu grégeois.

---

[1] Fondation en 528 de l'ordre des Bénédictins par saint Benoît de Nursie. — [2] Elle meurt en 613. — [3] De 610 à 641. — [4] Bataille de Testry en 687.

VIIIᵉ siècle.

Les Maures en Espagne. — Les Iconoclastes. — Avénement des Carlovingiens. — Puissance temporelle des papes. — Charlemagne.

    Le Sarrasin franchit les colonnes d'Hercule,
711 Et, vainqueur à *Xérès*, conquiert la Péninsule;
718 Pélage y fonde au nord un royaume chrétien.
    Le dernier Héraclide est un Justinien.
    En revenant de Rome, Ina dans l'Angleterre,
    Établit le premier le denier de Saint-Pierre.
    Léon trois, de Byzance un vaillant défenseur,
    Des images devient l'insensé destructeur;
726 Et Rome ne veut plus que le pape pour maître.
    Martel, que ses exploits ont déjà fait connaître,
732 En sept cent trente-deux sauve la chrétienté.
    Vingt ans après, son fils obtient la royauté.
    Boniface aux Germains tout entier se dévoue;
755 Il meurt en l'an qui donne un calife à Cordoue.
    Copronyme[2] se montre iconoclaste ardent.
752 L'exarchat tente Astolphe, à l'empire il le prend.
    L'Ommiade vaincu fait place à l'Abbasside;
762 Bagdad s'élève alors, le calife y réside.
755 Au pape par Pépin l'exarchat est remis;
774 Le royaume lombard par les Francs est conquis.
    L'Orient musulman sous Haroun[1] est prospère.
    Irène pour régner a cessé d'être mère[3],
    Du Saxon Witikind Charle enfin est vainqueur;
    De l'Église et des arts, il est le protecteur,
    Unit sous ses lois France, Italie, Allemagne;
800 Empereur en huit cent, son nom est Charlemagne!

IXᵉ siècle.

Les Normands. — La féodalité.

    L'Europe va subir durant plus de cent ans
    Les dévastations des pirates Normands,
    Alors que la Provence, ainsi que l'Italie,
    Est par les Sarrasins rudement assaillie.
    En Albion, Egbert reste seul souverain :
827 En l'an huit cent vingt-sept l'heptarchie a pris fin.

---

[1] De 741 à 755. — [2] De 786 à 809. — [3] Irène fit crever les yeux à son fils qui mourut à la suite de cette violence.

841 Aux champs de *Fontenay* quel horrible carnage!
843 Puis, en quarante-trois, se fait un grand partage :
     Trois grands États, trois rois, dont un est empereur.
842 Les Polonais pour duc prennent un laboureur[2].
857 Un grand schisme à pour chef Photius plein d'astuce.
862 Le Varègue Ruric a fondé l'État russe.
     L'ivrogne Michel trois[2] des bons est l'ennemi.
     Basile et ses enfants, pour un siècle et demi,
     Vont régner dans Byzance. Alphonse trois le Grand[3]
     Trente ans contre le Maure a lutté vaillamment.
865 De la foi le Bulgare a reçu la lumière.
     Le Danois sans relâche infeste l'Angleterre.
     Alfred de sa patrie est le libérateur ;
     Aimant l'étude et Dieu, guerrier, législateur,
900 Il meurt en l'an neuf cent. Rien n'a terni sa gloire,
     Et c'est un des grands rois que célèbre l'histoire.

Xe siècle.

*Splendeur de la civilisation des Arabes en Espagne. — Siècle
de fer pour l'Église. — Othon le Grand. — Capétiens en
France.*

911 Vers le temps où Cluny commençait sous Bernon,
     La Normandie était un duché pour Rollon ;
     Louis l'Enfant mourait ; Conrad de Franconie
     Était alors élu roi de la Germanie.
919 Puis, en neuf cent dix-neuf, viennent les rois Saxons :
     Entre les deux Henri, l'on compte trois Othons.
     Sous Henri l'Oiseleur, qui sagement gouverne,
     Déjà se préparait l'Allemagne moderne.
933 Quand l'Orient prenait son émir Al-Omra,
     Deux États n'étaient plus bornés par le Jura[4].
955 Lorsqu'en cinquante-cinq elle devient chrétienne,
     Olga change son nom contre celui d'Hélène.
     Mersebourg[5], *Brunanburg*[6], *Simancas*[7], puis *Augsbourg*[8]
     Ont vu de grands combats. Abdérame[9] à sa cour
     Montre en tout son éclat la grandeur musulmane.
     Dunstan est le censeur de l'Église anglicane.
962 En l'an soixante-deux, avec Othon le Grand
     Rome pour empereur subit un Allemand.

[1] Piast, simple paysan. — [2] De 842 à 867. — [3] Roi des Asturies, de
866 à 910. — [4] Les deux royaumes de Bourgogne, en deçà et au delà
du Jura, sont réunis en 933 et forment le royaume d'Arles. — [5] En
933. — [6] et [7] en 938. — [8] En 955. — [9] Abdérame III, de 912 à 933.

969 Quand par un Fatimite était bâti le Caire
    Edgar avait des loups délivré l'Angleterre.
987 Lorsque Hugues Capet sur le trône est monté
    En Occident régnait la féodalité,
988 Et la *trêve de Dieu* prend naissance en l'an même
    Où Vladimir le Grand recevait le baptême.
    Saint Etienne est l'apôtre et le roi des Hongrois [1].
998 Almanzor est vaincu, pour la première fois [2],
    Par le roi courageux [3] que Trembleur on surnomme.
    Adalbert [4] est martyr. Cencius trouble Rome [5].
999 Près d'être pris, Olof [6] s'élance dans la mer.
    Ce siècle est pour l'Église un vrai siècle de fer ;
    Mauvaises sont les mœurs, l'ignorance est profonde,
    Et quand l'an mil approche, on craint la fin du monde.

XIe siècle.

*Les Normands en Italie et en Angleterre. — Schisme définitif
de l'Église grecque. — Commencement de la querelle des
Investitures. — Grégoire VII. — Première croisade.*

    L'an redouté passa, confiance revint.
    Sur le trône allemand s'asseoit Henri le Saint.
1002 La *Saint-Brice* rappelle une atroce vengeance.
    Gerbert, pape Français, fameux par sa science,
1003 Régna trop peu de temps et mourut en mil trois.
1017 Sous Canut l'Angleterre appartient aux Danois.
1023 Au temps où Gui nommait six notes de musique,
    L'Allemagne élisait Conrad deux le Salique ;
    Les Normands dans la Pouille avaient de grands succès,
    Et mourait Boleslas, premier roi Polonais.
1033 Arles se réunit au germanique empire,
    Le califat d'Espagne en ce temps se déchire.
    Sous Humbert la Savoie a son commencement,
1036 Lorsqu'en mil trente-six finit Canut le Grand.
1035 Sanche étant mort, Navarre, Aragon et Castille
    Sont séparés. Édith, de Godwin noble fille,
1042 Est femme d'Edouard, nommé le Confesseur.
    Des Russes Jaroslaf [7] est le législateur.
    Macbeth des Écossais s'est attiré la haine.

[1] De 997 à 1038. — [2] A Calatanasor, vers les sources du Douro. —
[3] Garcias, roi de Navarre, allié à Bermude II, roi de Léon. — [4] Premier apôtre de la Prusse. — [5] De 966 à 998. — [6] Roi de Norvége, de
994 à 1000. — [7] De 1018 à 1054.

1046 Henri trois rend la paix à l'Église romaine.
1054 Saint Léon neuf triomphe en sa captivité,
     Guiscard comme un vassal à ses pieds s'est jeté;
     Mais à Byzance alors Cérulaire consomme
     Le schisme qui subsiste entre les Grecs et Rome.
1059 Sous Nicolas second ce décret est rendu :
     Que par les cardinaux le pape soit élu.
1066 En mil soixante-six, aux champs d'Hastings, Guillaume
     Combat Harold, et gagne Albion pour royaume.
     L'inflexible Hildebrand, sous qui plieront les rois,
1073 Devient Grégoire sept en mil septante trois;
     Il veut l'Église libre, et, bravant tout murmure,
     Dépouille les laïcs du droit d'investiture;
     L'empereur Henri quatre est treize ans contre lui;
     Mais Mathilde et Guiscard lui prêtent leur appui.
1072 Roger sur l'infidèle a conquis la Sicile.
1084 Au désert quand Bruno va chercher un asile,
     Le Cid seconde Alphonse, et Tolède est conquis.
     L'empereur à Byzance est Commène Alexis;
     L'Asie occidentale est aux Turcs Seljoucides.
     Et l'Espagne au midi s'ouvre aux Almoravides.
1091 Le Vieux de la Montagne est un chef d'assassins.
     Les Grecs contre les Turcs appellent les Latins,
1095 Lorsque sous un Français le Portugal commence.
     Le cri de : *Dieu le veut !* retentit dans la France.
     Entre tous les croisés a brillé Godefroi,
1099 Et, Jérusalem prise, il en est élu roi.

XIIe siècle.

*Établissement des communes. — Lutte du Sacerdoce et de
l'Empire. — Maison de Souabe ou des Hohenstauffen. —
Guelfes et Gibelins. — Croisades. — Innocent III.*

1106 En l'an onze cent six, la riche Normandie
     Est, sous Henri Beauclerc, à l'Angleterre unie.
     Remontent à ce temps, communes, Templiers,
     Et d'abord de Saint-Jean les nobles chevaliers.
1114 Bernard fonde Clairvaux, où va briller son zèle.
     Abailard se fait chef d'une école nouvelle.
     Pascal dans Henri cinq n'a trouvé qu'un ingrat,
1122 Et, l'an vingt-deux, à *Worms* il signe un concordat.
     Du Levant le commerce appartient à Venise.
     Gênes s'accroît, elle est la rivale de Pise.
1134 Alphonse d'Aragon à *Fraga* fut défait.

Neuf ans [1] Innocent deux lutta contre Anaclet.
Avec Boléslas trois [2] puissante est la Pologne.
Le droit romain renaît et s'enseigne à Bologne.
La maison de Souabe au trône impérial
1138 Monte en l'an trente-huit. Bientôt le Portugal
A salué son roi dans le vainqueur d'Ourique.
Trois fois Latran a vu concile œcuménique [3].
Sicile, Pouille et Naple [4] ont Roger deux pour roi;
Au pape, son captif [5], il prête hommage et foi.
Au Saint-Siége est hostile un moine, Arnaud de Bresce [6].
1144 En l'an quarante-quatre, est saccagée Edesse.
La seconde croisade est sans aucun succès.
1154 Henri deux est le chef des rois Plantagenets.
1152 « C'est en cinquante-deux que Barberousse règne;
« Il veut que l'Italie et le serve et le craigne. »
1154 L'Anglais Adrien quatre est pontife romain
Quand du roi Roger deux s'achève le destin.
Moscou se fonde alors; Eric prend la Finlande,
Et bientôt Henri deux met la main sur l'Irlande.
Le Danois Valdemar est illustre entre tous [7].
1162 Milan de Barberousse a senti le courroux;
Mais Alexandre trois occupait le Saint-Siége;
La ligue des Lombards se forme, il la protége;
A *Legnano* vaincu, Frédéric cède enfin.
Est-on pour l'empereur, on est dit *gibelin*;
Si l'on est contre lui, c'est *guelfe* qu'on se nomme.
En ce siècle le pape a souvent quitté Rome.
Par Albert l'Ours Berlin est, dit-on, commencé.
1170 Près de l'autel, Becket tombe, de coups percé.
1171 L'Égypte, en septante-un, n'a plus de Fatimites;
Le sultan Saladin est chef des Ayoubites.
Henri dit le Lion, qui trahit Frédéric,
1180 Conserve seulement Luxembourg et Brunswick.
Dans l'Espagne au midi s'affermit l'Almohade.
1187 Jérusalem est prise, on prêche une croisade;
1190 Du Cydnus Barberousse est retiré mourant.
1191 Richard envahit Chypre, Acre aux Croisés se rend.
Henri six, en nonante, à son père succède
Et tient captifs Richard et le fils de Tancrède [8];
Comme époux de Constance, à l'empire allemand
Il joint Sicile et Naple, héritage Normand.

1 De 1130 à 1138. — 2 De 1102 à 1138. — 3 En 1123, 1139, 1179.
— 4 De 1130 à 1154. — 5 Innocent II. — 6 De 1139 à 1155. — 7 De
1157 à 1182. — 8 Guillaume III.

Quand ce siècle finit, Philippe-Auguste en France
Règne; Henri n'est plus, ni sa femme Constance;
Leur fils Frédéric deux est encor tout enfant;
Un pape, d'un génie aussi ferme que grand [1],
Occupe dignement le trône de saint Pierre,
Et le coupable Jean règne sur l'Angleterre.

XIII° siècle.

Apogée du moyen âge. — Grande charte des Anglais. — Dernières croisades. — Saint Louis et saint Thomas d'Aquin. — Républiques italiennes. — Progrès de la littérature et des arts.

1204 En l'an douze cent quatre, un Flamand, Baudoin,
     A Byzance est élu pour empereur latin.
     Le quart des Etats grecs est le lot de Venise.
     Quand par Philipe à Jean la Normandie est prise.
1208 Philippe de Souabe est mort assassiné.
1214 A *Bouvines* défait, Othon est détrôné.
     Tandis que Gengis-Khan bouleversait l'Asie,
     Les Porte-Glaive étaient puissants en Livonie;
     Le meurtrier d'Arthur [2], vassal d'Innocent trois,
     Donnait à ses barons la charte de leurs droits;
     Le jeune Frédéric, du pape ingrat pupille,
     Voulait être empereur en gardant la Sicile;
     Saint Dominique était fondateur des *Prêcheurs*,
     Et saint François, le chef de l'ordre des *Mineurs*.
1229 En vingt-neuf s'éteignait l'Albigeoise hérésie,
     Lorsque sous les Mongols succombait la Russie.
     Frédéric, de Syrie est bientôt revenu,
     S'étant couronné roi sans avoir combattu.
     A des troubles sanglants l'Italie est en proie;
     Quelle énergie alors un vieux pape déploie [2]!
     Quand ce siècle treizième atteignait son milieu,
1250 L'empereur Frédéric paraissait devant Dieu,
     La Prusse était soumise à l'ordre Teutonique,
     Le commerce fondait sa *ligue anséatique*,
     A saint Ferdinand trois Séville se rendait,
     Aux rivages du Nil saint Louis combattait,
     Saint Thomas prodiguait ses trésors de science,
     La Sorbonne à Paris déjà prenait naissance,
     L'art gothique élevait ses plus purs monuments,

1 Innocent III. — 2 Jean Sans-Terre. — 3 Grégoire IX.

Et la chevalerie avait ses longs romans.
1261 Les Grecs, en soixante-un, sont rentrés dans Byzance.
Charles, comte d'Anjou, frère du roi de France,
1268 A Naples vient régner, Conradin va périr.
1270 Le dernier des Croisés[1] à Tunis vient mourir,
1284 Par Philippe le Bel la Navarre est française.
1273 Habsbourg est empereur en l'an soixante-treize,
Obtient l'Autriche et fonde une illustre maison.
1282 La Sicile se donne aux princes d'Aragon.
Florence a ses *prieurs*, Gênes a ruiné Pise.
1291 Acre par l'infidèle aux chrétiens est reprise.
1283 Edouard d'Angleterre a soumis les Gallois.
En Écosse il n'est plus de fils des anciens rois.
Vers le temps où ce siècle achève sa carrière,
1297 Le sénat de Venise était héréditaire ;
Un empire Ottoman sous les Turcs commençait,
Et Boniface huit sur l'Église régnait.
La boussole à la main, sur des mers plus lointaines,
Le nautonier suivra des routes plus certaines ;
Le papier apparaît ; le moine anglais Bacon
Dit l'effet merveilleux de la poudre à canon.

XIVe siècle.

*Confédération helvétique. — Les papes à Avignon. — Guerre
de Cent ans entre la France et l'Angleterre. — Bulle d'or.
— Schisme d'Occident.*

1300 L'an treize cent, paraît le poëme de Dante.
1307 L'Helvétie, en l'an sept, veut être indépendante.
Venise, au *livre d'or*, du noble inscrit le nom.
Les papes, dès l'an neuf, habitent Avignon.
Quand les *noirs* et les *blancs* s'agitent dans Florence,
1310 Les chevaliers chrétiens ont Rhode en leur puissance.
1314 Le même an, on élit Louis cinq empereur,
Bruce d'Edouard deux à *Bannock*[2] est vainqueur,
Et de Jacques Molay s'accomplit le supplice.
1315 L'an quinze, à *Morgarten*, a triomphé la Suisse.
1328 Brousse pour capitale est prise par Orkhan,
Alors que dans Moscou va s'établir Ivan.
Au lieu d'un fils soumis, Louis cinq de Bavière
Sera pour Jean vingt-deux un constant adversaire.

1 Louis IX. — 2 Bannock-Burn.

Edouard trois, vingt ans, tient sa mère en prison,
Fixe du parlement l'organisation,
1339 Et, dès l'an trente-neuf, il commence la guerre
Que *cent ans* se feront la France et l'Angleterre.
1338 On déclare à Francfort que les sept électeurs.
Sans le pape pourront faire les empereurs.
Contre les Musulmans deux Alphonse ont la gloire
1340 D'avoir à *Tarifa* remporté la victoire.
1347 En l'an quarante-sept, le tribun Rienzi
Voulut réformer Rome et n'a point réussi.
Vérone est aux Scala, les Gonzague ont Mantoue,
Les Vi-conti Milan, les Carrare Padoue,
Et les d'Este Ferrare. Un horrible fléau
1349 Des hommes, dit Froissart, met le tiers au tombeau.
1355 Faliero conspire, et sa tête est tranchée,
Quand à la belle Inès la vie est arrachée.
1356 L'empereur Charles quatre, en l'an cinquante six,
Donne la *Bulle d'or*. D'Édouard trois le fils,
Le même an, à *Poitiers*, vainquit le roi de France.
Pour le pape, Albornoz combat avec vaillance[1].
Le dernier des Piast des Juifs est protecteur.
1369 Pierre sur Transtamare accourt avec fureur.
Jeanne[2] aux quatre maris, de son sexe est la honte.
A réparer ses maux la France toujours prompte
Se venge des Anglais sous son premier Dauphin[3],
Et l'emporte sur eux, grâce à son Duguesclin.
Au temps où florissait le poëte Pétrarque,
Wiclef chez les Anglais était hérésiarque,
Le Mongol Tamerland à Samarkand régnait,
1371 Et le trône d'Écosse aux Stuarts se donnait.
1378 L'an soixante et dix-huit est fatal à l'Église :
Le schisme d'Occident pour longtemps la divise.
A Florence déjà brillent les Médicis.
De Charles quatre, indigne et misérable fils,
Wenceslas[4], odieux comme Néron lui-même,
Empereur déposé, règne encore en Bohême.
1381 Sous le roi Richard deux, Tyler trouble l'Etat.
1386 Les Suisses à *Sempach* hasardent le combat.
1386 En l'an octante-six, à la Lithuanie
Par Jagellon chrétien la Pologne est unie.
1389 *Cossova* par le Turc voit le chrétien défait ;

---

1 De 1355 à 1362, sous les papes Innocent VI et Urbain V. — 2 Reine
de Naples, de 1343 à 1382. — 3 Qui fut le roi Charles V. — 4 Empereur d'Allemagne, de 1378 à 1400 ; roi de Bohême, de 1378 à 1419.

A son père Amurât succède Bajazet.
Près de *Nicopolis*, des chevaliers l'élite
1396 Périt, et dans *Calmar* la grande Marguerite,
1397 Quand ce siècle quatorze inclinait sur sa fin,
Aux trois États du Nord donne un seul souverain.

Première moitié du XVe siècle.

Hussites. — Commencement des découvertes maritimes des Portugais. — L'empire héréditaire dans la maison de Habsbourg. — Invention de l'imprimerie. — Prise de Constantinople par les Turcs.

1402 En quatorze cent deux, Bajazet, près *d'Ancyre*,
Par Tamerlan est pris, et bientôt il expire.
Un Lancastre déjà sur les Anglais regnait.
1410 A l'empire, l'an dix, Sigismond parvenait,
Et l'ordre Teutonique était en decadence[1].
1414 Il s'assemble, en quatorze, un concile a Constance,
L'hérétique Jean Huss tombe aux mains du bourreau.
1415 *Azincourt* pour la France est un Crécy nouveau.
Au Portugal Ceuta dans l'Afrique est cédée.
Tour à tour on a vu le huitième Amédée
Duc, ermite, antipape et cardinal enfin.
Henri de Viseu fut un illustre marin.
1419 Un Portugais découvre, en l'an dix-neuf, Madère.
Trois ans après, mourut Henri cinq d'Angleterre.
1429 L'an vingt-neuf, Jeanne d'Arc vint sauver Orléans.
Pour dompter le Hussite il a fallu vingt ans.
1437 Jacques premier d'Écosse a péri par un crime.
Alphonse d'Aragon, nommé le Magnanime,
1435 De Naple et de Sicile a refait l'union.
1438 De l'empire d'Autriche a pris possession,
Et l'Allemagne alors en *cercles* se divise ;
La mer Adriatique appartient à Venise.
1433 On double, en trente-trois, le cap dit Bojador.
1452 Frédéric trois se fait sacrer à Rome encor.
De Côme, dit l'Ancien [2], s'honore l'Italie :
Florence l'a nommé Père de la patrie.
Longtemps [3] fut tout-puissant Alvarès de Luna.

---

[1] Par suite de la perte de la bataille de Tannenberg, en 1410. — Gonfalonier de Florence, de 1429 à 1464. — [3] De 1408 à 1453, sous Jean II, roi de Castille.

1444 Amurat, des Hongrois fut vainqueur à *Varna*.
  Contre les Turcs combat le vaillant Hunyade[1].
  Il se couvre de gloire en défendant *Belgrade*.
  Le héros Scanderbeg abjure le Coran,
1451 Et brave à *Croïa* les efforts du sultan.
  L'union de Calmar était abandonnée,
  Quand de *Cent ans* la guerre est enfin terminée.
  L'Allemand Guttenberg, par un art merveilleux[2],
  Transforme un manuscrit en des livres nombreux.
  Le dernier Constantin n'a pu sauver Byzance,
  Mahomet deux la prend, en fait sa résidence,
1453 En l'an cinquante-trois, et vainqueur insolent,
  Va sur Sainte-Sophie arborer le croissant.

[1] De 1440 à 1456. — [2] En 1436, première idée des caractères mobiles de fonte ; en 1450, impression d'une Bible, commencée à Mayence.

ERRATA.

Page 21, ligne 24, *effacez :* le poète grec Synésius, dont les hymnes sont restés.

Page 22, ligne 10, *ajoutez :* l'évêque et écrivain grec Synésius, dont les hymnes sont restés.

Page 38, ligne 24, Australie, *lisez* Austrasie.

Page 62, ligne 8, Prémysl, *lisez* Przémysl.

Page 107, ligne 23, Abdérame, *lisez* Aidérame.

LEÇONS DE CHRONOLOGIE

ET D'HISTOIRE

HISTOIRE DU MOYEN AGE

DEPUIS

LA MORT DE THÉODOSE LE GRAND

JUSQU'A

LA PRISE DE CONSTANTINOPLE PAR LES TURCS

(395-1453)

LEÇON PRÉLIMINAIRE

1. *Triomphe de l'Église à la fin du IVe siècle*[1]. — Durant les quatre premiers siècles, l'Église avait lutté contre les obstacles qu'opposaient à la propagation de

[1] L'abondance des matières nous a obligés à substituer dans cette Histoire, comme nous l'avions déjà fait dans la Géographie (2e partie), des *Sommaires* aux *Questions*, qui auraient occupé beaucoup plus de place. Mais, entre les mains du professeur, les sommaires doivent redevenir, et redeviendront aisément des questions. Il suffira de les faire précéder d'une des formules suivantes : — *Quel fut le...? — Quel était le...? — Qu'est-ce-que...? — Comment* ou *Quand eut lieu le...? — Racontez... —* Ici, par exemple, on dira: *Racontez le triomphe de l'Église à la fin du IVe siècle.*

1

l'Évangile les passions humaines que sa doctrine condamnait ; elle avait bravé les édits des empereurs, qui avaient dix fois tenté de noyer dans le sang la religion nouvelle. Vers la fin du ive siècle, elle était sortie victorieuse de cette double épreuve, et le christianisme s'était assis, avec **Constantin le Grand**, sur le trône des Césars.

2. *Conquêtes de l'Église en dehors de l'empire romain*[1]. — L'Église n'avait pas renfermé ses conquêtes dans les limites de l'empire romain. Depuis longtemps déjà, des peuples que n'avaient pu subjuguer les Césars, s'étaient soumis à la loi de Jésus-Christ. Des apôtres s'étaient avancés en **Arabie** et en **Ethiopie** bien plus loin que n'avaient pu pénétrer les légions d'Auguste ; le christianisme s'était établi en **Perse**, malgré les déserts qui avaient vu périr les empereurs Valérien et Julien, ses persécuteurs ; les **Scythes**, que nul conquérant n'avait pu atteindre, adoraient sous leurs tentes pastorales le Dieu qui s'était immolé sur le Calvaire pour le salut de tous les hommes. De **Rome**, désormais centre de son action, l'Église dominait le monde au commencement du ve siècle.

3. *Luttes que l'Église a encore à soutenir.* — Les luttes de l'Église n'étaient point terminées : son divin Maître l'a établie pour combattre sans cesse. On retrouvait encore des traces d'**idolâtrie** dans le fond des campagnes, et le même mot[2] servait à exprimer les paysans et les adorateurs des faux dieux. Dans les classes éclairées, l'école philosophique antichrétienne, dite **école d'Alexandrie**, comptait des sectateurs. Mais surtout l'invasion des barbares du nord, les uns,

---

[1] Le maître dira : *Quelles étaient les conquêtes de l'Église,* ou *Quelles conquêtes l'Église avait-elle faites en dehors de l'Empire romain ?* — [2] *Pagani*, d'où *paganisme*.

encore païens, les autres régénérés, il est vrai, par le baptême, mais dont la foi avait été infectée à sa source, venait créer au catholicisme de nouveaux périls. L'**Arianisme**[1], imposé aux nations gothiques et à d'autres peuplades par quelques empereurs, était une des plus dangereuses hérésies, et se propageait au moyen de la violence et des persécutions; l'Église en triompha par la sainteté de ses pontifes, le courage de ses martyrs, les lumières de ses docteurs et l'autorité de ses conciles. **Saint Athanase** en Orient, et **saint Hilaire**, évêque de Poitiers, en Occident, eurent la gloire de contribuer puissamment, par l'éloquence de leur parole, à cette grande victoire de la vérité.

4. *État du monde romain vers la fin du* IVe *siècle.* — **Théodose** venait de mourir à Milan, en 395, terminant un règne glorieux de seize années[2]. Après lui l'empire allait se diviser, d'une manière définitive, en **empire d'Orient** et en **empire d'Occident**. Il n'avait encore rien perdu de son étendue territoriale; mais les signes de décadence et de dissolution prochaine étaient frappants. Perte de l'esprit militaire chez les anciens Romains, qui se faisaient défendre par des barbares soudoyés, indifférence pour le bien public, découragement général, misère produite par un système oppresseur d'impôts : tout indiquait une ruine imminente. Sur la frontière septentrionale de l'empire, du Rhin à l'Oural, se pressent des peuples guerriers, nombreux, qui vont précipiter cette ruine et s'établir eux-mêmes dans ces vastes territoires que Rome ne sait plus garder.

5. *État du monde barbare vers la fin du* IVe *siècle.* — Les peuples, compris sous la dénomination générale de **barbares**, formaient bien des nations diverses et

---

[1] V. *Leçons d'Histoire romaine*, n° 627. — [2] *Ibid.*, n°s 650-658.

appartenaient à trois grandes races : la race **Scythique**, la race **Slave ou Sarmate**, et la race **Germanique**.

Les **Scythes**, originaires du nord-est de l'Europe et des environs de la mer Caspienne, étaient en général des populations nomades, errantes au milieu des steppes. A cette race appartenaient les **Tartares**, les **Huns**, les **Avares**.

Les **Slaves** ou Sarmates étaient répandus dans le nord et l'est de l'Europe, des bords de la Baltique à ceux du Pont-Euxin. On comprend parmi eux : les **Vendes** dont le nom se retrouve dans celui des **Vénètes** ou Hénètes, des **Vandales**, des **Antes**.

Les **Germains** habitaient l'espace compris entre la Baltique, la Vistule, la Theiss, le Danube et le Rhin. Parmi eux figurent les **Alémans** ou **Allemands**, confédération formée elle-même de plusieurs tribus : les **Francs**, autre confédération de la même nature ; les **Burgundes ou Bourguignons**, les **Suèves**, les **Saxons**, les **Angles**, les **Hérules**, les **Lombards** et les **Goths**, ces derniers subdivisés en **Ostrogoths**[1], **Visigoths** et **Gépides**.

6. *Principaux traits de caractère des Barbares du nord.* — On sait peu de chose sur les mœurs des **Scythes**. Les Slaves sont dépeints comme ayant, en général, des habitudes assez douces. A la différence des Scythes, ils n'étaient pas nomades, ils s'attachaient à la terre et savaient la cultiver. Les **Germains**, dans leurs vastes forêts, se formaient à la guerre par la chasse. Les chefs n'avaient chez la plupart de leurs peuplades qu'un pouvoir temporaire. La forme de gouvernement variait suivant les tribus germaines.

---

[1] *Ostrogoths*, Goths de l'est. *Visigoths*, Goths de l'ouest. *Gépides*, paresseux ou traînards.

Toutes avaient en mépris l'agriculture, en honneur l'éducation guerrière, le respect de la femme et de la foi conjugale, et celui des lois de l'hospitalité[1].

7. *Comment se traitaient, chez les Germains, les affaires publiques.* — Les affaires d'un intérêt général se traitaient, chez les Germains, dans des assemblées nommées **malls**, qui ont été en France l'origine des **champs de mars** ou **de mai.** Ces assemblées se composaient de tous les hommes libres, qui y venaient en armes ; elles étaient présidées par un ministre de la religion. Les guerriers témoignaient leur assentiment en frappant leurs boucliers de leurs javelots ou **framées**, et leur désapprobation par leurs murmures. C'était là qu'on décidait la paix et la guerre. Outre les guerres nationales, il y avait fréquemment des expéditions particulières qu'entreprenaient, sous leur responsabilité, des guerriers entourés de leurs **leudes**, ou fidèles ; ceux-ci partageaient avec le chef le danger dans le combat et le butin après la victoire.

FIN DU QUATRIÈME SIÈCLE

ET

CINQUIÈME SIÈCLE

(395-500)

I. — INVASION DES BARBARES. — CHUTE DE L'EMPIRE ROMAIN D'OCCIDENT.

1. *Fils et successeurs de Théodose le Grand.* — Théo-

---

[1] Voir pour plus de détails les *Leçons de géographie ancienne et du moyen âge*, par M. Ducros (de Sixt), p. 116-122.

dose eut pour successeurs ses deux fils, **Arcadius**, jeune homme de dix-huit ans, et **Honorius**, enfant de onze ans, qui se partagèrent l'empire en 395. Arcadius, sous la tutelle de **Rufin**, puis de **Gaïnas** et enfin d'**Eutrope**, eut l'empire d'Orient, et résida à Constantinople ; Honorius, sous celle de **Stilicon**, Vandale d'origine, fut empereur d'Occident, fixa à Rome le siége de son empire, et habita tour à tour Milan et Ravenne[1]. Ces deux jeunes empereurs furent aussi incapables l'un que l'autre. Arcadius fut plus vicieux ; Honorius fut plus frivole : au milieu des graves événements de son temps, l'entretien de sa basse-cour était une de ses occupations principales.

2. *Incursions des Goths. Combat de Pollentia.* — Les Goths furent les premiers ennemis que les fils de Théodose eurent à combattre. Depuis plus d'un siècle déjà, ils étaient connus des Romains. Convertis au christianisme, catholiques sous le grand Constantin, ils avaient, depuis, embrassé l'arianisme, à la persuasion de **Valens**. A cette époque (376), les Visigoths avaient été établis dans la **Mœsie** sur la rive droite du Danube. Théodose leur avait imposé l'obligation de défendre cette frontière en qualité d'alliés. Mais, à la mort du grand empereur, ces alliés turbulents et dangereux prennent pour prétexte que leur solde n'est pas acquittée, et vont eux-mêmes se payer par le pillage. Leur chef **Alaric** envahit la Grèce. **Stilicon** accourt d'Occident à la défense de cette province ; mais l'empereur d'Orient fait la paix avec le barbare, bientôt proclamé roi par les siens, et **Eutrope** fait déclarer Stilicon ennemi public. Alaric se jette sur

---

[1] Voir pour la division de l'Empire romain à cette époque en *préfectures, diocèses* et *provinces* avec leurs *métropoles*, les *Leçons de géogr.* par M. Ducros (de Sixt). IIe part., 2e leçon.

l'Italie ; Stilicon défait son armée (403) près de **Pollentia**[1] et l'oblige à se retirer en Illyrie. Honorius, dont la première capitale, **Milan**, avait été prise, choisit pour sa résidence **Ravenne,** que protégeaient ses lagunes, ses fossés, ses murailles et son port bien fortifié.

3. *Abolition des combats de gladiateurs.* — De leurs mœurs païennes, les Romains avaient conservé encore le goût des **combats de gladiateurs.** Après le **triomphe de Stilicon,** Honorius vint donner à Rome des jeux magnifiques, dont les combats de cette sorte faisaient partie. Un moine, nommé **Télémaque,** poussé par la charité chrétienne, se jeta au milieu des combattants, s'efforçant de les séparer. Le peuple le lapida pour le punir d'avoir interrompu ses plaisirs, mais l'empereur indigné abolit par un édit ces jeux cruels, et Télémaque fut honoré comme un martyr.

4. *Invasion de Radagaise. Les Bourguignons dans la Gaule. Les Suèves, les Vandales, les Alains en Espagne.* —Les Visigoths semblent avoir commencé contre l'Italie un mouvement d'attaque qui va se propageant parmi les autres Barbares. Après les soldats d'**Alaric,** une horde de **Suèves,** d'Alains et de Vandales, commandés par **Radagaise,** se précipite sur la Péninsule. Stilicon leur fait lever le siége de Florence ; il les cerne sur les rochers de **Fésules** (406) et les fait périr de faim. Suèves, Vandales, Alains, Bourguignons tentent alors un autre passage ; ils traversent le Rhin près de Mayence et dévastent la Gaule. Les **Bourguignons** s'y établissent ; les autres barbares qui les avaient accompagnés, passent les Pyrénées et se jettent sur l'Espagne.

5. *Mort de Stilicon.* — Stilicon fut accusé de se ménager en secret l'appui des barbares pour faire mon-

____
[1] Au S.-O. d'Asti.

ter sur le trône son fils **Eucher**. Ses partisans furent massacrés à Pavie; lui-même se réfugia à Ravenne; **Honorius** lui fit trancher la tête dans cette ville (408) et il fit étrangler **Serena**, la femme, et Eucher, le fils de ce grand homme de guerre, qui avait été son tuteur et dont il avait épousé successivement les deux filles.

6. *Fin de l'histoire d'Alaric.* — A cette nouvelle, **Alaric** rentre en Italie, et, tandis qu'Honorius se renferme dans Ravenne, il marche vers **Rome.** Un saint ermite vient le trouver et essaye de l'arrêter. « Je sens, lui dit le Visigoth, quelque chose de plus fort que moi qui me pousse à ruiner Rome. » Il assiége cette ville et d'abord elle se rachète au prix d'une rançon considérable. La mauvaise foi d'Honorius attire la colère du Visigoth qui, cette fois, met au pillage la ville opulente des Césars (410) et ne respecte que les églises. Deux ans après, il se dispose à conquérir la Sicile, quand la mort le surprend en Calabre, à **Cosenza** *(412).*

7. *Funérailles d'Alaric.* — Dans la crainte que les restes de leur chef ne fussent un jour découverts par les Romains, les Visigoths firent détourner par des prisonniers le cour du **Busento** et creuser dans le lit du fleuve un tombeau où ils ensevelirent son corps; ils rendirent ensuite les eaux à leur cours naturel et immolèrent les prisonniers qui avaient été employés à ce travail.

8. *Ataulf, successeur d'Alaric; son mariage; profit qu'en retire Honorius.* — Alaric eut pour successeur son beau-frère **Ataulf**, qui devint également beau-frère d'Honorius, en épousant **Placidie**, sœur de cet empereur. Ce mariage, célébré pompeusement à **Narbonne**, assura à l'empereur le concours des Visigoths. Ils aidèrent celui-ci à se défaire de plusieurs usurpateurs qui se disputaient la Gaule.

9. *Fondation de trois royaumes barbares.* — Dès l'an 41., **Gondicaire**, chef des Bourguignons, est reconnu par Honorius comme légitime possesseur des pays compris entre le Rhin et la Saône, à la condition qu'il repoussera de ce côté les invasions des peuplades germaniques. Ainsi se fonde le **royaume des Bourguignons**. L'année suivante, Ataulf traverse les Pyrénées pour aller combattre les barbares qui ravagent l'Espagne : mais il est assassiné à Barcelone. Son successeur, **Wallia**, attaque, au profit des Romains, d'abord les Alains, qu'il détruit presque entièrement, et dont les débris, se mêlant aux Goths, doivent plus tard habiter la province appelée de ces deux noms Goth-Alanie (**Catalogne**) ; puis il se tourne contre les Vandales, il les refoule sur le bord de la mer, dans la Bétique qui de leur nom doit s'appeler Vandalousie (**Andalousie**), et enfin il confine les Suèves au N. O. de la péninsule Ibérique dans la Galice. Là **Hermanrich**, chef du peuple vaincu, forme en 419 le petit **royaume des Suèves**, qui dura jusque vers la fin du VIe siècle. Enfin, en cette même année 419, pour récompenser les services des Visigoths, Honorius reconnut à Wallia la possession de l'Aquitaine. Ainsi commence le **royaume des Visigoths** ; il a Toulouse pour capitale et doit s'accroître plus tard d'une manière considérable au nord et au sud de ses premières limites.

10. *Mort d'Honorius. Son successeur.* — Cinq ans après (424), Honorius mourut sans postérité. Il eut pour successeur un enfant de six ans, son neveu, **Valentinien III**, fils de Placidie et de son second époux le comte Constance.

11. *Régence de Placidie. Rivalité d'Aétius et de Boniface.* — **Placidie** exerce le pouvoir impérial en Occident au nom de son fils. La fermeté, le courage et

la sagesse de la régente, les remarquables talents de ses deux généraux favoris, le patrice **Aétius** et le comte **Boniface**, auraient pu rendre glorieux le règne du faible Valentinien III. La rivalité de ces deux hommes de guerre perdit tout.

12. *Fondation d'un quatrième royaume barbare.* — Les manœuvres d'Aétius ayant fait disgracier Boniface, celui-ci appelle dans la province d'Afrique, dont il avait le commandement, les Vandales fixés dans le sud de l'Espagne. Leur roi **Genséric** accourt. En vain Boniface, à qui saint Augustin a fait comprendre l'étendue de sa faute, essaye-t-il de la réparer et de repousser les Vandales. Ceux-ci restent maîtres du nord de l'Afrique, et, à l'aide de leur flotte puissante, ils ajoutent à cette conquête celle de la Sicile, de la Sardaigne et de la Corse. Ainsi se fonde (439) un quatrième **royaume** barbare, celui **des Vandales**, que nous verrons disparaître dans la première moitié du siècle suivant.

13. *Invasion d'Attila.* — Pendant qu'au sud Boniface faisait ainsi perdre à l'Empire tant de riches contrées, Aétius au nord repoussait victorieusement une des plus terribles invasions de cette triste époque. **Attila**, roi des Huns, après avoir fait trembler en Orient Théodose II, fils et successeur d'Arcadius, puis après avoir reculé devant la fermeté de Marcien, le successeur de Théodose II, lance ses hordes contre l'Occident. Ce barbare, qui se faisait surnommer lui-même le **fléau de Dieu**, envahit la Gaule, à la tête de 500,000 hommes. **Troyes** et **Paris** doivent leur salut, l'une à son évêque **saint Loup**, l'autre aux prières de **sainte Geneviève**. Les Huns s'avancent jusqu'à **Orléans**. Aétius accourt, les repousse, et, avec l'aide des Francs, des Bourguignons et des Visigoths, leur fait éprouver une sanglante défaite (451) dans les

Champs Catalauniques [1]. Les débris encore redoutables des Huns repassent le Rhin, puis, par les Alpes Juliennes, ils pénètrent en Italie, ruinent **Aquilée** et ravagent la Vénétie, dont les habitants se réfugient dans les îles des lagunes qui se trouvent non loin de l'embouchure de la Brenta et y fondent **Venise** (452). Du nord de la péninsule, Attila s'avance sur Rome. C'est encore un saint, le pape **saint Léon le Grand**, qui arrête, par le seul ascendant de sa parole, ce conquérant farouche. Attila sort de l'Italie, et, l'année suivante (453), il meurt en Pannonie.

14. *Mort d'Aétius. Extinction de la maison de Théodose en Occident.* — Jaloux du vainqueur d'Attila, Valentinien le tua de sa propre main (454). C'était, comme on ne craignit pas de le lui dire, « se couper la main droite avec l'épée qu'il tenait dans la gauche. » Il ne survécut pas lui-même longtemps à Aétius. L'année suivante (455), il fut assassiné par le sénateur **Petrone Maxime** dont il avait outragé la femme. Avec lui s'éteignit la maison de Théodose en Occident.

15. *Maxime, empereur. Pillage de Rome par les Vandales. Charité de l'évêque de Carthage.* — Maxime monte sur le trône et oblige **Eudoxie**, la veuve de sa victime, à l'épouser lui-même. Eudoxie, à son tour, prépare et accomplit sa vengeance. Elle appelle **Genséric en Italie** comme Boniface l'avait appelé en Afrique. Le Vandale débarque à Ostie, s'empare de **Rome** et la saccage (455). Le pillage dura quatorze jours : rien ne fut épargné. Dans le butin se trouvèrent les ornements enlevés au temple de Jérusalem. Cinq vaisseaux emportèrent à Carthage les dépouilles de Rome. Des milliers de captifs furent emmenés, et

____

[1] Près de Châlons-sur-Marne.

parmi eux l'impératrice avec ses deux filles. La charité de l'évêque de Carthage, **saint Deogratias,** s'exerça d'une manière admirable sur tant de malheureux. Pour les soulager ou les racheter, il vendit les vases d'or et d'argent qui servaient au ministère des autels ; pour les loger et les soigner, il convertit des églises en hôpitaux.

16. *Derniers empereurs d'Occident.* — **Maxime** avait été lapidé par le peuple. Il eut pour successeur le rhéteur **Avitus,** bientôt déposé lui-même par le Suève **Ricimer,** chef des troupes barbares à la solde des Romains en Italie. Ricimer revêt de la pourpre **Majorien.** Mais celui-ci ne se contente pas d'un vain titre, il veut agir en empereur. Au moment où il prépare un armement contre Genséric, il est trahi et mis à mort (461) par Ricimer qui, pour exercer en réalité la puissance, crée successivement en neuf ans, trois simulacres d'empereurs[1]. Il meurt en 472. Deux autres empereurs[2] ne font que passer sur le trône. Le patrice **Oreste,** ancien ministre d'Attila, refuse pour lui-même le titre d'empereur que lui offraient les soldats, le donne (476) à son propre fils **Romulus Augustule,** âgé de six ans, et croit qu'il va, comme tuteur, exercer le pouvoir. Mais cet enfant fut le dernier empereur d'Occident.

17. *L'empire d'Occident renversé par Odoacre.* — Les barbares, alliés de l'empire, se voyant refuser les terres qu'on leur avait promises en Italie, se révoltent sous le commandement de l'Hérule **Odoacre.** Oreste est massacré à Pavie : Romulus Augustule, relégué dans la Campanie, y meurt presque aussitôt. Depuis

---

[1] Sévère III, 461 ; — Anthémius (fils de celui qui fut ministre en Orient pendant la minorité de Théodose II), 467 ; — Olybrius, 472. — [2] Glycérius, 473 ; Julius Népos, 474.

longtemps les barbares étaient, en réalité, les maîtres de l'Italie et de tout l'Occident, et lorsqu'il n'y a plus d'empereur dans cette partie du monde, ce n'est pas une puissance, c'est un titre illusoire qui disparaît. Odoacre succède aux soixante-dix-huit Césars qui avaient régné pendant 507 ans, depuis Auguste. Il prend le titre de **patrice**, que lui accorde l'empereur d'Orient, jaloux de constater par un vain mot la suprématie qu'il prétend conserver.

18. *Domination des Ostrogoths en Italie. Leur roi Théodoric.* — Moins de vingt ans après, la domination des Hérules devait être remplacée par celle d'autres barbares. Soumis pendant quelque temps aux Huns, puis établis dans la Pannonie par les empereurs d'Orient, les **Ostrogoths** allaient à leur tour se montrer à Rome en vainqueurs. Leur jeune roi **Théodoric**, élevé à la cour de Constantinople, après avoir aidé Zénon à monter sur le trône, est nommé patrice, consul, et reçoit de l'empereur la délégation de ses droits sur l'Italie. Il s'achemine vers cette péninsule (489), à la tête de toute sa nation, bat Odoacre près d'Aquilée, près de Vérone, près de l'Adda, et l'assiége deux ans dans Ravenne. Odoacre se rend parce que son vainqueur lui promet de partager avec lui l'Italie ; mais Théodoric le fait égorger dans un festin, et prend, à **Ravenne**, le titre de roi d'Italie ; il fait de cette dernière ville sa capitale, et Anastase, empereur d'Orient, lui confirme son titre de **roi** (493).

19. *Royaume des Visigoths, depuis la mort de Wallia.* — Pendant que les Ostrogoths s'établissaient ainsi en Italie, l'autre branche de la famille Gothique, les Visigoths, formaient, dans le midi de la Gaule et dans l'Espagne, un grand royaume. A Wallia avaient succédé **Théodoric** Ier (420), qui perdit la vie d'une manière glorieuse à la bataille de Châlons contre Attila

(451), puis **Thorismond** qui étendit son pouvoir sur les côtes de la Gaule, jusqu'à la Loire. **Théodoric II** (453) s'empare, en Espagne, de presque tout le royaume des Suèves, et dans la Gaule, de Narbonne. **Euric** son frère, qui lui succède en 466, enlève aux Romains toutes leurs possessions en Espagne, étend ses conquêtes dans le centre de la Gaule, s'établit à Arles et donne à son peuple des lois écrites. **Alaric II** (484) fait extraire du code Théodosien, pour ses sujets romains des Gaules, un recueil de lois, connu sous le nom de **Bréviaire** [1] d'Alaric. Ce prince, périt en 507, à la bataille de **Vouillé** que lui livre Clovis. Cette bataille enlève aux Visigoths toutes leurs possessions dans la Gaule méridionale, sauf la **Septimanie.**

20. *Les Saxons dans l'île de la Grande-Bretagne.* — Au commencement du ve siècle, le nord de la Grande-Bretagne était occupé par les **Pictes** et par les **Scots,** que n'avaient pu dompter les légions ; le sud renfermait les **Bretons** soumis à la domination romaine. Honorius ayant été obligé de rappeler ses troupes de cette île, pour les opposer, sur le continent, aux flots des barbares qui l'envahissaient, les Bretons ne purent résister aux incursions continuelles des Pictes et des Scots. Leur **penteyrn** (général en chef) **Wortigern** appela à son secours, des bouches de l'Elbe, les **Saxons,** alliés perfides et dangereux qu'il fallut bientôt combattre. **Hengist,** chef de ces pirates, dont le drapeau était le **dragon blanc,** s'établit en 455, dans la partie sud-est de la Grande-Bretagne, avec le titre de **roi de Kent** ; Cantorbéry fut sa capitale. De nouveaux chefs saxons fondent à leur tour sur cette proie, et l'on voit bientôt s'élever (491), au sud-ouest

---

[1] *Bréviaire,* abrégé.

du royaume de **Kent**, celui de **Sussex** (capitale Chichester), le second de cette **Heptarchie Anglo-Saxonne**, que nous verrons se compléter dans le cours du siècle suivant.

II. — EMPIRE D'ORIENT.

21. *Arcadius. Théodose II et Pulchérie.* — **Arcadius** occupe le trône de Constantinople pendant treize ans ; son règne est troublé par les intrigues de **Rufin**, de **Gaïnas,** d'**Eutrope**, ses ministres, et par l'ambition de sa femme, l'impératrice **Eudoxie** ; il laisse le trône à son fils, **Théodose II** (408). **Pulchérie**, sœur aînée du jeune empereur, et âgée elle-même de quinze ans seulement (414), exerce avec fermeté, d'abord la tutelle, puis une grande partie du pouvoir, pendant presque tout le règne de ce faible prince. Théodose II donne son nom à un code formé d'édits des empereurs, le **Code Théodosien.**

22. *Pulchérie et Marcien.* — Après la mort de Théodose II (450), cette même Pulchérie lui succéda. Connaissant la sagesse et la vertu éminente de **Marcien**, simple officier de fortune, cette princesse, que sa piété a fait mettre au nombre des saintes, le fit monter sur le trône, en le prenant pour époux. Deux traits permettront d'apprécier le caractère du nouvel empereur. Théodose II avait consenti à payer à Attila un tribut. Le barbare en envoie réclamer de Marcien le payement : « Je n'ai de l'or, répond Marcien, que « pour mes amis ; je garde le fer pour mes ennemis. » Assistant au **concile de Chalcédoine** qu'il fit assembler à la prière de saint Léon, en 451, et où se trouvèrent 630 évêques, Marcien dit ces belles paroles : « Nous venons assister à votre concile, à l'exemple du « pieux empereur Constantin, non pour y exercer au-

« cune autorité, mais pour y protéger la foi, afin
« qu'on ne puisse plus désormais induire personne
« par de mauvais conseils à se séparer de vous. » Le
règne de Marcien fut appelé **l'âge d'or**. Malheureusement, il ne dura que sept ans.

23. *Successeurs de Marcien et principaux événements qui marquent leurs règnes.* — **Léon Ier**, successeur de Marcien (457), remporta sur les barbares des avantages importants. **Zénon** (474), surnommé l'**Isaurien**, parce qu'il était le chef de la **garde Isaurienne** [1], eut un règne agité par les révoltes de ses généraux et par les querelles que suscitèrent les Nestoriens et les Eutychiens. Il ne peut apaiser ces dernières par son **Édit hénotique** [2], dans lequel, tout en rejetant les deux hérésies, il repousse le concile de Chalcédoine qui a condamné Eutychès. Enfin vient l'empereur **Anastase** (491-518) qui persécute les catholiques et favorise les Eutychiens. Plusieurs séditions ont lieu sous son règne. Anastase tente cependant de rétablir un peu d'ordre : il abolit les combats des hommes contre les bêtes féroces, il licencie la garde Isaurienne, qui fomentait les discordes. Les barbares lui font éprouver de nombreuses humiliations : les Perses s'emparent de l'Arménie, les Bulgares ravagent la Thrace, et cet indigne successeur de Marcien achète de ses ennemis la paix à prix d'or.

24. *Longue durée de l'empire d'Orient.* — Moins d'un siècle après la mort de Théodose, l'empire d'Occident avait déjà succombé sous les coups des barbares ; celui d'Orient, qu'on a successivement appelé le **Bas-Empire**, l'empire **Grec**, l'empire **Bysantin ou de Constantinople**, devait, grâce à l'heureuse situation

---

[1] Formée de soldats de l'*Isaurie*, province de l'Asie Mineure.
— [2] *Édit hénotique*, édit d'union.

de sa capitale, subsister encore près de **mille ans**, et sa durée est précisément celle de cette grande période d'histoire qui, tenant le milieu entre les temps anciens et les temps modernes, a été appelée le **moyen âge.**

25. *Ambition des empereurs d'Orient, et comment elle a été trompée.* — Après la prise de Rome par les barbares, les empereurs d'Orient se crurent les uniques représentants des **anciens empereurs romains**, ils en gardèrent le titre et ils eurent l'ambition de reconquérir sur les barbares les pays qui avaient été sous la domination romaine ils n'y parvinrent que d'une manière incomplète et pour fort peu de temps, et, dès la fin du vi^e siècle, l'empire d'Orient, qui était une agglomération de peuples divers ne formant point un corps de nation, et qui n'avait pour sa défense que des **soldats mercenaires**, alla toujours en s'amoindrissant.

26. *Mœurs des Romains ou plutôt des Grecs du Bas-Empire.* — Les Romains, ou pour parler plus exactement, les Grecs du Bas-Empire, et surtout les habitants de Constantinople, étaient très-corrompus en même temps que très-civilisés. Ce qui les passionnait, c'étaient les **jeux du cirque**, c'étaient les **controverses religieuses** où se complaisait la subtilité de l'espri grec, et qui furent un sujet perpétuel de troubles et de discordes dans l'État.

27. *Ce qu'on peut dire en général sur les empereurs et sur l'empire d'Orient.* — Si quelques-uns des empereurs d'Orient eurent d'éminentes qualités, la très-grande majorité furent des hommes faibles ou pervers, perfides et bassement cruels. Ils furent pris dans toutes les conditions, les uns portés au trône par les soldats ou le peuple, les autres par le clergé ou le sénat. Tant **de familles diverses** passèrent successivement sur le

trône que le peuple ne s'attacha à aucune, et l'histoire de l'empire grec, sauf quelques époques brillantes, n'est qu'une longue suite de **séditions**, de **conspirations de palais** et de **cruautés révoltantes**.

III. — ÉGLISE.

28. *État de la religion chrétienne durant le ve siècle.* — Le christianisme dominait dans l'empire romain. Il était florissant dans l'Ethiopie et dans l'Arménie; mais Visigoths, Suèves, Lombards, Ostrogoths, Hérules, Vandales, étaient ariens et renouvelèrent souvent, dans leurs persécutions contre les catholiques, les cruautés du paganisme. Le siècle suivant doit seul voir le retour à la vraie foi de la plupart de ces peuples. Les Francs, après leur victoire de Tolbiac (496), furent du moins catholiques en même temps que chrétiens. L'Église gagne aussi, dans le ve siècle, l'Irlande que convertit **saint Patrick** (432-465) et qui méritera bientôt par l'ardeur de sa foi et par le zèle de ses apôtres, d'être nommée l'**île des saints**.

29. *Conciles œcuméniques au ve siècle.* — Il y eut, dans le ve siècle, deux **conciles généraux** [1] ou **œcuméniques** [2], le premier concile d'Éphèse (431) et le concile de Chalcédoine (451).

30. *Hérésie des Pélagiens.* — **Pélage**, moine breton, s'attaqua au dogme de la grâce. Selon sa doctrine, les enfants naissent exempts du péché originel; l'homme, sans le secours de la **grâce**, par le bon usage de son

---

[1] Ces deux conciles généraux sont le 3e et le 4e de toute la série. Le 1er est le 1er *Concile de Nicée* (325) et le 2e est le 1er *Concile de Constantinople* (381). V. pour ces deux-ci l'*Histoire sainte*, IIe partie. N°s 119 et 135. — [2] *OEcuménique*, auquel ont été appelés tous les évêques de la terre *habitée*.

libre arbitre seul, peut se sauver. **Saint Augustin** éleva une voix éloquente et combattit énergiquement cette hérésie, qui fut condamnée par un concile de Carthage dès l'an 415, par le pape saint Innocent Ier, et de nouveau par le **concile général d'Éphèse.** Le pélagianisme se fait de nombreux partisans, et, en se modifiant un peu, donne naissance au **Semi-Péla-gianisme,** que réfute aussi saint Augustin.

31. *Hérésie des Nestoriens.* — **Nestorius,** patriarche de Constantinople en 428, soutint qu'en J.-C. il y a **deux personnes,** aussi bien que deux natures, etre-fusa à la sainte Vierge le titre de mère de Dieu. Condamnée par plusieurs conciles, à Rome, à Alexandrie, et enfin par le **concile général d'Éphèse,** cette erreur continua néanmoins à se propager dans la Chaldée, la Mésopotamie et la Perse, et pénétra jusque dans l'Inde.

32. *Hérésie des Eutychiens.* — Un autre hérésiarque[1] **Eutychès,** archimandrite[2] d'un monastère près de Constantinople, en voulant combattre l'erreur de Nestorius, son patriarche, tomba dans l'erreur opposée. Ilsoutint qu'il y a en Jésus-Christ non-seulement une seule personne, mais **une seule nature.** Cette hérésie des **monophysites**[3], condamnée par le **concile général de Chalcédoine,** se propagea néanmoins, et elle a formé plusieurs sectes sous des noms divers.

33. *Saints les plus illustres au v*[e] *siècle.* — Au ve siècle, l'Église compte parmi les hommes qu'elle peut offrir à l'admiration et à la vénération de tous : 1° **Saint Jérome,** né vers 331, mort en 420, illustre

---

[1] *Hérési-arque,* chef d'une hérésie. — [2] *Archi-mandrite,* chef de cloître. — [3] *Mono-physites,* partisans *d'une seule nature.*

par sa science et par les rigueurs de sa pénitence, auteur de **Lettres**, de nombreux écrits de polémique, et de la traduction de la Bible, d'hébreu en latin, traduction dite **Vulgate** et adoptée comme canonique par le concile de Trente; 2° le fils de sainte Monique, l'évêque d'Hippone, **saint Augustin**, né en 354, mort en 430, qui a écrit ses **Confessions**, la **Cité de Dieu**, le plus beau monument littéraire du ve siècle dans la langue latine, et une quantité de sermons, de doctes traités, de victorieuses réfutations des hérésies; 3° **saint Jean**, dit **Chrysostome**[1], évêque de Constantinople, en 398, mort en 407, en se rendant dans l'exil auquel l'avait fait condamner la sainte liberté de son zèle contre les désordres de la cour de Byzance. Il a laissé des **traités du sacerdoce, de la virginité, de la Providence**, etc., et des **homélies** qui l'ont placé, pour l'éloquence, au premier rang des Pères de l'Eglise grecque; 4° **saint Cyrille**, patriarche d'Alexandrie, mort en 444, l'adversaire le plus redoutable de Nestorius et qui reçut du pape saint Célestin le titre de **défenseur de l'Église et de la Foi**; 5° **saint Paulin**, évêque de Nole, en Campanie, qui nous a laissé des poésies pieuses, et enfin 6° **saint Épiphane**, évêque de Pavie, qui donna, plusieurs fois, de mémorables exemples de charité. Cette ville avait été prise et saccagée par Odoacre; il la restaura. En 493, les rois bourguignons Gondebeau et Godegisèle avaient fait une incursion dans le nord de l'Italie et emmené un grand nombre de captifs. Chargé par Théodoric de traiter de leur rachat, le saint prélat va trouver Gondebeau à Lyon, Godegisèle à Genève, et obtient d'eux, sans rançon, la liberté de six mille prisonniers. C'est ainsi que l'É-

---

[1] *Chrysos-stoma*, à la *bouche d'or*.

glise, qui fournissait aux intelligences de si vives lumières, secourait, par la main de ses premiers pasteurs, les faibles et les opprimés.

34. *Communautés religieuses établies dans l'Église au ve siècle.* — Les communautés religieuses établies dans l'Église durant le ve siècle, furent celles des **Ermites** [1] et des **Chanoines** [2] qui suivaient la règle établie par saint Augustin, et celles des **Cénobites** [3]. Saint Basile avait déjà introduit dans l'Orient la vie cénobitique et la règle que saint Antoine avait donnée aux solitaires de la Thébaïde dans le ive siècle. La règle des moines d'Égypte et de Syrie fut apportée en Provence par **saint Honorat** et par **Cassien** qui en donna un recueil complet. Ils fondèrent, l'un dans l'île de **Lérins** et l'autre à **Marseille**, deux monastères dont la renommée s'étendit au loin.

IV. — LETTRES.

35. *Littérature profane et sacrée au ve siècle.* — Pendant le ve siècle, la littérature profane offre bien peu de noms à citer. On peut mentionner cependant **Proclus** qui enseigna à Athènes une philosophie néo-platonicienne mélangée de mysticisme, et qui nous a laissé quelques ouvrages; l'historien païen **Zosime**; le grammairien **Macrobe**; **Héliodore** et **Longus**, dans la littérature légère; le poëte grec **Synésius**, dont les **hymnes** sont restés, et le poëte latin **Claudien**, ami de Stilicon, et beaucoup trop admiré de ses contemporains. La vie littéraire, aussi bien que la vie morale, s'était réfugiée au sein du christianisme.

[1] Hommes qui vivent dans un lieu *désert*. — [2] Hommes qui vivent sous une *règle*. — [3] *Céno-bites*, hommes qui mènent une *vie commune*.

Après avoir cité les grands noms des Augustin, des Chrysostome, etc., il faut nommer aussi le pape **saint Léon** qui a écrit de pieuses et touchantes homélies; le prêtre **Salvien** de Marseille; l'archevêque **saint Avit**, de Vienne en Dauphiné, auteur de plusieurs petits poëmes; **Claudien Mamert**, auteur du **Pange lingua** et ami du poëte **Sidoine Apollinaire**. On ne peut non plus omettre l'historien **Orose**, ni les poëtes **Prudence**, et **saint Prosper d'Aquitaine**.

V. — FRANCE.

SOMMAIRE.

420. Les Francs passent le Rhin sous la conduite, dit-on, de Pharamond, qui s'établit à Trèves. — Loi salique. — 428. CLODION s'empare de l'Artois et d'Amiens, et meurt à Tournai. — 448. MÉROVÉE et Aétius battent Attila et le chassent des Gaules; Mérovée donne son nom à la première race des rois de France. — 456. CHILDÉRIC se réfugie en Thuringe; il est rappelé, épouse Basine et bat les Saxons, 481. — CLOVIS. Il bat Syagrius près de Soissons, épouse Clotilde, gagne sur les Allemands la bataille de Tolbiac, 496, est baptisé à Reims.

SIXIÈME SIÈCLE.

(501-600).

I. — GRANDE-BRETAGNE.

1. *Établissement dans l'île de la Grande-Bretagne, de l'Heptarchie anglo-saxonne.* — Les royaumes saxons de **Kent** et de **Sussex**[1] s'étaient formés à la fin du ve siècle. Les Saxons continuent d'étendre leur domi-

---

[1] Saxons du sud.

nation et fondent les royaumes de **Wessex** [1] (capitale Manchester) (516) et d'**Essex** [2] (capitale Londres) (526). Les **Angles** quittent les rives de l'Eyder pour venir s'établir également dans la Grande-Bretagne, et les royaumes de **Northumberland** [3] (capitale York) (547), d'**Est-Anglie** [4] (capitale Norwich) (571) et de **Mercie** [5] (capitale Lincoln) (584), prennent naissance. Ces sept royaumes forment entre eux une ligue; le conseil général de l'**Heptarchie** [6], ou **Wittenagemot** [7] décide les questions d'un intérêt général. Les Bretons sont partout opprimés par les conquérants.

2. *Partie de la population bretonne qui échappe au joug.* — Une partie cependant de la population bretonne sut échapper au joug. Elle eut pour chef **Arthur,** dont la vie appartient à la légende plus encore qu'à l'histoire, et que les romans de la Table-Ronde ont rendu fameux, ainsi que son auxiliaire, l'enchanteur Merlin, et sa femme, la belle Geneviève. Les Bretons indépendants prirent pour asile de leur liberté les montagnes de **Cornouailles** et du **pays de Galles.** Quelques autres traversèrent la mer et vinrent s'établir dans l'Armorique, qui, de leur nom, s'est depuis appelée **Bretagne.**

3. *Conversion des Anglo-Saxons au christianisme.* — Le christianisme ne tarda pas à venir dompter à son tour les farouches conquérants d'Albion. Le pape saint Grégoire le Grand, frappé de la beauté, de la stature et de la blancheur du teint de quelques esclaves, exposés en vente à Rome, demanda à quelle

---

[1] Saxons de l'ouest. — [2] Saxons de l'est. — [3] Pays au nord de l'Humber. — [4] Angles de l'est. — [5] *Merk,* marche, frontière, parce qu'il était la frontière du pays des Cambriens. — [6] *Hept-archie* (de deux mots grecs), sept gouvernements. — [7] Assemblée des sages.

nation ils appartenaient. On lui dit que c'étaient des **Angles.** « S'ils étaient chrétiens, ce seraient des **anges** [1] » répondit-il. Le moine bénédictin **Augustin,** envoyé par le pontife dans cette île lointaine (596) avec quarante missionnaires, obtient d'**Ethelbert,** roi de Kent, la permission d'annoncer à son peuple la bonne nouvelle. Ce roi, dont la femme Berthe, fille de Caribert, roi de Paris, était chrétienne, se convertit bientôt lui-même au vrai Dieu. **Cantorbéry** devient le siége archiépiscopal de l'apôtre de la Grande-Bretagne, qui y sacre plusieurs autres évêques, et la foi se propage dans toute l'Heptarchie.

4. *Fergus, premier roi des Écossais. Saint Colomban leur apôtre.* — Vers le commencement du VIe siècle, au nord de l'île, **Fergus** réunit pour la première fois tous les **clans** [2] des Écossais. En 563, **saint Colomban** vient de l'Irlande leur prêcher la doctrine du salut et y élever plusieurs temples à Jésus-Christ.

II. — BOURGUIGNONS. AVARES. VISIGOTHS.

5. *Ce que devint au VIe siècle le royaume des Bourguignons.* — **Gondebaud,** après avoir eu à soutenir une guerre contre Théodoric le Grand, parce qu'il avait été l'auxiliaire de Clovis contre les Visigoths, laissa le trône à **Sigismond,** qui fut attaqué par les fils de ce même Clovis et qui fut battu et tué par Clodomir (523). Sous son successeur **Gondemar,** la Bourgogne de-

---

[1] Le jeu de mots, possible en français, est plus naturel en latin où Angles se disait *Angli*, et anges, *angeli*. — [2] Tribu formant une sorte de famille et obéissant à un même chef, dans les *highlands* (hautes terres), c'est-à-dire dans les parties montagneuses de l'Écosse.

vient la proie des **rois francs** (534) ; mais si elle n'a plus d'existence indépendante, elle conserve ses lois et son administration particulière.

6. *Établissement des Avares dans tout le centre de l'Europe, à l'est du royaume d'Austrasie.* — Les **Avares**, originaires de la Tartarie, se précipitent sur l'Europe. Des rives du Don ils s'avancent jusqu'à celles de l'Elbe (563), soumettant Vendes, Serbes, Gépides ; ils forcent Sigebert, roi d'Austrasie, qu'ils ont battu et pris, à se racheter ; ils font peser sur les Slaves le joug le plus dur, dévastent les provinces de l'empire d'Orient et se rendent redoutables aux souverains de cet empire.

7. *Histoire du royaume des Visigoths, depuis la bataille de Vouillé.* — Après la bataille de Vouillé (507), **Théodoric le Grand** vient au secours des Visigoths, et prend la régence de ce royaume au nom d'**Amalaric** son petit-fils, qui règne ensuite pendant vingt ans (511-531). Amalaric épouse **Clotilde**, fille de Clovis, la maltraite pour lui faire embrasser l'arianisme et périt dans une guerre que lui fait Childebert Ier, roi de Paris, pour venger sa sœur. La **royauté** devient alors **élective** chez les Visigoths. Leur puissance va décroissant au milieu des troubles et des luttes intestines. **Athanagilde** règne par l'appui des Grecs. Il combat ensuite vainement contre eux pour leur enlever la côte dont ces alliés intéressés se sont emparés, et dont ils restent maîtres, depuis Valence jusqu'au détroit de Gibraltar. **Léovigilde** (569) relève le royaume chancelant des Visigoths ; il prend aux Grecs diverses places, entre autres Cordoue, et conquiert (585) le royaume des Suèves, à la suite de la victoire de **Braga.** Son fils **Récarède** se convertit au catholicisme, avec toute sa nation, arienne depuis si longtemps. Il est le premier roi qui se soit fait **sacrer** et couronner.

III. — ITALIE.

8. *Puissance de Théodoric, roi des Ostrogoths.* — Après s'être rendu maître de Ravenne et avoir tué Odoacre, Théodoric ajoute à l'Italie, l'Illyrie, la Pannonie, le Norique, la Rhétie, la Sicile que lui cèdent les Vandales. Il épouse une sœur de Clovis, s'allie avec les Francs contre les Bourguignons ; puis, ayant pris la tutelle de son petit-fils **Amalaric**, roi des Visigoths, il règne en réalité sur ce peuple et le défend contre les Francs, qu'il bat devant Arles. Le royaume des Ostrogoths comprend alors une partie de l'Espagne, le Languedoc, la Provence et tout le pays borné au nord par le Danube et à l'orient par la Mœsie seconde. Théodoric, redouté de l'empereur d'Orient avec qui il garde pourtant des ménagements pleins de prudence, allié aux plus puissants des rois barbares, chef de **toute la nation des Goths**, reçoit et mérite le surnom de **Grand**.

9. *Administration intérieure de Théodoric.* — Il prend les plus sages mesures pour établir le bon ordre dans toutes les branches de l'administration de ses vastes États. **Arien**, il se montre équitable envers les catholiques. Il fait fleurir l'agriculture et l'industrie, les lettres et les arts. Ostrogoths et Romains sont égaux devant la loi ; mais aux premiers sont réservées les armes, aux seconds les charges civiles. Des navires légers, appelés **dromones** [1], veillent à la sûreté des côtes. La cour du roi barbare est policée et brillante. Les anciens monuments sont relevés et restaurés. La civilisation reprend ses droits, et l'harmonie règne de toutes parts entre tant d'éléments divers.

[1] *Dromones,* coureurs.

10. *Grands hommes qui illustrèrent le règne de Théodoric.* — Théodoric fut secondé dans toutes ses généreuses entreprises par son ministre **Cassiodore.** Il sut réunir autour de lui les savants les plus illustres, **Ennodius**, d'Arles, le sénateur **Symmaque**, et l'ami de ce dernier, le philosophe **Boëce**, auquel il confia les charges les plus importantes.

11. *Fin de Théodoric.* — Malheureusement ce grand roi souilla par des cruautés la fin de son glorieux règne. Dans sa vieillesse il fut soupçonneux ; il fit jeter dans les fers à Ravenne le saint pape **Jean**, qui y mourut. On accusa auprès de lui **Symmaque** et **Boëce** d'une prétendue conspiration, il fit décapiter le premier et périr le second au milieu d'affreux tourments. Il ne tarda pas à découvrir son erreur ; les remords le poursuivirent et troublèrent sa raison. Pendant un repas, il crut reconnaître, dans la tête d'un poisson qu'on lui servait, celle de Symmaque qui le menaçait des dents ; il se leva épouvanté et mourut le 30 août 526.

12. *Décadence et ruine du royaume des Ostrogoths. L'Italie redevient une province de l'empire.* — Théodoric mort, ses petits-fils, **Amalaric** et **Athalaric**, se partagent ses États. Le premier règne sur les Visigoths, le second devient roi des Ostrogoths, sous la tutelle de sa mère **Amalasonte**, digne fille du grand Théodoric. Mais cet enfant meurt bientôt. Amalasonte épouse et fait élire roi son cousin **Théodat**, qui la fait étrangler dans une île du lac Bolsena. Justinien saisit cette occasion de reprendre l'Italie aux Ostrogoths. Sous prétexte de venger cette mort, il envoie **Bélisaire** qui s'empare sans résistance de toute la péninsule. Théodat est tué par ses sujets, qui mettent à sa place **Vitigès.** Après quelques succès, celui-ci est fait prisonnier à Ravenne (540). Bélisaire est rappelé pour combattre les Perses. Les Goths reprennent courage ; ils mettent **Totila** à leur tête. La victoire de **Faenza** [1] (541) redonne à Totila presque toute l'Italie. On lui oppose de nouveau Bélisaire ; mais ce général manque de ressources, et, après avoir repris Rome, il demande son rappel. Il est remplacé par **Narsès** (548) qui remporte à **Lentagio** [2] (552) une victoire décisive. Totila périt dans cette bataille. Après lui, **Teïas** essaye encore de soutenir la lutte ; mais il succombe également. Ce qui reste de cette nation des Goths, dont la puissance a été si grande et si éphémère, repasse les Alpes (554), et l'Italie redevient une province de l'empire d'Orient.

13. *Causes de la décadence rapide du royaume de Théodoric.* — Théodoric, en cherchant à établir une certaine harmonie entre les Goths vainqueurs et les Romains vaincus, avait tout fait pour empêcher les deux peuples de se fondre. L'unité ne pouvait avoir lieu entre deux races dont il destinait l'une à la guerre, l'autre aux arts et aux emplois de la paix. Ce **défaut de cohésion** fut fatal à son œuvre, et, le grand homme disparu, elle s'écroula. Ajoutons que le lien le plus puissant manquait : la bienveillance du chef envers le catholicisme ne pouvait empêcher la ligne de séparation entre l'arien et le catholique de subsister, et cette division dans les croyances acheva de rendre plus sensible encore celle qu'avait tracée la politique.

14. *Gouvernement, disgrâce et mort de Narsès.* — Pendant quinze ans, Narsès gouverna la péninsule, sous le titre de duc d'Italie ou d'**exarque** [3], mais il s'attira par sa cupidité, la haine de ses administrés. Il

---

[1] A l'O. de Ravenne. — [2] Dans l'Ombrie, au S. de St-Marin. — [2] *Ex-arque,* commandant par délégation.

fut révoqué de ses fonctions par l'empereur **Justin**, et outragé dans sa disgrâce par l'impératrice **Sophie** (568). Elle lui envoya une quenouille avec un fuseau et lui ordonna de revenir à Constantinople pour y filer avec les femmes. « Je reste en Italie, répondit Narsès, pour vous ourdir une toile que vous ne déferez pas facilement. » Et il se vengea en effet, en appelant les **Lombards** ; il était d'un âge très-avancé, et ne survécut pas longtemps à sa vengeance ; dans l'année même il mourut à Rome.

15. *Invasion de l'Italie par les Lombards.* — Venus des rives de l'Oder sur celles du Danube, fixés dans la Pannonie sous Justinien, les Lombards avaient, de concert avec les Avares, battu les Gépides, quand à l'appel de Narsès, ils se dirigèrent vers les plaines fertiles de l'Italie. Toute la nation des Lombards, renommée par sa férocité, et accompagnée de nombreux auxiliaires saxons, marchait à cette conquête, sous les ordres d'**Alboin**. Après s'être fait proclamer à Milan **roi d'Italie** (572), Alboin fait de **Pavie** sa capitale, et il partage le pays subjugué, qui s'étend jusqu'au golfe de Tarente, en trente-six **duchés**, dont il donne le commandement à ses principaux compagnons. Ces duchés ne tardent pas à devenir héréditaires.

16. *Partie de l'Italie qui échappa aux Lombards.* — Une notable portion de l'Italie échappe à la domination de ces barbares. Ravenne, avec la côte orientale depuis Venise jusqu'à Ancône, continue, pendant deux siècles, sous le nom d'**exarchat**, à être gouvernée par les Grecs, au nom de l'empereur d'Orient. Le **duché de Rome**, les grandes îles de la Corse, de la Sardaigne, de la Sicile, la Calabre, **Naples** et quelques autres villes reconnaissent la même autorité, tout en cherchant peu à peu à acquérir leur indépendance.

2.

17. *Mort d'Alboin. Ce que devint après lui le royaume des Lombards.* — Alboin avait épousé sa prisonnière **Rosamonde**, fille de Cunimond, roi des Gépides, qu'il avait tué de sa propre main. Au milieu d'un festin, il la force à boire dans le crâne de son père; Rosamonde se venge de cette cruauté par l'assassinat (573). **Cleph** succède à Alboin et règne pendant dix-huit mois. Puis viennent dix ans de luttes intestines entre les **ducs lombards**, qui veulent se passer de la royauté et établir entre eux un gouvernement fédératif. En 585, ils rendent le titre de roi à **Autharis**, fils de Cleph, qui, malgré l'alliance qu'avaient formée contre lui l'empereur de Constantinople, Maurice, et le roi d'Austrasie, Childebert II, rétablit la puissance lombarde compromise par ces longues dissensions. Autharis arrive en vainqueur jusqu'à l'extrémité méridionale de l'Italie, et meurt en 590. **Théodelinde**, sa veuve, épouse le duc **Agilulfe** qui est proclamé roi. Ce roi sage (591-615) et cette reine vertueuse, de concert avec le pape **saint Grégoire**, civilisent les Lombards, qui embrassent le catholicisme.

IV. — EMPIRE D'ORIENT.

18. *Suite du règne d'Anastase. Règne de Justin, son successeur.* — **Anastase**, dit le **Silentiaire**, régna jusqu'en 518. Dans le dessein de protéger Constantinople contre les incursions des barbares, il fit fermer par une **immense muraille** la pointe de terre sur laquelle cette ville est bâtie. Il eut pour successeur le fils d'un laboureur thrace, **Justin**, qui, par sa sagesse, était parvenu aux premières dignités. Justin chercha à apaiser les querelles religieuses, se fit respecter de

Cabadès, roi des Perses, et laissa le trône, en 527, à son neveu Justinien.

19. *Importance du règne de Justinien. Expéditions de Bélisaire contre les Perses, les Vandales, les Ostrogoths.* — Le règne de **Justinien** fut un des plus remarquables de l'empire d'Orient, bien que l'empereur lui-même n'ait pas eu de grandes qualités personnelles. Son général **Bélisaire** s'acquit une gloire méritée dans ses diverses guerres, d'abord contre le roi de Perse **Cabadès**, puis en Afrique contre les Vandales. Le prétexte de cette dernière expédition fut l'usurpation de **Gélimer**. Bélisaire (533) débarque avec 40,000 hommes, bat les Vandales à **Tricaméron**[1], et Gélimer orne le triomphe du vainqueur, qui revient à Constantinople après avoir, en quelques mois, rendu à l'empire d'Orient l'Afrique, la Sardaigne et la Corse. Après ces grands exploits, Bélisaire est chargé de conquérir aussi l'Italie. Il envoie à l'empereur les clefs de Rome, prend à Ravenne le roi des Ostrogoths, **Vitigès**, et l'emmène prisonnier à Constantinople, comme il y a mené Gélimer.

20. *Fin du règne de Justinien depuis la chute de Vitigès.* — Les Perses, sous **Chosroès**, recommencent la guerre (540). **Bélisaire** les chasse de la Syrie. Il est rappelé en Italie[2] par les succès de Totila qu'il arrête un instant, mais le manque de troupes l'oblige à se démettre de son commandement. Pendant ce temps, le roi des Visigoths, **Athanagilde**, a l'imprudence d'appeler à son secours les Grecs qui sous les ordres du patrice, **Libérius**, prennent et gardent la partie orientale de l'Espagne. A l'autre extrémité de l'empire, Chosroès, profitant de la disgrâce dans laquelle est tombé Bélisaire, oblige, à la suite d'une longue

---

[1] Au S.-O. de Carthage. — [2] Voir ci-dessus, n° 12.

guerre, l'empereur à lui payer un tribut, pour obtenir la paix. De leur côté, les **Bulgares** envahissent le territoire de l'empire, battent les troupes impériales et font trembler Justinien. Bélisaire reparaît un instant, forme une cavalerie au moyen des chevaux de l'hippodrome et repousse les barbares au delà du Danube. Ce nouveau service ne put triompher, dit-on, de l'ingratitude de l'empereur. Suivant la tradition, Bélisaire mourut en 565, dans la **disgrâce**. Un récit, dont rien ne justifie la véracité, a voulu rendre son infortune plus saisissante encore, en représentant ce grand homme tendant son casque et demandant une obole à la pitié des passants. Justinien mourut, quelques mois après, laissant l'**empire d'Orient plus vaste** qu'il ne l'avait jamais été. Aux provinces d'Asie s'ajoutaient toute la côte d'Afrique, celle de l'Espagne, de Cadix à Valence, et les frontières du nord de ce même empire étaient formées par les Alpes Rhétiennes et par le Danube.

21. *Administration intérieure de Justinien.* — Cet empereur dont Bélisaire, Narsès, Libérius, étendaient ainsi au dehors la puissance, se vit au dedans menacé bien des fois par des séditions dont l'origine misérable était les jeux du cirque et les querelles des **Bleus** et des **Verts**. Ces dénominations avaient été données, suivant les couleurs qui les distinguaient, aux cochers qui se disputaient les prix dans l'**hippodrome**. Justinien s'était déclaré pour les Bleus, et les Verts allèrent jusqu'à l'assiéger dans son palais ; cette seule sédition avait coûté la vie à 30,000 personnes. L'indigne **Théodora**, que Justinien avait prise pour femme, dissipa en folles prodigalités les revenus de l'État. D'un autre côté, des travaux importants furent exécutés sous ce règne, entre autres une ligne de forteresses sur le Danube et sur les autres frontières, et des monuments

parmi lesquels il faut citer l'église grandiose de **Sainte-Sophie** [1], à Constantinople. Ce fut sous le règne de Justinien que des œufs de **ver à soie** et des graines de **mûrier** furent apportés de l'Inde en Europe par deux moines qui avaient caché dans l'intérieur d'une canne ces précieuses semences.

22. *Travaux de Justinien comme législateur.* — Justinien ambitionna la gloire de législateur ; ses travaux en ce genre se bornèrent presque entièrement à des compilations, qu'il fit faire par une commission de jurisconsultes distingués, à la tête desquels était **Tribonien.** Ces compilations furent : 1° un code, qui n'existe plus et qui fut remplacé, sous Justinien même, par un autre dont nous allons parler ; 2° le **Digeste** ou **Pandectes**, composé de fragments qui étaient tirés d'écrits des anciens jurisconsultes, de IIe et IIIe siècles de l'ère chrétienne, et qui reçurent force de loi ; 3° des **Institutes**, ouvrage élémentaire contenant le résumé des règles développées dans le Digeste ; 4° un nouveau **Code**, le seul qui nous reste. Il est formé de constitutions impériales et représente la législation byzantine bien plus que celle de l'ancienne Rome ; 5° le recueil des constitutions de Justinien lui-même, connues sous le nom de **Novelles.** La réunion de ces divers ouvrages compose le **Corps de droit civil.** La sagesse des principes que renferme le droit romain, lui a fait donner le titre de **raison écrite,** et il a servi de base et de modèle à la plupart des législations modernes.

23. *Empereurs d'Orient depuis Justinien jusqu'à la fin du* VIe *siècle.* — A Justinien succède son neveu **Justin II** (565), qui se laisse dominer par l'impératrice Sophie, et sous qui les **Lombards,** appelés en Italie

---

[1] *Sophie,* en grec *Sagesse.* Église dédiée à la Sagesse incréée.

par Narsès, s'établissent dans cette péninsule. Justin II ou le Jeune laisse en mourant (578) le trône à **Tibère-Constantin**, capitaine de ses gardes, qu'il avait adopté. Tibère justifie par ses vertus et par ses talents le choix de Justin ; malheureusement il règne trop peu de temps. Il combat les **Avares**, et, attaqué par les **Perses**, il envoie contre eux son général, l'intrépide **Maurice**, qui les repousse. C'est ce dernier qui lui succède à lui-même en 582. Les Perses, conduits par le satrape **Bahram**, recommencent leurs incursions et sont de nouveau battus. Maurice rétablit sur le trône des Sassanides, **Chosroès II** que Barham, révolté, avait contraint à la fuite. Les **Avares** sont défaits dans cinq batailles. Mais l'armée victorieuse se soulève, parce que l'empereur veut lui faire passer l'hiver dans le pays ennemi ; elle proclame empereur **Phocas**, chef des centurions, qui saisit l'empereur et sa famille à **Chalcédoine**. Cinq des fils de Maurice sont massacrés sous les yeux de leur père, et il subit lui-même, après eux, le dernier supplice avec la résignation et le courage d'un chrétien. Son fils aîné est mis à mort à **Nicée**. Phocas monte ainsi sur le trône en 602, et il achève plus tard son œuvre de destruction contre la famille de Maurice en faisant décapiter la veuve et les trois filles de cet empereur.

V. — ÉGLISE.

24. *Concile général qui s'est tenu au* VIe *siècle.* — Un concile général, le **second concile de Constantinople** se tint, en 553, sous le règne de Justinien. Il eut pour objet de condamner les **trois chapitres** ; on appelait ainsi les écrits de trois auteurs orientaux dont les Nestoriens s'appuyaient pour enseigner leurs erreurs.

25. *Conquêtes qu'a faites l'Église pendant cette période.*
— L'Église vit entrer dans son sein plusieurs des barbares infectés de l'hérésie **arienne**, les Bourguignons
dans la première moitié du VIᵉ siècle, les Suèves et
les Visigoths dans la seconde. Pendant ce même siècle,
la bonne nouvelle avait été portée chez les Anglo-Saxons et jusque dans l'Écosse.

26. *Saint Benoît. Fondation de l'ordre des Bénédictins.*
— Un ordre religieux illustre, celui des **Bénédictins**,
prit naissance au VIᵉ siècle. Son fondateur **saint
Benoît**, né dans la Sabine, d'une famille patricienne,
se retira d'abord à **Subiaco**[1], puis sur le **mont Cassin**[2]. De nombreux compagnons, Romains et Barbares, nobles et plébéiens, se joignirent à lui et il fonda
dans ces deux endroits des monastères. Celui du mont
Cassin devint bientôt célèbre, et saint Benoît y traça
pour ses religieux une règle qui a été adoptée successivement par tous les ordres monastiques de l'Occident
jusqu'au XIIIᵉ siècle. Les bénédictins ou **moines
noirs** se livraient dans la retraite à la prière, au travail de la terre et à la culture des lettres. Les services qu'ils rendirent à la littérature et à la science
sont immenses. Peu de temps avant de mourir (543),
saint Benoît avait envoyé son disciple **saint Maur**
dans la Gaule, pour y établir des monastères de sa
règle.

27. *Saint Grégoire le Grand.* — De 590 à 604, le
siége de saint Pierre est occupé par un pape qui
« éclaire toute l'Église par sa doctrine, gouverne
l'Orient et l'Occident avec autant de vigueur que
d'humilité, et donne au monde un parfait modèle du
gouvernement ecclésiastique[3]. » Ce pape est **saint**

---

[1] A 50 kil. E. de Rome. — [2] A 80 kilom. N.-O. de Naples.
— [3] Bossuet.

Grégoire Iᵉʳ surnommé **le Grand.** Issu d'une illustre famille romaine, préteur [1] de Rome, à trente ans, il abandonne bientôt les honneurs pour se vouer à la vie religieuse et il l'embrasse dans un monastère qu'il fonde dans sa propre maison. Il songe à se faire missionnaire auprès des Saxons de la Grande-Bretagne ; mais le pape Pélage II le retient à Rome. Après la mort de ce pontife, le clergé et le peuple, d'une voix unanime, lui donnent pour successeur Grégoire qui, malgré sa résistance, est obligé d'accepter. Pape, il s'appelle, par humilité, le **serviteur des serviteurs de Dieu** [2], et son zèle embrasse tout. Il envoie le moine Augustin travailler à la conversion des Anglo-Saxons, il assure celle des Visigoths d'Espagne, et obtient du Lombard Agilulfe la paix pour Rome ; en même temps il réforme la liturgie, établit l'école de **chant** dit **grégorien,** adapté à la grandeur du culte catholique et qui se distingue du **chant ambrosien** par plus de mélodie. Au milieu de tant d'occupations et des souffrances presque continuelles de la maladie, il trouve encore le temps de composer des écrits très-nombreux, entre autres de belles et touchantes **homélies.**

28. *Donations au clergé et dîme.* — Les églises et les monastères reçurent de la reconnaissance des rois et des simples fidèles des **donations** en terre qui furent souvent considérables. Du reste, à une époque où le sol était encore couvert de forêts, les souverains accordaient facilement aux fondateurs de monastères autant de terres que les moines en pourraient défricher et cultiver. Peu à peu certaines communautés religieuses devinrent très-riches, et cette richesse

---

[1] Premier magistrat. — [2] Ce titre a passé depuis en formule dans les lettres pontificales.

amena, dans la suite des temps, des abus qui nécessitèrent d'importantes réformes. Au vi^e siècle les dons, volontaires jusqu'alors, des fidèles pour l'entretien du clergé commencèrent, sous le nom de **dîme**[1], à devenir obligatoires.

VI. — LETTRES.

29. *État des lettres au* vi^e *siècle.* — Les lettres sont peu cultivées à cette époque de bouleversements et de ruines. On doit mentionner cependant, parmi les historiens : **Cassiodore, Grégoire de Tours**, qui a écrit les commencements de notre histoire ; **Procope**, secrétaire de Bélisaire, qui nous a fait connaître, en traits saisissants, l'histoire du temps où il vivait ; **Jornandès**, historien des Goths ; et, parmi les écrivains religieux : **Boèce**, l'auteur du livre immortel, **De la consolation**, qu'il composa dans sa prison ; **saint Fulgence, saint Césaire.** — En 529, Justinien fait fermer à Athènes la dernière école que les philosophes **néoplatoniciens** y avaient fondée après la ruine de l'école d'Alexandrie, et où ils essayaient encore de faire revivre les doctrines du polythéisme.

VII. — FRANCE.

SOMMAIRE.

507. Clovis défait les Visigoths à Vouillé, et étend sa domination jusqu'aux Pyrénées. — 508. Il fait de Paris sa capitale. — 511. Il meurt. Partage de son royaume entre ses quatre fils, Thierry, Clodomir, Clo-

---

[1] *Dime* (d'abord *dixme*), dixième partie du revenu. Cette contribution n'était pourtant pas du dixième ; mais elle fut ainsi appelée en souvenir de ce qui se pratiquait chez les Juifs, dans l'ancienne loi.

taire et Childebert. — Guerre contre la Bourgogne. — Guerre de Childebert contre les Visigoths. — Fondation de Saint-Germain des Prés à Paris. — 538. Théodebert Ier se fait céder la Bavière. — Ses victoires en Italie. — 558. Clotaire réunit sous son sceptre toute la monarchie des Francs. — 562. 2e partage du royaume entre les quatre fils de Clotaire, Caribert, Gontran, Sigebert et Chilpéric. — Rivalité de Brunehaut et de Frédégonde. — 584. Clotaire II. Régence de Frédégonde, traité d'Andelot, maires du Palais. — 593. Childebert, roi d'Austrasie et de Bourgogne. — 596. Théodebert, roi d'Austrasie ; Thierry, roi de Bourgogne ; régence de Brunehaut. — 599. Révolte des leudes d'Austrasie contre Brunehaut.

SEPTIÈME SIÈCLE

(601-700)

I. — ROYAUMES ANGLO-SAXONS.

1. *Histoire de l'Heptarchie saxonne, pendant le* VIIe *siècle.* — Des sept royaumes qui formaient l'Heptarchie, les uns ne tardent pas acquérir la prépondérance sur les autres. Sous le roi Penda (627-655), le royaume de **Mercie** devient plus puissant ; celui de **Wessex** gagne aussi une importance plus grande, et ceux d'**Est-Anglie**, de **Kent** et d'**Essex** restent dans un état marqué de dépendance.

II. — GERMANIE ET CENTRE DE L'EUROPE.

2. *Gouvernement et limites de l'Australie au* VIIe *siècle.* — Peu de temps après que Clotaire II se fut trouvé seul roi des Francs (613), il fut forcé par les leudes d'**Austrasie** [1] de leur donner un roi particulier. Ce

---

[1] *Austrasie,* royaume de l'Est (partie occidentale de la Ger-

roi fut son fils Dagobert (622), mais le pouvoir fut exercé, au nom de ce dernier, par le maire du palais **Pépin de Landen**. Depuis lors ce furent les maires du palais qui régnèrent en réalité sur l'Austrasie ; après Pépin de Landen vint **Grimoald** son fils, puis enfin le duc **Pépin d'Herstal** (678) [1]. L'Austrasie s'étendait alors depuis les rives de l'Escaut jusqu'à celles de la Saale : elle comprenait la Thuringe, l'A-lemanie, l'Helvétie, la Bavière, et avait au sud pour limites les Alpes et la Carinthie.

3. *Peuples qui occupèrent pendant ce siècle les autres parties du centre de l'Europe.* — Le centre de l'Europe était alors occupé par les **Saxons**, encore païens, qui s'étaient fixés entre l'Elbe et le Rhin, par les **Slaves**, les **Avares**, les **Serviens**, les **Bulgares** et les **Khazares** qui, venus des bords de la mer Caspienne, s'étaient avancés à l'ouest et étaient répandus dans une grande partie de la Russie actuelle.

4. *Affaiblissement des Avares, puissance des Bulgares.* — Après avoir fait à plusieurs reprises trembler les empereurs d'Orient au commencement du viie siècle, les **Avares**, affaiblis par la révolte des Bulgares qui se rendent indépendants, voient décliner leur puissance ; et cette puissance diminuera encore pendant le cours du siècle suivant. Les **Bulgares** à leur tour se rendent redoutables à Constantin Pogonat (680) et à Justinien II (688).

III. — ROYAUME DES VISIGOTHS EN ESPAGNE.

5. *Les Grecs chassés d'Espagne. Tentatives des Visi-*

----

manie, qui formait la partie *orientale* du royaume des Francs), par opposition à *Neustrie*, royaume de l'Ouest.

[1] Voir *Histoire de France*, n°s 80, 83-88.

goths sur la Mauritanie. — Après la mort de Récarède (601), ses succcesseurs travaillent avec persévérance à chasser les Grecs de la péninsule. **Sisebut,** puis **Suintila** enlèvent successivement à ces derniers leurs possessions, et en 624 il ne reste plus **rien en Espagne aux empereurs de Byzance.** Les rois visigoths, au commencement du VIIe siècle, ajoutent à leurs Etats, en partie du moins, les côtes de la **Mauritanie** ; mais, à la fin de ce même siècle, les Arabes la leur enlèvent (696).

6. *Mode du gouvernement chez les Visigoths d'Espagne.* — La couronne reste **élective** chez les Visigoths d'Espagne malgré les efforts tentés par quelques-uns de leurs rois pour la rendre héréditaire. Les grands se disputent le pouvoir royal, les évêques le dominent par leur influence, qui va toujours croissant.

IV. — ROYAUME DES LOMBARDS EN ITALIE.

7. *Principaux rois lombards après Agilulfe.* — Agilulfe était mort en 615. Après lui règnent plusieurs rois, parmi lesquels il suffit de citer Rotharis, Grimoald et Pertharite. **Rotharis** (636-652) enlève aux Grecs leurs possessions dans la Vénétie et celles qu'ils avaient sur la côte de la mer de Toscane, et il publie le **code lombard** (643). **Grimoald,** simple duc de Bénévent, profite, pour s'emparer de la couronne, des dissensions qui, après la mort d'Aribert, roi des Lombards, se sont élevées entre les deux fils de ce prince, Godebert et Pertharite. Le premier est tué, le second prend la fuite et cherche un asile, d'abord auprès des Avares, puis chez les Francs. Grimoald occupe le trône de 662 à 671 ; il conquiert la Calabre, révise les lois lombardes et quitte l'arianisme pour entrer dans le sein de l'Église. Après sa mort, **Pertharite** revient

de l'exil, règne (671-686) avec sagesse et laisse le trône à son fils **Cunibert**, qui meurt en 700.

V. — ORGANISATION DES PAYS CONQUIS PAR LES BARBARES.

Au VIIe siècle, les grandes invasions ont à peu près cessé. L'Europe ne verra plus se précipiter sur ses plus riches contrées de nouveaux barbares, sauf les Sarrasins, les Normands et les Hongrois; c'est donc ici qu'il convient de jeter un rapide coup d'œil sur les résultats produits par les invasions précédentes, sur les lois et sur les coutumes des conquérants et sur l'organisation nouvelle qu'ils avaient apportée dans les pays où ils s'étaient établis.

8. *Principaux résultats des invasions des Barbares.* — Au milieu de ces guerres incessantes, l'agriculture, l'industrie, le commerce sont négligés et presque anéantis. La gloire des lettres et des arts subit une longue éclipse ; l'étincelle qui reste le germe de la lumière pour des siècles plus heureux se cache au fond des cloîtres. Les populations énervées du monde antique se mêlent aux races guerrières et rudes dont elles sont devenues la proie. Celles-ci à leur tour se sont courbées sous la loi de l'Évangile ; mais l'Église aura besoin de plusieurs siècles pour façonner et élever ces farouches enfants, dont la **barbarie ne cède que peu à peu** à la persévérance et à la fermeté de ses enseignements divins.

9. *Part que se firent les Barbares dans les terres qu'ils avaient conquises.* Les barbares, après la victoire, ne s'approprièrent pas la totalité du sol. Ils en laissèrent aux vaincus une portion qui varia suivant les coutumes des conquérants. Les plus modérés, dans ce partage forcé, furent les dominateurs successifs de l'Italie : les **Hérules**, les **Ostrogoths**, les **Lom-**

bards ne prirent pour eux que le **tiers du terri-toire.** Ce n'était pas mansuétude de leur part ; les Hérules et les Lombards étaient remarqués, parmi les Barbares mêmes, pour leur férocité ; mais ils faisaient peu de cas de la terre. Les **Bourguignons,** qui étaient au contraire le plus doux des peuples germaniques, avaient de nombreux troupeaux ; ils prirent, ainsi que les **Visigoths,** les **deux tiers** du sol. Les **Anglo-Saxons** sont les seuls qu'on sache s'être emparés de la **totalité.** On n'a pu déterminer d'une manière précise quelle part s'attribuèrent les **Francs** et les autres peuples conquérants.

10. *Diverses espèces de terres.* — Les terres se divisèrent alors en trois classes distinctes : 1° les **alleux** [1], que les conquérants s'étaient partagés par le sort, et qui étaient héréditaires, indépendants et libres de toute redevance, sauf le service militaire. Ces terres, dites aussi **saliques** [2], ne devaient pas sortir des mains des guerriers, surtout chez les Francs, où les femmes ne pouvaient jamais y succéder ; 2° les **bénéfices** donnés, dans le principe, à titre révocable, comme récompense par le chef à ses compagnons, qui étaient alors tenus envers lui à certaines obligations; 3° les **terres tributaires,** concédées à des colons et à leurs héritiers, sous condition d'une redevance en argent. Cette dernière sorte de concession de terres se faisait déjà sous la domination romaine.

11. *État des personnes.* — On retrouve pour les personnes une triple division analogue à celle que nous venons d'indiquer pour les biens : 1° La possession de certains domaines, l'exercice de certains emplois confèrent une espèce de **noblesse** qui reste **personnelle** et ne se transmet pas aux descendants. Cette

---

[1] *Alod*, lot. — [2] *Sala*, manoir.

élite de la nation a des noms divers suivant les pays : chez les Francs, les nobles s'appellent **leudes**[1] ou **antrustions**, ou **convives royaux**, ou **vassaux**; chez les Anglo-Saxons, **thanes royaux**; chez les Bourguignons, **optimates**[2]; chez les Lombards, **masnadieri**. Les riches Romains, les membres du clergé appartiennent à cette première catégorie; 2° les guerriers indépendants, possesseurs **d'alleux**, forment la seconde classe dite des **fribourgs**, **harimans** ou **thanes**; 3° les hommes libres, **lètes**, possesseurs de terres tributaires, et les **affranchis** n'ont plus au-dessous d'eux que les **esclaves**, dont le nombre ira toujours décroissant, sous la loi évangélique, jusqu'à ce que le **servage** ait partout succédé à l'esclavage et qu'au servage lui-même succède la liberté.

12. *Gouvernement dans les pays conquis par les Barbares.* — Chez tous ces conquérants on trouve la royauté, mais la **royauté** presque partout **élective**, et partout **limitée** par le pouvoir des assemblées de la nation. La conquête terminée, la royauté tend à devenir héréditaire. L'assemblée du peuple, qui devient alors aussi moins complète, s'appelle : chez les Francs, **Champ de mars** ou de **de mai**[3]; chez les Anglo-Saxons, **Wittenagemot**; chez les Visigoths, **concile de Tolède**; chez les Lombards, **diète de Pavie**[4], ou, dans la basse latinité de l'époque, **placitum, parliamentum, mallum.** C'est dans ces assemblées qu'on traite des questions d'un intérêt général, de la paix et de la guerre.

[1] *Leude,* en allemand, *sujet.* Ce mot qui désigne ici les hommes appartenant directement au roi, s'étendait aussi, avec cette signification de *serviteur,* aux rangs inférieurs de la société. — [2] Les meilleurs, du latin *optimus.* — [3] De l'époque ordinaire de leur réunion. — [4] Chez ces deux derniers peuples, du lieu de leur réunion.

13. *Assemblées particulières.* — Outre ces assemblées générales, il y en avait encore, dans les provinces, particulières appelées **placita minora**[1]. Elles étaient présidées par les chefs de l'administration, **ducs, comtes** ou **grafen, viguiers, centeniers** ou **dizeniers.** Composées d'abord de tous les hommes libres, ces assemblées ne le furent plus ensuite que d'un certain nombre de **jurés** ou **échevins** : c'étaient elles qui rendaient la justice.

14. *Diverses législations des Barbares.* — Les tribus Barbares, à qui leurs coutumes et leurs traditions avaient suffi dans leurs forêts natales, eurent besoin de lois écrites quand elles formèrent des établissements fixes et qu'elles s'organisèrent en nations. Les principaux de ces codes incomplets, mis en vigueur après avoir été approuvés par les législateurs grossiers des **placita,** sont : — la **loi Salique,** modifiée plusieurs fois depuis Clovis jusqu'à Dagobert Ier et contenant 408 articles et dont 342 sont consacrés à réprimer les crimes et les délits au moyen d'amendes; le plus fameux article de cette loi est celui qui exclut les femmes de la succession à la terre salique; — la **loi des Francs Ripuaires** qui indique une civilisation plus avancée; — puis, parmi les lois qui portent le plus l'empreinte du caractère germanique, la **loi des Allemands,** le code **Lombard,** la **loi Saxonne;** — enfin, parmi celles qui font des empunts plus ou moins larges à la législation romaine, la **loi des Bourguignons,** dite **loi Gombette**[2], celle **des Ostrogoths,** celle **des Visigoths.**

15. *Compensation. Épreuves judiciaires.* — Les délits, les crimes même pouvaient se réparer par des amen-

---

[1] Petits plaids, petites assemblées. — [2] Du nom de son auteur, le roi Gondebaud.

des, par des compensations pécuniaires, appelées **weregild**, et qui différaient suivant le rang et la race de la personne offensée ou maltraitée. La loi bourguignonne était la seule qui punissait le meurtre par la mort. Outre le témoignage humain, ces législations admettent les épreuves judiciaires, le **duel**, le **jugement par le feu, par la croix**[1]; la crédulité populaire croyait voir dans ces épreuves des **jugements de Dieu.**

16. *Lois personnelles.* — Enfin chacun doit être jugé d'après la loi, non du territoire où il se trouve, mais de la nation à laquelle il appartient : en d'autres termes, les lois sont **personnelles.** Les Romains restent soumis à la loi romaine, et tous les ecclésiastiques sont jugés aussi d'après ses dispositions.

17. *Service militaire.* — Quant au service militaire, il fallait distinguer s'il s'agissait d'une guerre nationale, **landwehr**, ou d'une **guerre privée.** Dans le premier cas, tous les guerriers devaient prendre les armes et ne recevaient pas de solde; ils devaient s'entretenir à leurs dépens. Dans le second cas, le service n'était dû que par les leudes qui tenaient du roi un bénéfice, ou qui recevaient de lui une solde.

18. *Éléments divers qui se combinèrent pour former la société du moyen âge.* — A la suite des invasions des Barbares trois éléments différents se combinèrent : l'**élément romain**, avec son régime municipal, son administration savante, et l'idée du pouvoir absolu de l'État; l'**élément germain**, avec des idées de respect pour l'individu, de dévoucment personnel au chef, de liberté souvent un peu confuse; enfin l'**élément chré-**

____

[1] Ces épreuves consistaient à saisir une barre de fer rouge, à tenir les bras élevés en croix pendant un certain laps de temps.

tien, apportant des sentiments de charité, de solidarité entre tous les hommes, sentiments inconnus à l'ancien monde. Ces éléments se combinèrent dans des proportions inégales, suivant les lieux : l'élément romain surtout dans les pays méridionaux et dans la vieille Gaule, l'élément germain surtout dans le nord. C'est ainsi que se formèrent les sociétés du moyen âge et par suite la société moderne.

VI. — EMPIRE D'ORIENT.

19. *Phocas (602-610).* — **Phocas,** pendant huit ans que dura son règne, exerça à l'intérieur la plus odieuse tyrannie, et se livra à toute la fureur de ses passions. A l'extérieur, sa lâcheté permettait aux Avares, au Huns et aux Perses de recommencer sans cesse leurs désastreuses incursions. Trois conjurations formées contre lui échouèrent; mais enfin **Héraclius,** gouverneur d'Afrique, parvint (610) à délivrer l'empire de ce tyran.

20. *Succès de Chosroès II.* — **Chosroès II,** roi de Perse, s'était d'abord emparé de la Mésopotamie et de la Syrie, et avait pris les villes d'Antioche, de Damas et de Jérusalem, qu'il incendia ; il avait emporté de cette ville le bois de la **vraie Croix;** partout il épargnait les Juifs, brûlait les églises, égorgeait les chrétiens, et rétablissait le culte des mages. D'un autre côté, son satrape **Séïn** envahit l'Égypte et la Cyrénaïque, prit Alexandrie ; puis passant dans l'Asie Mineure, il la soumit aux Perses, et s'avança sans obstacle jusqu'à Chalcédoine.

21. *Héraclius ; ses premiers revers et ensuite ses éclatants succès.* — Héraclius éprouva d'abord des revers accablants ; les succès de Chosroès et des Avares, alliés des Perses, l'avaient réduit à s'enfermer dans sa

capitale ; il n'avait plus que quelques provinces maritimes. Découragé par tant de pertes, il s'était déterminé à transporter le siége de l'empire à Carthage. Mais ranimé par le clergé de Constantinople, qui cette fois sauva l'empire, Héraclius porte soudain la guerre en Syrie (626), défait les **Perses** dans plusieurs sanglantes batailles, entre autres, à **Issus** et **Mossoul,** où il trouve les trésors de son ennemi : il reprend toutes les villes de l'Arménie, de la Syrie, et les **Avares,** qui avaient franchi l'Hœmus, sont exterminés près de Constantinople.

22. *Fin tragique de Chosroés II.* — Malgré ses défaites, **Chosroès II** s'obstine à continuer la guerre contre Héraclius. Une révolte de ses sujets le détrône, et son propre fils **Siroès** le fait mourir de faim (628).

23. *Reprise de la vraie Croix.* — Héraclius oblige Siroès à lui rendre la **vraie croix.** Il reporte lui-même au Calvaire sur ses épaules cet instrument de la rédemption du genre humain. C'est en mémoire de cet événement qu'est instituée, en 628, la fête de l'**Exaltation de la sainte Croix.**

24. *Fin du règne d'Héraclius.* — Ces glorieuses années sont suivies de neuf ans de désastres et de **revers** qui terminent le long règne d'Héraclius. Les Musulmans, de 632 à 641, lui enlèvent la Syrie, la Palestine et l'Égypte; Héraclius perd son temps au milieu des disputes des **monothélites,** dont il soutient l'hérésie, et il meurt en 641.

25. *Empereurs Héraclides.* — Le trône de Byzance est occupé jusqu'à la fin du vii⁰ siècle par des princes de la famille d'Héraclius, connus sous le nom d'**empereurs Héraclides.** A cette série de souverains, qui se rendent haïssables à leurs sujets que flétrit l'histoire, appartiennent **Héraclius Constantin** et **Héracléonas,** qui ne font qu'apparaître et disparaître,

puis **Constant II**, qui rend un édit appelé **type**, en faveur des monothélites, et meurt assassiné en Sicile, où il s'était réfugié (668).

26. *Constantin Pogonat. Le feu grégeois.* — Constantin II laisse le trône à son fils **Constantin Pogonat**[1]. Ce dernier empereur, dans la guerre contre les Musulmans, se servit, pour la première fois, du **feu grégeois**, ou grec, inventé par Callinique, et dont la composition devint un secret de l'État. Ce feu brûlait dans l'eau, qui semblait même lui donner plus d'ardeur et de vivacité, et il sauva plusieurs fois Constantinople des flottes musulmanes. Constantin Pogonat soutient la vraie foi contre le monothélisme, mais le meurtre de ses deux frères souille le règne du meilleur des Héraclides.

27. *Justinien II chassé et rétabli.* — Après Constantin Pogonat, mort en 685, vient **Justinien II**, qui se rend odieux par son hérésie et ses cruautés. Il est chassé par le patrice Léonce, qui lui fait couper le nez, d'où lui vient son surnom de **Rhinotmète**[2]; puis il est rétabli (705) par les Bulgares sur le trône de Constantinople.

VII. — ARABIE. MAHOMET. PREMIERS CALIFES.

28. *Grand événement qui marque le commencement du* VIIe *siècle.* — Le fait capital du VIIe siècle en Orient est la naissance de l'islamisme, cette religion nouvelle à laquelle un fanatisme guerrier va faire faire de si rapides progrès en Asie, en Afrique, et qui menacera même, un moment, d'envahir l'Europe chrétienne. Le fondateur de l'islamisme[3] fut **Mahomet**.

---

[1] *Pogonat*, barbu. — [2] *Rhino-tmète*, au nez coupé. — [3] *Islam*, soumission à Dieu.

29. *Commencements de Mahomet.* — **Mahomet** était fils d'Abdallah, de la puissante tribu des **Koreischites.** Né en 570, à **la Mecque,** resté orphelin en bas âge, il fut élevé par son oncle Abou-Taleb, jusqu'à l'âge de 14 ans. Après avoir fait le commerce des caravanes et guerroyé en Syrie, il revint à la Mecque, à 25 ans, et épousa une riche veuve, nommée **Kadischah,** au service de laquelle il était entré. De 25 à 40 ans, il vécut solitaire, se préparant au rôle qu'il voulait jouer, et se retirant, chaque année, pendant le mois de **ramadan**[1] dans une caverne du **mont Hérat.** En 610, il commença à se donner pour prophète. Il passa trois ans à s'attacher un petit nombre de sélytes, parmi lesquels figurent sa femme **Kadischah,** **Seïd** son esclave, et **Ali** son cousin.

30. *État religieux de l'Arabie à cette époque.* — Quatre religions se disputaient cette Arabie à laquelle Mahomet tentait d'imposer l'unité de croyance religieuse. La plus répandue était l'idolâtrie, offrant trois cents idoles à l'adoration des nombreux fidèles qui, de temps immémorial, venaient à la Mecque visiter le temple national de la **Caaba** ou **maison carrée.** Ce temple avait été construit, disait-on, par Abraham ; c'est là que se trouvait la fameuse pierre **noire** qu'on regardait comme le noyau de la terre. Les trois autres religions étaient le **Sabéisme**[2], le **Judaïsme** et le **Christianisme.**

31. *Principaux dogmes de la religion nouvelle.* — Mahomet avait, dans son enfance, été instruit par un moine nestorien des principaux dogmes du **Christianisme.** Il connaissait aussi la **Bible.** Aux vérités qu'il a puisées à ces sources sacrées, il mêle ses propres **fables** et les erreurs de son imagination. D'après l'isla-

---

[1] Temps de *miséricorde*. — [2] Adoration des astres.

misme, il n'y a qu'un Dieu, qui a parlé par la bouche de plusieurs prophètes, mais surtout par celle de Mahomet, le plus grand de tous. Les **Moslémin**[1] ne doivent former ni société ni alliance avec les **Cafirs** ou infidèles. Ceux qui meurent dans le combat ont la plus belle place dans le paradis : car l'âme est immortelle. Les bons sont placés après leur mort dans un lieu de délices où sont les **Houris**, vierges immortelles, et où ils goûteront toutes les jouissances terrestres. Les méchants seront relégués dans l'enfer, au milieu des tourbillons d'une épaisse fumée et de l'ardeur d'un vent brûlant. Par une inconséquence grossière, Mahomet, tout en admettant pour l'autre vie la récompense et la punition, qui supposent la liberté de l'âme, prêche le dogme dégradant du **fatalisme**, qui anéantit cette liberté.

32. *Culte et pratiques.* — Quant au culte, la crainte d'un retour des Arabes à l'idolâtrie porte Mahomet à interdire la reproduction par la peinture ou par la sculpture des objets animés ; il prescrit à ses sectateurs la **circoncision**. Le vrai croyant doit faire la **prière** cinq fois par jour, en se tournant du côté de la Mecque ; il doit se préparer à la prière par des **ablutions** d'eau ; dans le désert, où l'eau manque, il la remplace par le sable. La sanctification du **vendredi**, le **jeûne** pendant le mois de **ramadan**, l'**aumône**, sont aussi au nombre des préceptes du Coran. Le jeûne conduit jusqu'au seuil du paradis : c'est l'aumône qui en ouvre la porte. Enfin le musulman doit, si sa fortune le lui permet, accomplir le **pèlerinage à la Mecque**, au moins une fois dans sa vie. La polygamie est permise : tout musulman peut avoir quatre femmes légitimes, et un nombre indéterminé de concubines. Il

---

[1] *Moslémin* ou *musulmans*, fidèles, vrais croyants.

doit s'abstenir de certaines viandes, et de **vin**, ainsi que de toute liqueur fermentée.

33. *Hégire.* — La prédication publique de sa doctrine donna à Mahomet de nombreux adversaires, même au sein de sa tribu. Condamné à mort, il fut obligé, le 16 juillet 622, de s'enfuir secrètement de la Mecque, avec le jeune Ali, et de chercher un asile à **Yatreb** appelé depuis **Médine** [1]. C'est de cette fuite mémorable ou **hégire** [2] que date l'ère musulmane.

34. *Conversion et soumission de l'Arabie.* — Les habitants d'Yatreb embrassent l'islamisme et prennent les armes pour en étendre l'empire. En 623, à la tête de 313 croyants, le prophète bat, dans la vallée de **Béder**, 950 Koreischites de la Mecque. Après des fortunes diverses, et la grande victoire **du Fossé ou des Nations**, il rentre à la Mecque, d'abord en humble et simple pèlerin, et en devient enfin le maître ainsi que de la plus grande partie de l'Arabie. Les idoles de la Caaba sont détruites. Ce temple devient celui de l'islamisme, après la bataille de **Muta** [3] gagnée (630) par les sectateurs de Mahomet sur l'armée d'Héraclius. L'année suivante, les princes de **l'Yémen** font porter au prophète leur soumission par des ambassadeurs.

35. *Mort de Mahomet.* — En 632 enfin, Mahomet, sur les frontières de la Syrie, méditait de nouvelles et lointaines conquêtes, lorsque, sentant arriver le terme d'une maladie de langueur causée, dit-on, par le poison, et qui le minait depuis quatre ans, il revint à **Médine** où il mourut, âgé de 62 ans. Il fut enterré dans cette ville, à l'endroit même où il avait rendu le dernier soupir.

36. *Le Coran.* — Mahomet n'avait appris ni à lire ni

[1] *Médinet-al-Nabi*, ville du prophète. — [2] *Hégire*, fuite. — [3] A l'E. du Jourdain.

à écrire. Sujet à des attaques d'épilepsie, il les faisait passer pour les moments d'inspiration où il entrait en commerce avec le ciel. Il dictait les **révélations** qu'il prétendait recevoir alors directement de **l'archange Gabriel**, à plusieurs secrétaires qui les écrivirent en dialectes différents et sur toutes sortes d'objets, parchemin, pierres, feuilles de palmier. Ce fut après la mort du prophète, qu'un de ses secrétaires, **Seïd-ben Thabet**, par ordre du premier calife, Abou-Bèkre, réunit ces fragments épars. Seïd en forma (634) un volume, appelé **Coran** [1], qui est pour les musulmans le livre sacré de leur religion et leur code politique. Le Coran, divisé en 114 chapitres ou **Sura**, est rédigé dans l'arabe le plus pur. Les contradictions choquantes, les erreurs grossières qu'il renferme à côté des vérités empruntées par l'imposteur à nos livres saints, ne choquaient point l'ignorance du peuple pour lequel il était fait ; mais l'imagination ardente des Arabes était entraînée, en le lisant, par la magie d'un style poétique qui a toujours eu pour eux les plus vifs attraits.

37. *Premier calife, Abou-Bèkre. La guerre sainte.* — Après la mort de Mahomet (632), **Abou-Bèkre** [2] est élu **Calife** [3], par l'influence de sa fille **Aïscha**, une des femmes du prophète. Il proclame la **guerre sainte** contre les infidèles. Son lieutenant, **Kaled**, surnommé **le glaive de Dieu**, commence la conquête de la Syrie par la prise de **Bostra** et de **Damas**.

38. *Second calife, Omar. Conquêtes.* — Abou-Bèkre a pour successeur (634) **Omar**, qui ajoute à son titre de calife celui d'**émir-al-mouménin** [4]. Sous ce calife les

---

[1] *Coran* ou *Al-Coran*, le livre. — [2] Père de la jeune fille. *Abou*, père, en arabe. — [3] *Calife*, vicaire. — [4] Chef des croyants.

conquêtes s'étendent. Après la grande victoire d'**Yer-mouk** (636) près du lac de Tibériade, la **Syrie** entière, Antioche, Jérusalem (637) et toute la **Palestine**, la **Mésopotamie** se soumettent à l'irrésistible Kaled. L'**Égypte** a bientôt le même sort : **Amrou** s'empare de Memphis, puis **d'Alexandrie** après un siége meur-trier de 14 mois. La riche bibliothèque de cette ville est condamnée aux flammes par ordre, dit-on, du fanatique calife, qui en aurait proscrit les livres comme inutiles, s'ils étaient conformes au Coran, comme mauvais, s'ils y étaient contraires. D'un autre côté, **Saïd**, un des plus braves lieutenant d'Omar, tourne des armées contre la **Perse**. Il gagne contre 150,000 Perses la bataille de **Kadésiah** (636) appelée aussi la **bataille de l'ébranlement**. Six ans après, celle de **Néhavend** (642), surnommée **la victoire des victoi-res**, porte un nouveau coup à ce royaume ébranlé, et donne aux musulmans toute la Perse occidentale. Enfin le calife sous lequel tant de provinces ont été soumises à l'islamisme, Omar, est assassiné (644) par un fanatique arabe.

39. *Troisième calife, Othman. Soumission de toute la Perse.* — **Othman** lui succède, et, pendant son règne de onze ans, il ajoute à ces conquêtes celles de **Chypre** et de **Rhodes**. C'est sous lui que toute la **Perse** est définitivement acquise à l'islamisme (652). Le dernier roi de la dynastie des **Sassanides** qui occupaient ce trône depuis plus de quatre siècles, **Yezdegerd III**, périt abandonné, et les **guèbres**, ou adorateurs du feu, vont chercher pour leur culte un asile dans l'Inde, où leur nom de **Parsis** rappelle encore celui de leur première patrie.

40. *Le calife Ali; division des Musulmans.* — Othman, assassiné par le fils d'Abou-Bèkre, fut remplacé (656) par **Ali**, le cousin et le disciple favori de Mahomet.

Ali avait épousé **Fatim**e, fille bien-aimée du prophète, et un certain nombre de musulmans pensaient que le califat aurait dû lui appartenir après la mort de son beau-père. Mais, dès qu'Ali est monté sur le trône, le conquérant de l'Égypte, **Amrou**, et le gouverneur de la Syrie, **Mohaviah**, se révoltent ; et cinq ans après son élévation, le calife est assassiné (660). Depuis lors, les musulmans sont restés divisés en deux sectes ennemies : l'une, celle des **Sunnites**[1], ou orthodoxes, qui reconnaissent la légitimité des trois califes prédécesseurs d'Ali, et qui admettent la tradition qui vient d'eux comme complément du Coran ; l'autre, celle des **Chiites**, ou hétérodoxes, partisans exclusifs d'Ali et de ses descendants[2].

41. *Le califat devenu héréditaire. Le calife Mohaviah. Nouvelles conquêtes ; échec devant Constantinople.* — Le califat, qui avait été jusqu'alors électif, devient héréditaire après la mort d'Ali. **Mohaviah** fonde (660) la dynastie des **Ommiades**[3]. Un de ses lieutenants s'avance jusqu'aux bords de l'océan Atlantique. A l'Orient, l'Oxus est franchi, **Samarcande** prise ; l'islamisme victorieux pénètre dans la Tartarie. Le fils de Mohaviah, **Yezid**, menace six fois Constantinople de ses vaisseaux ; mais il est repoussé à l'aide du feu grégeois ; et Mohaviah, après avoir demandé la paix et s'être engagé à payer un tribut aux empereurs, meurt à Damas (680).

42. *Le calife Abd-el-Malek. Nouvelles conquêtes.* — Après trois règnes éphémères, **Abd-el-Malek** monte sur le trône des califes (685). **Hassan**, un de ses généraux, lui soumet d'une manière définitive toute la

---

[1] De *Sanna*, tradition. — [2] Les Perses appartiennent à cette dernière secte ; les Turcs à la première. — [3] Du nom d'*Ommiah*, arrière-grand-père de Mohaviah.

côte d'Afrique. **Carthage** est prise (693) et détruite une dernière fois (698). La Mauritanie seule résiste encore aux armes musulmanes.

VIII. — ÉGLISE.

43. *Nouvelles conquêtes du christianisme au* viie *siècle.* — Le viie siècle, qui vit l'islamisme, fondé par l'imposture, se propager par le sabre, vit aussi le règne du Christ s'étendre par les efforts de pieux missionnaires dont les seules armes étaient celles de la charité. Les **Lombards** passent de l'arianisme dans le sein de l'Église catholique; la foi fait de grands progrès chez les **Anglo-Saxons**; elle est portée chez les **Frisons**, d'abord par l'évêque de Noyon, **saint Éloi**, puis par les Anglo-Saxons **saint Wilfrid**, **saint Wigbert**, **saint Willibrod**. Trois Irlandais propagent aussi le règne de l'Évangile, **saint Colomban**, dans la Souabe; son disciple, **saint Gall**, sur les bords du lac de Constance; **saint Kilian**, enfin, dans la Franconie.

44. *Hérésie des Monothélites.* — En 630, une nouvelle hérésie prit naissance, c'était celle des **Monothélites** [1], rejeton de celle d'Eutychès. Les monothélites, tout en admettant la coexistence des deux natures en Jésus-Christ, soutenaient qu'il n'y avait eu en lui qu'une seule volonté, la volonté humaine ayant été absorbée dans la volonté divine. Cette erreur, à laquelle donna lieu l'empereur Héraclius, en voulant concilier la doctrine d'Eutychès avec celle de l'Église catholique, fut condamnée par deux conciles, à Rome, et, en 681, par le sixième concile œcuménique, qui fut le **troisième concile de Constantino-**

---

[1] *Mono-thélites*, partisans d'*une seule volonté.*

ple, et que présida par ses légats le pape saint Agathon. Le monothélisme finit par se confondre avec l'eutychéisme.

45. *Autres faits remarquables qui intéressent, dans ce siècle, l'histoire de l'Église.* — C'est aussi pendant ce siècle, vers 606, sous le pontificat de Boniface III, que s'établit l'usage des **cloches**, pour annoncer aux fidèles les solennités et les exercices du culte. — En 607, le pape Boniface IV consacra, en l'honneur de tous les saints, le **Panthéon**[1], temple bâti à Rome par Agrippa à la gloire de tous les dieux du paganisme, et aujourd'hui appelé **Notre-Dame de la Rotonde**. Enfin, en 617, le pape Boniface V sanctionna le **droit d'asile** des églises, c'est-à-dire le droit qu'elles avaient de servir de lieu de refuge pour les débiteurs et les criminels, droit utile dans les temps de violence où l'on était alors, et qui laissait aux accusés le pouvoir de préparer leur défense, aux innocents celui d'échapper à leurs persécuteurs, et à la charité clémente des évêques celui d'intervenir.

IX. — LETTRES.

46. *Saint Isidore de Séville et Fortunat.* — On a peu de noms à citer dans les lettres, pendant le VIIe siècle ; il suffit de mentionner celui de **saint Isidore de Séville**, auteur de plusieurs livres, et entre autres d'une Chronique historique qui s'étend depuis la création du monde jusqu'à l'époque où il vivait lui-même, et celui du poëte latin **Fortunat**, évêque de Poitiers, auteur de l'hymne **Vexilla Regis**, qui florissait dans le siècle précédent et qui mourut dans les premières années de celui-ci.

[1] *Panthéon*, temple *de tous les dieux.*

X. — FRANCE.

SOMMAIRE.

Suite de Clotaire II. — 613. Mort de Brunehaut. — La charge de maire du palais, donnée à vie, devient bientôt héréditaire. — 628. Dagobert 1er. — Construction de l'abbaye de Saint-Denis. — 638. Troisième partage du royaume : France orientale ou Austrasie, et France occidentale ou Neustrie. — Deux maires du palais. — 638. Clovis II, roi de Neustrie, commence la série des Rois fainéants. — Clotaire III lui succède en Neustrie. — Sainte Bathilde, sa mère, régente. — De 638 à 687. Ega, Erchinoald, Ébroïn, saint Léger, Ébroïn de nouveau, Bertaire, maires du palais en Neustrie ; Pépin de Landen, Grimoald, Martin, Pépin Héristel, d'Héristal ou d'Herstal, maires en Austrasie. — 670. Childéric II, roi d'Austrasie, puis d'Austrasie et de Neustrie. — 673. Thierry III remonte sur le trône de Neustrie, sous la tutelle d'Ébroïn. — Les Austrasiens nomment maire du palais Pépin d'Héristel ou d'Herstal. — 687. Bataille de Testry. — Pépin d'Herstal, seul maître véritable de tout le pays des Francs. — Il gouverne l'Austrasie en son propre nom ; et laisse sur le trône de Neustrie Thierry III, Clovis III (690), Childebert III (695), Dagobert III (711).

HUITIÈME SIÈCLE

(701-800)

I. — ROYAUMES ANGLO-SAXONS.

1. *Ina, roi de Wessex, et Offa, roi de Mercie.* — Les royaumes les plus importants de l'Heptarchie saxonne étaient, au viiie siècle, ceux de **Wessex**, de **Mercie** et de **Northumberland,** et les rois les plus remarquables des deux premiers de ces royaumes furent, pendant ce siècle, Ina et Offa. **Ina,** roi de Wessex, donne de bonnes lois à son peuple, et signale, par

plusieurs victoires sur ses voisins, son règne de trente-deux ans. De retour d'un pèlerinage à Rome, il impose à ses sujets l'obligation de payer tous les ans au pape un denier pour chaque maison. Ce tribut s'appelle le **denier de saint Pierre**. Puis il abdique, en 756 ; il se fait moine, et sa femme se fait religieuse. Le roi de Mercie, **Offa**, qui règne de 755 à 796, étend le tribut dont nous venons de parler à toutes les maisons du royaume de Mercie et de celui d'Est-Anglie dont il s'était emparé. Offa fait recueillir les **lois** qui régissaient son peuple.

II. — FRANCS. AUSTRASIE [1].

2. *L'Austrasie sous Pépin d'Herstal et sous Charles-Martel.* — Le duc **Pépin d'Herstal** avait, par la bataille de **Testry** (687), assuré la prépondérance de l'Austrasie ; il était devenu et resta jusqu'à sa mort (714) le chef de tous les Francs. Son fils naturel, **Charles**, affermit son œuvre. Les Neustriens essayent de secouer le joug, mais ils sont défaits dans deux batailles. Charles est aussi vainqueur des Frisons, des Saxons, des Allemands, des Bavarois.

3. *Invasion des musulmans dans la Gaule.* — Les Sarrasins [2], sous la conduite de l'émir **Abdérame**, pénètrent par le midi dans l'Aquitaine et arrivent jusque près des bords de la Loire. Charles les écrase entre Tours et **Poitiers** (732), dans une bataille qui dura un jour entier et coûta, dit-on, aux infidèles 375,000 hommes. On prétend que c'est à la suite de cette victoire que Charles fut surnommé **Martel** (le marteau). Il profite de son triomphe pour arracher la Provence

[1] V. *Hist. de France*, nᵒˢ 88-98. — [2] *Sarrasins*, de *Saracènes*, nom d'une tribu de l'Arabie, étendu depuis à tous les Arabes. — V. l'*Histoire des Arabes* ci-dessous, nᵒ 26.

aux Sarrasins. Il laisse, après la mort de Thierry IV, la Neustrie sans roi, et meurt en 741.

4. *Pépin le Bref devient roi.* — L'autorité passe à ses deux fils **Carloman** et **Pépin** surnommé **le Bref.** Six ans après, Carloman se retire dans le monastère du **Mont-Cassin** (747) et abandonne tout le pouvoir à son frère, qui se fait proclamer **roi** (752) par l'assemblée du Champ de mars.

5. *Précis du règne de Pépin le Bref.* — L'élément germanique qui, dans les pays soumis aux Francs, domine depuis Pépin d'Herstal, s'étend de plus en plus, et il en sortira bientôt un nouvel empire. Les Frisons et les Saxons soulevés sont vaincus. Pépin joue un rôle important en Italie, où il défait **Astolphe**, roi des Lombards, et constitue la **puissance temporelle des papes** (756); dans le midi, il enlève aux Sarrasins et joint à ses possessions (759) la **Septimanie et Narbonne**, capitale de ce pays. Il conquiert l'**Aquitaine** sur le duc **Waïfre**, qui périt (768), après une lutte de huit années. C'est en cette même année que meurt Pépin, laissant deux fils entre qui se partagent ses États. Mais **Carloman** meurt bientôt, et **Charles** se fait proclamer seul roi (771).

6. *Exploits et conquêtes de Charlemagne.* — Le nouveau roi affermit et étend les conquêtes de ses prédécesseurs, et porte la monarchie des Francs à son plus haut degré de splendeur. Après une lutte acharnée de plus de trente ans, après la destruction de leur idole nationale, **Irminsul**, après une première soumission à **Paderborn** (777), suivie d'un nouveau soulèvement, les **Saxons** sont définitivement domptés; le brave **Witikind** se soumet dans l'assemblée d'**Attigny** [1] (785), et reçoit le baptême. La Lombardie

---

[1] Sur l'Aisne, au N. de Vouziers.

est conquise. Après avoir ceint la **couronne de fer**[1] (774), Charles traverse les Pyrénées, et reçoit la soumission des **marches espagnoles**; mais, au retour de cette expédition, il perd à **Roncevaux** son neveu le **paladin Roland** (778). Aucun de ses ennemis ne lui résiste : les Grecs sont battus en Calabre; la Bavière et l'Autriche grossissent la liste de ses conquêtes; les Avares sont obligés de se soumettre.

7. *Rétablissement de l'empire d'Occident. Mort de Charlemagne.* — Le monarque de tant de contrées reçoit à Rome, pendant la messe de Noël, en 800, de la main du pape Léon III, la **couronne impériale**. Le ixe siècle qui, dès sa première année, a salué le nouvel **empereur d'Occident**, le voit quatorze ans après (814) mourir, à Aix-la-Chapelle, après un règne de quarante-trois ans, couvert de gloire et entouré des hommages de tous les souverains. Ces hommages sont venus le chercher du fond de l'Orient, de Constantinople et de Bagdad même, et l'admiration universelle a uni, d'une manière indivisible, à son nom le surnom de Grand. Les siècles à venir n'appelleront plus que **Charlemagne**[2] ce glorieux empereur.

8. *Limites de l'empire de Charlemagne.* — L'immense empire fondé par Charlemagne avait pour limites, au nord, la Manche, la mer du Nord, l'Eider et la mer Baltique; à l'est, l'Oder, les monts Karpathes et la Theiss; au sud, la Save; en Italie, la Calabre; en Espagne, l'Ebre, la Sègre et les Pyrénées; à l'ouest, l'océan Atlantique[3].

---

[1] Couronne des rois lombards. Elle était en or massif, mais elle devait son nom à un cercle de fer qui la garnissait intérieurement; ce cercle avait été forgé, disait-on, avec un des clous qui avaient servi à crucifier J.-C. — [2] *Charlemagne*; en latin *magnus*, grand. — [3] V. pour le détail les *Leçons de géogr. comp.* de M. Ducros (de Sixt), IIe part., leçon III.

9. *Divers titres de Charlemagne au nom de grand.* — Charlemagne ne fut pas seulement un conquérant ; il mérita encore sa gloire, par ses **institutions**, par l'appui éclairé et filial qu'il donna à l'**Église**, et par son amour des **arts** et des **lettres** dont il sut, malgré la barbarie des temps, encourager l'étude d'une manière puissante.

10. *Organisation de l'empire de Charlemagne.* — Le vaste territoire de son empire est divisé en **légations**, surveillées par des envoyés qui vont les visiter au nom du souverain, et qui s'appellent pour ce motif **missi dominici** (envoyés du maître). A la tête de chaque légation, subdivisée en **comtés**, en **vigueries**, en **cantons** est placé un administrateur spécial. Les lois sages que Charlemagne fait préparer par les personnes les plus dignes de sa confiance sont soumises à l'approbation des **champs de mai**. Ces lois sont célèbres sous le nom de **Capitulaires.** La justice est rendue dans des **assises** qui se tiennent tous les trois mois, où siégent les jurés ou notables choisis parmi les hommes libres, et nommés **échevins** ou **scabins.** L'appel de leurs sentences est porté à des cours supérieures, dites **plaids.** Les intérêts de la religion sont aussi l'objet de la plus vive sollicitude de l'empereur. De concert avec les évêques, il s'occupe activement de rétablir la discipline. L'**Église** de France lui doit encore l'introduction du chant grégorien, la convocation de plusieurs conciles et la fondation d'un grand nombre de monastères, qui furent les asiles de la science et des lumières.

III. — ÉTATS ET PEUPLES DIVERS DE L'EUROPE.

11. *États et peuples divers à l'est de l'empire des Francs et au nord de l'empire d'Orient.* — Outre le grand

royaume des Francs, qui devient l'empire d'Occident, outre l'empire d'Orient et les États des deux péninsules, l'Europe fut occupée, au viiie siècle, par les **Slaves**, les Avares, les Khazares et les Bulgares. Les premiers s'étendaient depuis la Saale et l'Elbe jusqu'au Dniéper. Divers petits États qu'ils avaient fondés se réunissent vers 720, et forment la **Bohême**. **Prémysl** est le premier prince d'une dynastie qui gouvernera ce pays jusqu'au xive siècle. L'empire des **Avares**, soumis en partie, à la fin du viiie siècle, par Charlemagne, disparaîtra au commencement du siècle suivant. Les **Khazares**, venus des bords de la mer Caspienne, avaient fondé, entre le Volga et le Dniéper, un empire qui est l'allié de celui des Grecs. Les **Bulgares**, au contraire, sont constamment en hostilité avec les empereurs de Constantinople.

IV. — ITALIE.

12. *Règne de Luitprand, roi des Lombards. Rome indépendante.* — Pendant un règne de trente-deux ans (712-744), **Luitprand** travaille à la prospérité et à la gloire du royaume des Lombards. Il réforme les lois et réprime les désordres causés par l'orgueil des grands vassaux. La proscription des saintes images par Léon l'Isaurien ayant excité des soulèvements dans les possessions que la cour de Byzance avait conservées en Italie, le duc qui gouvernait Rome au nom de l'empereur en est chassé, et une sorte de république s'établit dans cette ville (726) sous l'autorité du pape **Grégoire II**; Luitprand profite de cette circonstance pour s'emparer (728) de Ravenne et de la **Pentapole**[1]. Il

---

[1] *Penta-pole*, cinq villes. On donnait ce nom à une partie de l'Exarchat qui comprenait le territoire de la marche d'An-

se joint à Charles-Martel, et chasse, de concert avec lui, les Sarrasins de la Provence. Il meurt en 744, au moment où il va recommencer la lutte contre les Grecs, qui lui ont repris la Pentapole.

13. *Fin de l'exarchat.* — Ce fut un de ses successeurs, **Astolphe**, qui, en 758, après s'être de nouveau emparé de la Pentapole, mit fin à l'**exarchat** de Ravenne, dont la durée avait été de deux siècles. Mais cette conquête ne devait pas rester longtemps aux mains des Lombards.

14. *Donation de Pépin au Saint-Siége.* — Astolphe veut étendre sa puissance jusque sur Rome. Le pape **Étienne II**, vivement pressé par l'armée des Lombards, demande des secours à Pépin le Bref; le roi des Francs passe les Alpes, assiége Astolphe dans Pavie et l'oblige non-seulement à reconnaître l'indépendance de Rome, mais aussi à abandonner la Pentapole et même tout l'exarchat de Ravenne, et il les donne au pape (745). Astolphe manque à sa parole et assiége Rome. Étienne II, au nom de saint Pierre, dont il est le représentant, implore de nouveau Pépin qui revient et assure au Pape la possession des vingt-deux villes comprises dans sa donation. On appela ce territoire le **patrimoine de l'Église** ou la **Romagne**.

15. *Fin du royaume des Lombards.* — Le successeur d'Astolphe, **Didier**, attaque à son tour le pape Adrien. Mais Charlemagne continue l'œuvre de son père. Accouru au secours du pontife, il fait prisonnier à Pavie (774) le roi des Lombards, qu'il envoie terminer sa vie en Picardie, dans le monastère de **Corbie**, et il ceint lui-même la couronne de fer. C'est ainsi que finit le

cône et où se trouvaient les *cinq villes* de Rimini, Pesaro, Fano, Osimo et Ancône.

royaume des Lombards, après une existence de deux cent six ans.

16. *Confirmation de la donation de Pépin. Puissance temporelle du Pape. Rôle de la France vis-à-vis de la Papauté.* — La donation faite par Pépin fut confirmée par Charlemagne après sa victoire. Il y ajouta même les territoires de Pérouse et de Spolète. Ainsi fut établie d'une manière formelle la **puissance temporelle des** papes, utile garantie de leur **indépendance**. Il importait en effet au bien de tous les peuples chrétiens, trop souvent divisés d'intérêts, que le chef de l'Église ne fût le sujet d'aucun de leurs souverains. Dès lors se dessina d'une manière plus visible le rôle que Dieu avait réservé à la France, et qui avait commencé pour elle le jour où Clovis s'était trouvé le seul roi catholique de l'Occident. Les **fils aînés de l'Église** venaient de consacrer leur épée à la défense et au service de leur mère.

17. *Dernières possessions des Grecs en Italie.* — Les empereurs d'Orient, qui avaient perdu l'exarchat de Ravenne et la suprématie temporelle à Rome, continuèrent encore à conserver en Italie une puissance plus ou moins directe sur **Naples**, la **Calabre**, le pays d'**Otrante** et la **Sicile**.

V. — EMPIRE D'ORIENT.

18. *Mort de Justinien II. Ses quatre premiers successeurs.* — S'étant rendu de nouveau odieux à ses sujets par sa sanguinaire tyrannie, **Justinien II**, dernier empereur de la race d'Héraclius, fut tué (711) par **Philippique Bardanes** qui, deux ans après, fut chassé du trône par **Anastase II**. Anastase et son successeur **Théodose III** disparurent bientôt à leur tour; et **Léon III**, surnommé l'**Isaurien**, qui s'était, par sa

valeur, élevé au grade de général des armées d'Orient, reçut la couronne impériale (717).

19. *Succés de Léon l'Isaurien contre les Sarrasins.* — A l'aide du feu grégeois, Léon força les Sarrasins à lever le siége qu'ils avaient mis devant Constantinople, et leur brûla presque tous leurs vaisseaux.

20. *Maux que Léon l'Isaurien causa à l'Église.* — A la sollicitation d'un Juif qui lui avait prédit l'empire, Léon publia un édit contre le culte de respect qu'on doit aux images des saints et surtout à la croix, instrument et souvenir du bienfait de la Rédemption. Il soutint avec fureur la secte des **Iconoclastes** (briseurs d'images), persécuta les catholiques, et détruisit une grande quantité d'objets d'arts et de monuments précieux. N'ayant pu entraîner dans son hérésie les gens de lettres chargés du soin de sa bibliothèque, il les y fit enfermer au milieu des médailles, des tableaux et de plus de trente mille volumes, et ordonna que le tout devînt la proie des flammes.

21. *Les Romains et le pape affranchis de la domination des empereurs de Constantinople.* — Voulant se venger de l'excommunication que les papes Grégoire II et Grégoire III avaient lancée contre lui, Léon l'Isaurien équipa (711) une flotte qui fit naufrage dans la mer Adriatique. Cette circonstance détermina les Romains à s'affranchir de la domination de ce tyran, qui mourut peu de temps après. Dès lors (728), Rome n'obéit plus, de fait, à une autre autorité qu'à celle du pape.

22. *Constantin Copronyme.* — Le successeur de Léon l'Isaurien fut son fils **Constantin V**, surnommé **Copronyme** (ordurier), parce que, durant la cérémonie de son baptême, il avait souillé les fonts baptismaux. Ce prince poussa encore la cruauté plus loin que son

4.

père profanant les églises et épuisant contre les catholiques tous les supplices[1].

23. *Léon IV, Constantin VI et Irène. Rétablissement du culte des images.* — **Léon IV**, surnommé le **Khazare**, parce que sa mère était de cette nation [2], succéda (775) à son père Constantin Copronyme, et se montra aussi iconoclaste que lui. Il mourut cinq ans après, laissant le trône à son fils **Constantin VI**, surnommé **Porphyrogénète** [3]. Le nouvel empereur n'avait que dix ans; mais la tutelle fut exercée par sa mère, la fameuse impératrice **Irène**, que sa beauté et son esprit avaient élevée d'une condition obscure au rang suprême. Elle lutta, avec succès d'abord, contre les Sarrasins; mais des revers l'obligèrent à conclure avec **Haroun-al-Raschid** une paix onéreuse. Par ses soins, **le culte des images** fut rétabli d'après la décision du **2e concile de Nicée** (787). L'année suivante, elle voulut s'opposer aux progrès de Charlemagne en Italie; mais ses troupes furent battues dans la Calabre.

24. *Ambition, cruauté et mort d'Irène.* — En 790, Constantin VI, devenu majeur, dépouille sa mère de

---

[1] Constantin V prétendait que l'on pouvait fouler aux pieds l'image de Jésus-Christ, sans offenser Jésus-Christ lui-même : « Je puis donc, répondit un saint prêtre nommé Étienne en « lui montrant une pièce de monnaie qui portait l'effigie de « l'empereur, fouler aux pieds cette image sans manquer au « respect que je vous dois. » Et Étienne la jette à terre et marche dessus; aussitôt les courtisans se précipitent sur lui et le maltraitent. « Quoi! s'écrie-t-il, c'est un crime de pro- « faner l'image d'un prince de la terre, et ce n'en serait pas « un de profaner et de jeter au feu l'image du roi du ciel? » Pour toute réponse, on le traîna en prison où il fut mis à mort. — [2] V. ci-dessus n° 11. — [3] *Porphyro-génète*, né dans la pourpre.

l'autorité, et l'envoie en exil. Peu après, elle revient et fait crever les yeux à son fils, qui meurt à la suite de cette mutilation (797). Elle exerce alors seule ce pouvoir acheté d'une manière si cruelle, et quand Charlemagne est proclamé, à Rome, empereur d'Occident, elle lui envoie, dit-on, offrir sa main, afin de **réunir les deux empires**. Mais **Nicéphore** se fait élire empereur (802), et la relègue dans l'île de **Lesbos**, où elle meurt, l'année suivante, pauvre et obligée de gagner sa vie en filant, après avoir rêvé de tenir sous son sceptre l'Occident ainsi que l'Orient.

VI. — SARRASINS.

25. *Conquête de l'Espagne par les mulsumans.* — La conquête de **Tanger** par **Musa-ben-Noséir**, lieutenant du calife **Walid**, avait achevé de soumettre aux Arabes toute la côte septentrionale de l'Afrique. Musa avait reçu du calife, pour cet important service, le titre de vice-roi de ce pays. De l'autre côté du détroit, en Espagne, **Roderic** venait de s'emparer du trône des Visigoths. Les fils du dernier roi Vitiza, et le **comte Julien**, gouverneur de l'Andalousie, qui veut se venger sur Roderic d'une insulte sanglante, appellent, pour s'unir à eux et le combattre, les musulmans dans la Péninsule (711). **Tarik**, lieutenant de Musa, traverse le détroit et s'empare du rocher de **Calpé**, qui, du nom du chef arabe, s'appellera désormais **Gibraltar**[1]. Roderic s'avance à la tête de près de cent mille Visigoths. La bataille de **Xérès** (711), qui dure neuf jours et pendant laquelle périt le roi chrétien, décide du sort de l'Espagne. Le royaume des Visigoths est détruit après un peu moins de trois siècles d'exis-

---

[1] *Gibel-al-Tarik*, montagne de Tarik.

tence. Les débris de leur armée, sous la conduite de **Pélage,** se réfugient dans les montagnes des **Asturies,** boulevard derrière lequel va se former un royaume chrétien de ce nom, qui saura conserver son indépendance. Les musulmans se répandent en vainqueurs et s'établissent dans tout le reste de l'Espagne. Des gouverneurs nommés **walis,** placés sous l'autorité des vice-rois d'Afrique, sont chargés de l'administrer.

26. *Invasion en France.* — Les Pyrénées n'arrêtent pas ce flot. La **Septimanie** est envahie, **Narbonne** devient une des places fortes des Sarrasins. Bientôt toute la France est menacée par l'innombrable armée d'**Abdérame,** que Charles-Martel anéantit près de Tours (732). D'autres chefs envahissent la **Provence** (739). Charles-Martel revient les en chasser ; mais, au siècle suivant, les infidèles prendront un autre chemin, et ils établiront plusieurs postes dans ce pays.

27. *Progrès en Orient de la puissance mulsumane.* — — Pendant que l'Espagne est conquise, la puissance musulmane s'étend en Orient jusqu'aux frontières de la Chine. L'Indus, la Tartarie, le Taurus y sont les principales limites de cet immense empire dont l'autre extrémité arrive, en Occident, par une ligne non interrompue, jusqu'à l'océan Atlantique.

28. *Fin de la dynastie des Ommiades. Commencement de celle des Abbassides.* Les **Ommiades** régnaient depuis soixante-six ans à Damas. Les partisans d'Ali, répandus dans toute l'Asie, n'avaient cessé de les regarder comme des souverains illégitimes. Après plusieurs tentatives de révolte qui échouèrent, ceux-ci se liguèrent avec les **Abbassides** [1]. L'insurrection

---

[1] Ainsi appelés du nom de l'oncle de Mahomet, *Abbas,* dont Aboul-Abbas était l'arrière-petit-fils.

éclate dans la Perse, et après une lutte sanglante qui dure quatre ans, le chef des **blancs** [1], **Merwan II**, est battu et tué. En lui finit la dynastie des Ommiades (750), et le chef des **noirs**, **Aboul-Abbas**, commence la dynastie des Abbassides qui régna pendant plus de six siècles.

29. *Premiers califes Abbassides.* — **Aboul-Abbas**, pour assurer sa puissance, fait égorger quatre-vingts membres de la famille des Ommiades. Mais, après le règne de ce chef sanguinaire, qui ne dure que quatre ans, commence une série de règnes qui illustrèrent la dynastie des Abbassides. Le frère d'Aboul-Abbas, **Abou-Giafar**, à qui sa valeur a mérité le surnom d'**Al-Mansor** (l'Invincible), encourage par sa protection les lettres et les sciences, fait faire des traductions arabes des auteurs grecs, et fonde **Bagdad** (762), qui devint la capitale du califat d'Orient.

30. *Le calife Haroun-al-Raschid.* — A la fin du VIIIe siècle, brille **Haroun-al-Raschid** [2]. Il monte sur le trône en 786 et l'occupe vingt-trois ans. Aucune gloire ne lui manque : il gagne en personne huit grandes batailles, impose un tribut à l'impératrice Irène, puis à l'empereur Nicéphore, qu'il a vaincu. La splendeur de sa cour est sans égale ; il attire les savants à Bagdad, protége d'une manière éclatante les écrivains et les artistes ; plein d'admiration pour Charlemagne, il lui envoie (808) une ambassade qui lui apporte de magnifiques présents, parmi lesquels figurent une **horloge**, un éléphant, des parfums, plusieurs des arbres fruitiers de l'Asie, et un don plus précieux que tous les autres pour un empereur chrétien, les **clefs du saint sépulcre**. Haroun-al-Raschid meurt en 809,

---

[1] Le drapeau des **Ommiades** était blanc ; celui de leurs adversaires, noir. — [2] *Haroun-al-Raschid*, Aaron le Justicier.

dans la force de l'âge. On regrette qu'il ait souillé l'éclat de son règne par des actes de perfidie et de cruauté, et par l'ingratitude dont il paya les services de la famille des **Barmécides**, qui lui avait fourni de grands ministres et qui avait puissamment contribué à sa gloire.

31. *Fondation du califat d'Occident ou de Cordoue.* — Un Ommiade, **Abd-el-Rhaman**, ou Abdérame, avait échappé au massacre que les Abbassides avaient fait de sa famille. Il se réfugie en Afrique, passe de là en Espagne, bat Yousef, qui gouvernait ce pays au nom de la dynastie nouvelle, se fait proclamer **émir al-mouménin**, et fonde le **califat de Cordoue** (756). Dès lors deux califats coexistèrent, l'un à Bagdad en Orient, l'autre à Cordoue en Occident.

32. *Gouvernement des califes à Cordoue.* — Abdérame, pendant son règne de trente et un ans, puis ses successeurs s'appliquèrent à faire fleurir en Espagne les lettres et les arts, à y importer des productions utiles, à y encourager l'agriculture. La population chrétienne fut généralement traitée avec douceur. Des **monuments magnifiques** furent élevés par les conquérants sur le sol conquis, et le califat d'Occident sembla prendre à tâche de lutter de splendeur avec celui d'Orient.

33. *Espagne indépendante et chrétienne.* — Cependant il restait, dans les montagnes du nord de l'Espagne, des chrétiens jaloux de leur indépendance, et qui, non contents de la défendre, cherchaient avec un persévérant courage à délivrer de ses nouveaux maîtres le reste de leur pays. L'œuvre de **Pélage** est dignement continuée : **Alphonse Ier le Catholique** ajoute la Galice (741) au **royaume des Asturies**; **Froïla**, après avoir battu plusieurs fois les Sarrasins, fonde **Oviédo**, en souvenir de ses victoires; **Al-

phonse II le Chaste fait de cette dernière ville sa capitale (792), et après s'être avancé un instant jusqu'à Lisbonne, il se maintient derrière le Douro, qui forme la limite de ses États.

VII. — ÉGLISE.

34. *Septième concile œcuménique. Son objet.* — En 787, **le septième concile œcuménique** fut convoqué par les soins de l'impératrice Irène, de concert avec le pape Adrien Ier. Ce concile, qui est le **second de Nicée**, condamna l'erreur des iconoclastes; il rétablit le **culte des images** et expliqua l'espèce d'honneur qui leur est rendu, honneur qu'il ne faut pas confondre avec l'adoration due à Dieu seul. Mais l'hérésie ainsi condamnée se réveilla bientôt, et, dans le siècle suivant, ses partisans continuèrent en Orient leurs dévastations et leurs cruautés.

35. *Saint Jean Damascène.* — **Saint Jean,** surnommé **Damascène,** de Damas, son lieu de naissance, fut un prêtre savant et zélé pour la défense de la foi contre les hérétiques et principalement contre les iconoclastes. Retiré dans le monastère de Saint-Sabas, près de Jérusalem, il écrivit plusieurs traités de théologie qui l'ont fait regarder comme le saint Thomas de l'Orient.

36. *Apostolat de saint Boniface.* — La Thuringe, la Hesse, la Frise, la Saxe, la Bavière, durent au viiie siècle, les lumières de la foi à un moine anglais nommé **Winfrid,** illustre à jamais sous le nom de **saint Boniface.** Ce grand apôtre commença son œuvre sainte en 716, et la continua pendant près de quarante ans. Il fait admirer des farouches habitants de ces pays son amour du travail, de la pauvreté, son indomptable courage. Dieu récompense la persévérance de son zèle

par les plus merveilleux succès : les païens se convertissent en foule. Sacré évêque, il fonde la fameuse abbaye de **Fulde** (744), est nommé (747) au siége archiépiscopal de Mayence, et meurt martyr (755), massacré par une troupe d'infidèles dans un village de la Frise où il s'était rendu pour donner la confirmation.

37. *Saint Benoît d'Aniane.* — Après avoir quitté la cour de Charlemagne pour l'abbaye de Saint-Seine, puis ce monastère, dont on voulait le faire abbé, pour un ermitage dans la solitude sur les bords d'un ruisseau appelé l'**Aniane** (affluent de l'Hérault), **saint Benoît** vit accourir autour de lui une foule de disciples attirés par sa réputation de vertu ; il fonda dans ce lieu une vaste abbaye où il fit régner une grande régularité. Nommé, sous Louis le Débonnaire, supérieur général de tous les monastères de l'empire, il s'occupa avec un zèle infatigable de les réformer, et il fut pour la France et pour l'Allemagne ce qu'avait été, trois siècles auparavant, pour l'Italie, saint Benoît de Nursie.

VIII. — LETTRES.

38. *Grande impulsion que Charlemagne donna aux lettres.* — Charlemagne avait compris l'influence toute-puissante de la religion pour la civilisation des peuples ; il comprit aussi le concours précieux que les **lettres** et la **science** doivent prêter à la religion. « Sans doute, dit-il lui-même dans une lettre adressée aux évêques et aux abbés pour les exciter à fonder des écoles, il vaut mieux bien agir que de savoir ; mais il faut savoir avant d'agir. Il convient à des soldats de l'Église, tels que vous, d'être pieux au dedans et doctes au dehors, d'unir à une sainte vie l'art de bien parler, afin qu'édifiés de votre esprit, les hommes soient en même temps éclairés de votre sagesse et la recon-

naissent dans vos leçons. » Quelle belle et juste idée donnent des lettres ces paroles mémorables du grand empereur ! L'instruction était à ses yeux un moyen : celui de pouvoir mieux faire le bien.

39. *Exemple que donne Charlemagne. Savants dont il s'entoure.* — Pour arriver au résultat qu'il ambitionnait, Charlemagne commença par donner l'exemple. A plus de trente ans, il ne savait pas lire ; ce fut **Pierre de Pise** qui le lui apprit et qui lui enseigna ensuite la grammaire. Il appela d'Angleterre en France **Alcuin**, qui avait été le disciple de l'Anglais **Bède le Vénérable**, moine bénédictin d'une grande science et d'une haute vertu. Alcuin, dont les connaissances étaient très-étendues, fut un des maîtres de Charlemagne et lui enseigna la rhétorique : il fut aussi l'auxiliaire qui l'aida le plus puissamment à propager dans son empire le goût des lettres et des sciences. Parmi les autres hommes instruits que cet empereur attira autour de lui, il faut citer : Paul Warnefride, dit **Paul Diacre**, auteur d'une histoire des Lombards, **Angilbert, Eginhard**, dont il fit son secrétaire, son chancelier et son historien, et **Théodulfe**, évêque d'Orléans, savant prélat qui enjoignait aux pasteurs de son diocèse de donner gratuitement l'instruction au peuple.

40. *Académie palatine.* — Ces personnages faisaient partie d'une **académie**, dite **palatine**, parce qu'elle se réunissait dans le palais de l'empereur, sous sa présidence. Au sein de cette académie chaque membre portait un nom de son choix : Charlemagne s'appelait David ; Alcuin, Flaccus[1] ; Théodulfe, Pindare ; Angilbert, Homère, etc.

41. *Instruction de la jeunesse.* — De nombreuses éco-

---

[1] Horatius Flaccus, le poëte Horace.

les s'ouvrirent de tous côtés, à l'ombre surtout des cathédrales et des monastères. On y enseignait à la jeunesse les **sept arts libéraux,** divisés en deux cours d'études : le premier, le **trivium,** était un cours de lettres et comprenait la grammaire, la rhétorique et la dialectique ; le second, le **quadrivium,** était un cours de science et comprenait l'arithmétique, la géométrie, l'astronomie et la musique [1].

IX. — FRANCE.

SOMMAIRE.

711. Dagobert II en Neustrie ; Pépin d'Herstal duc en Austrasie. — 1 Chilpéric II. — 720. Thierry II. Il est battu par Charles, dit artel, devenu maire d'Austrasie après la mort de son père, Pépin Herstal. — 737. Interrègne. Charles Martel gouverne la France us le titre de duc. — 741. Sa mort. — Victoires de Pépin et de Carman, ses fils, sur les Saxons. — Carloman se retire au monastère du Mont-Cassin. — 742. Childéric III. Pépin, maire du palais. — 751. Childéric descend du trône ; fin des Mérovingiens. — 752. Pépin, surnommé le Bref, premier des Carlovingiens, se fait sacrer à Soissons ; premier sacre. — Il fait la guerre aux Bretons, aux Sarrasins, soumet l'Aquitaine et passe en Italie au secours du pape. — 768. Charlemagne, son fils, roi. — 774. Il met fin au royaume des Lombards, et se fait couronner roi de Lombardie. — Trente ans de guerre contre les Saxons. — Witikind reçoit le baptême. — Expédition en Espagne. — Mort de Roland. — 800. Charlemagne proclamé et couronné empereur à Rome. — Publication des Capitulaires. Assemblées nationales. — Les *Missi Dominici.* — Établissement des écoles publiques. — 814. Mort de Charlemagne.

[1] C.-à-d. le plain-chant. — Il y a entre les *notes* une relation mathématique : à ce point de vue, la musique était assimilée aux sciences.

NEUVIÈME SIÈCLE

(801-900).

I. — ILES BRITANNIQUES.

1. *Fin de l'Heptarchie anglo-saxonne, sous Egbert.* — **Egbert**, qui fut pendant vingt-sept ans roi de Wessex, un des États les plus importants de l'Heptarchie, réunit les six autres royaumes sous son sceptre (827). L'Heptarchie devint de la sorte une **monarchie** anglaise.

2. *Progrès des Danois en Angleterre.* — Après la mort d'**Egbert** (836), et celle de son fils **Ethelwolf** (857), les **Danois** qui, depuis plus de soixante ans, avaient commencé des incursions, devenues périodiques, sur les côtes d'Angleterre, reviennent plus nombreux que jamais. Ils s'établissent dans le nord de l'Angleterre, et finissent par la subjuguer en grande partie, après avoir martyrisé (870) **saint Edmond**, roi d'Est-Anglie, qui avait refusé d'abjurer le christianisme et de se reconnaître leur vassal pour conserver la vie et le titre de roi.

3. *Les Danois repoussés par Alfred le Grand.* — Le plus jeune des fils d'Ethelwolf, **Alfred**, devait bientôt arracher leur proie à ces étrangers. Élevé à Rome, proclamé roi de Wessex à vingt-deux ans, il remporte sur les Danois de nombreux succès; mais des revers les suivent; il est abandonné de tous les siens, et, caché sous un habit de paysan, il va chercher un asile au milieu des marais, dans l'île **d'Athelney**[1]. Un pauvre pêcheur lui donne l'hospitalité. Quelques ser-

---

[1] Au confluent des rivières de Thone et de Panet, dans le comté de Somerset.

viteurs fidèles se réunissent autour de lui. Plusieurs coups de main heureux les encouragent. Enfin, se voyant à la tête d'une petite armée, Alfred se déguise en **barde**, pénètre dans le camp des Danois et jusque dans la tente de leur chef **Gothrum**. Il épie de la sorte lui-même leurs dispositions, puis il réunit ses troupes et tombe pendant la nuit sur le camp des Danois, près d'**Eddington**[1] (878). La victoire fut décisive. Gothrum dut se contenter de l'Est-Anglie, et du Northumberland, qu'on y ajouta comme fief relevant de la couronne de Wessex ; il consentit à se faire baptiser avec ses Danois. La paix, dont jouit depuis lors Alfred le Grand dans ses États, ne fut plus troublée que par un autre chef danois, nommé **Hastings**, qu'il combattit et vainquit quinze ans plus tard.

4. *Gouvernement d'Alfred le Grand.* — Après avoir si glorieusement reconquis l'indépendance pour les Saxons, Alfred le Grand employa les loisirs de la paix à rétablir et à fortifier ses villes, à créer une **flotte** redoutable, toujours prête à repousser les pirates. Ce guerrier qui avait assisté à cinquante-six batailles ou combats, s'attacha à encourager l'étude des lettres et des sciences, à améliorer la **législation**, à faire fleurir la religion et à en étendre le pacifique empire. Il établit aussi une **organisation judiciaire** des plus complètes.

5. *Organisation judiciaire. Le Wittenagemot. Mort d'Alfred.* — Dans le but de faciliter l'exercice de la justice, Alfred le Grand renouvelle la division du royaume en **comtés, centuries** et **décuries**. — Le chef de la décurie est le premier juge ; il est assisté par un conseil des dix pères de famille de la décurie.— L'appel est ouvert devant l'assemblée mensuelle de la cen-

---

[1] Dans le comté de Wilts.

turie, composée de douze membres, présidés par le centenier, qui a juré de juger selon la loi et l'équité sans faveur ni haine. C'est là, dit-on, l'origine du **jury**. — Quant à la cour du comté, elle juge les crimes, les affaires importantes. Cette cour se réunit, deux fois par an, sous la présidence de l'évêque et du comte, appelé encore **thane** ou **alderman**, qu'assiste un magistrat municipal, le **shériff**. — Enfin, le **Wittenagemot**, ou conseil de la nation, composé des évêques, des comtes, et des grands du royaume, se réunit sous la présidence du roi et forme le couronnement de l'édifice. Après avoir tant fait pour le bonheur de ses sujets, le grand Alfred meurt en 900, laissant une mémoire justement bénie de tous.

6. *Invasion de l'Irlande par les Danois.* — Les Danois, dans leurs expéditions contre l'Angleterre, ne manquèrent pas d'envahir aussi l'Irlande. Ils s'y établirent sur plusieurs points, entre autres à **Dublin**, à Limerick et à Waterford.

II. — SUÈDE ET NORVÉGE. NORMANDS.

7. *Première apparition du christianisme en Suède.* — Des missionnaires anglais et français commencent (829) à prêcher en Suède le christianisme. Le roi de ce pays, **Olof**, se fait baptiser (853) ; mais le paganisme continue à être prédominant dans ces sauvages contrées.

8. *Harold à la belle chevelure.* — **Harold à la belle chevelure** monta sur le trône de Norvége en 863. Son royaume ne comprenait d'abord que les provinces méridionales de ce pays. Il l'étendit jusqu'au nord, et ajouta à ses conquêtes les Shetland, les Orcades, les îles de Féroë et de Man.

9. *Découverte et colonisation de l'Islande par les Norvé-*

giens. — En 861, un pirate norvégien, parti des îles Feroë, découvrit plus loin, au nord-ouest, une grande île qui fut appelée **Island** (île de glace), et où alla bientôt s'établir une colonie norvégienne.

10. *Normands.* — Les **Normands** ou **Northmans**[1] étaient des pirates venus du Danemark, de la Suède et de la Norvége. Ils dévastèrent, au commencement du ixᵉ siècle, les côtes de l'empire de Charlemagne. Pendant les deux siècles suivants, ils furent la terreur de bien des rivages de l'Europe.

11. *Religion et mœurs des Normands.* — Les Normands étaient sectateurs de la religion **d'Odin**. Cette religion, qui promettait aux guerriers choisis par les **Walkyries** pour mourir sur le champ de bataille, les joies du **Walhalla**, leur inspirait un indomptable courage et un souverain mépris de la mort. Les Walkyries étaient des vierges immortelles qu'ils retrouvaient dans le palais céleste du Walhalla, et qui, pendant de longs festins, y faisaient couler pour eux la bière et l'hydromel. Mais ces joies mêmes auraient manqué à leurs yeux de l'attrait le plus puissant, si les guerriers, désormais immortels, du Walhalla, n'avaient, chaque jour, recommencé entre eux leurs combats. Nourris dans ces croyances, formés, dès l'enfance, à manier les armes et à lutter contre les flots, les Normands montaient au printemps, sur leurs longues barques. Ils prenaient pour chef quelque guerrier noble et brave, qu'on appelait **roi de la mer** ou **wiking**, et qui dirigeait l'expédition. Les Normands défiaient la tempête, apparaissaient à l'improviste remontant le cours des fleuves, surprenaient les villes, mettaient tout à feu et à sang, et repartaient chargés de butin.

---

[1] *North-man*, hommes du Nord.

12. *Principaux pays où les Normands se portèrent pendant le IXe siècle.* — Nous avons vu, à l'ouest, les pirates **danois** sur le point de rester maîtres de l'Angleterre. Des Normands de la Suède ou **Warègues**, vont à l'orient, sous les ordres de **Rurik**, s'emparer (862) de **Novogorod la Grande**. Menacée par ses voisins, déchirée par des dissensions intestines, cette puissante république, dont on disait proverbialement : **Qui peut résister à Dieu et à Novogorod la Grande ?** avait appelé le chef warègue à son secours; mais elle s'était donné un maître. Rurik étend autour de lui ses possessions, prend le titre de **grand prince**, et fonde une dynastie qui régnera sur la Russie pendant près de sept siècles. Son fils **Igor Ier** augmente son territoire de ceux de **Smolensk** et de **Kiev**. — Au midi, les Normands s'avancent jusqu'en **Espagne**, d'où les musulmans les repoussent, et ils prennent pour but principal de leurs excursions les rivages de l'empire carlovingien dont l'étendue est de trois cents lieues, le long de la mer du Nord, de la Manche, et de l'océan Atlantique.

13. *Stations des Normands; le plus illustre de leurs chefs; leurs ravages.* — Pour assurer le succès de leurs expéditions, les Normands établissent des **stations** à l'embouchure de certains fleuves, entre autres du **Rhin**, de la **Seine**, de la **Meuse** et même du **Rhône**. C'est de ces centres d'action qu'ils s'élancent sur les pays environnants. **Hastings** se distingue, entre tous ces pirates, par son audace : non content d'avoir occupé Nantes, il va dévaster l'Italie. Bordeaux, Rouen, sont ravagés; les villes de l'intérieur, Amiens, Troyes, Amboise, Angers, Bourges, Orléans, ne sont pas à l'abri des Normands. Paris, pillé par eux en 845, les voit revenir en 847 et en 885. Cette ville est alors intrépidement défendue par le duc de France, **Eudes**, et par l'évêque **Goslin**, fils de **Robert le Fort**; mais le lâche empereur **Charles le Gros** achète la retraite des pirates à prix d'argent.

14. *Etablissements fixes des Normands.* — Les Normands ne se bornèrent pas à ces incursions passagères : ils formèrent des établissements durables. La **Frise** fut concédée à titre de duché à un de leurs chefs, en 870; le comté de **Chartres**, à Hastings, neuf ans plus tard; et enfin Charles le Simple, par un traité signé à **Saint-Clair-sur-Epte** [1] (912), abandonna la Neustrie à **Rollon**, à qui il accorda en mariage sa fille Gisèle. Ce même Rollon s'était, dès 876, emparé de Rouen ; devenu duc de **Normandie** il embrassa, ainsi que ses sujets, la religion chrétienne, et rendit florissante la riche province qui depuis a gardé le nom de ses conquérants, et à laquelle on ajouta la Bretagne comme dépendance.

III. — SLAVES.

15. *Piast, duc des Polonais.* — Vers l'an 842, un paysan polonais, nommé **Piast**, que son intégrité et ses vertus avaient désigné au choix de ses concitoyens, fut, malgré lui, proclamé **grand-duc**, et rendit la Pologne heureuse pendant son règne, qui dura 19 ans. Il fut le premier d'une dynastie qui porta son nom et qui se maintint en Pologne pendant cinq siècles.

IV. — EMPIRE CARLOVINGIEN. ROYAUMES QUI S'EN SONT FORMÉS.

16. *Démembrement de l'empire de Charlemagne.* — Le

---

[1] Bourg du Vexin français, au S. de Gisors.

vaste empire, composé d'éléments hétérogènes, qu'avait fondé Charlemagne, et auquel son bras puissant pouvait seul donner l'unité, ne tarde pas à se démembrer. Des mains du grand empereur, il tombe dans celles du faible **Louis Ier**, surnommé le **Débonnaire**. Dès 817, Louis divise ses États entre les fils qu'il a eus d'Hermengarde : à **Lothaire**, il donne le titre d'empereur et, en expectative, l'Italie, sur laquelle règne son neveu Bernard ; à **Pépin**, l'Aquitaine ; à **Louis**, dit le **Germanique**, la Bavière. **Bernard**, qui réclame les armes à la main, est pris, condamné à perdre la vue, et meurt à la suite de ce traitement cruel. En 823, l'empereur, qui vient d'avoir de sa deuxième femme, Judith, un quatrième fils, **Charles**, surnommé le **Chauve**, donne à cet enfant l'Alémanie [1]. Deux fois déposé par ses autres fils révoltés, deux fois rétabli, il meurt, en 840, de la douleur que lui cause une nouvelle révolte de son fils Louis le Germanique [2]. **Lothaire** veut en vain conserver au titre d'empereur dont il est revêtu la suprématie qui lui semble devoir y être attachée. La sanglante bataille de **Fontenay** (841) gagnée contre lui et contre Pépin II, roi d'Aquitaine, par Charles le Chauve et Louis le Germanique, amène le **traité de Verdun** (843), qui consacre la division de l'empire de Charlemagne en **trois grands royaumes**.

17. *Trois grands royaumes.* — Ces royaumes étaient celui de **France**, composé de la Neustrie et de l'Aquitaine, et dévolu à Charles le Chauve ; celui de **Germanie** (pays au delà du Rhin et villes de Worms, de Spire et de Mayence) sous le sceptre de Louis le Germanique, et enfin celui d'**Italie**, auquel était atta-

---

[1] Souabe, Suisse et Alsace. — [2] V. *Histoire de France, n[os]* 121-127.

chée la dignité impériale. C'était la part de Lothaire. Outre l'Italie, ce prince avait une longue bande de territoire comprise entre les Alpes et le Rhin, d'un côté, le Rhône, la Saône, la Meuse et l'Escaut, de l'autre.

18. *Partage des Etats de Lothaire.* — *Bretagne et Navarre indépendantes.* — Après ces divisions vinrent les subdivisions. Lothaire partage (855) les États qui lui avaient été attribués, entre **Louis II**, Charles et **Lothaire II**. Le premier, outre le titre d'empereur, a l'Italie ; le deuxième, le **royaume de Provence** ; le troisième est souverain du pays qui, de son nom, s'est appelé **Lotharingie**, et plus tard **Lorraine**. Au milieu des usurpations de territoire qui se succèdent rapidement, ces États changent souvent de maître. La **Bretagne** se rend indépendante (840) sous son comte Nomenoé, et dans ce même siècle [1] un nouveau royaume se forme, au sud des Pyrénées, dans la marche de **Navarre**.

19. *Louis II, empereur.* — Louis II occupa pendant vingt ans le trône impérial (855-875). Bien que ses possessions de la Haute-Italie fussent éloignées des points occupés par les Sarrasins, il prit à tâche d'expulser ces barbares de la Péninsule et alla les combattre dans le Midi ; mais s'il ne réussit pas dans son dessein, il assura du moins le repos de l'Italie du Nord.

20. *Charles le Chauve, empereur.* — Après Louis II, que nous venons de voir succéder, comme empereur, à son père Lothaire Ier, **Charles le Chauve**, dernier fils de Louis le Débonnaire, et qui était roi de France depuis 843, se fait couronner, en 875, empereur et roi d'Italie. Mais, deux ans après, il perd ce dernier royaume que reprend Carloman, fils de Louis le Ger-

---

[1] V. ci-dessous, n° 28.

manique, et il meurt, laissant à son fils **Louis II le Bègue**, le trône de France, mais non le titre d'empereur, qui reste vacant jusqu'en 881, Louis le Bègue a pour successeurs ses deux fils **Louis III** et **Carloman**.

21. *Règne de Louis le Germanique ; partage de ses États.* — Louis le Germanique avait consacré les trente-trois ans qui s'étaient écoulés entre le traité de Verdun et sa mort (876), à combattre les Serbes, les Bohémiens, les Moraves, chez lesquels le christianisme fut propagé. En mourant, il avait laissé à **Carloman** la Bavière et l'Italie ; à **Louis II** le Jeune, la Saxe ; et à **Charles III** dit le **Gros**, l'Alémanie.

22. *Charles le Gros, empereur.* — La mort de son frère Carloman (879) donna bientôt l'Italie à **Charles le Gros**, qui se fit couronner **empereur** en 881. L'année suivante, Charles le Gros joignit la **Saxe** à ses États, après la mort de son autre frère Louis II ; et, en 884, il monta sur le trône de **France**, auquel il fut appelé par les grands, au préjudice de Charles le Simple, fils posthume de Louis le Bègue. L'empire, que nous avons vu se démembrer si rapidement, semble se reconstituer ; mais ce n'est que pour un instant. Méprisé pour sa lâcheté et abandonné de tous, Charles le Gros est déposé à la **diète de Tribur** (887), et les États qu'il avait réunis sous son sceptre passent, chacun, sous la domination d'un chef particulier.

23. *Bourgogne cisjurane et Bourgogne transjurane.* — Deux nouveaux royaumes se formèrent, à cette époque, au sud-est de la France : celui de **Bourgogne cisjurane**, ou **inférieure** (879), qui comprenait la **Provence**, et qui eut pour premier roi **Boson**, beau-frère de Charles le Chauve ; et celui de **Bourgogne transjurane**, ou **supérieure** (888), qui comprenait la Suisse et une partie de la Savoie, et qui eut pour

roi **Rodolphe Welf,** élu dans une diète tenue à Saint-Maurice, en Valais. Quarante-cinq ans plus tard, ces deux royaumes devaient se réunir et composer, pendant un siècle, le **royaume d'Arles.**

24. *Arnoul, roi de Germanie ; Guy, Arnoul et Bérenger, couronnés empereurs. Extinction des Carlovingiens d'Allemagne.* — La Germanie choisit pour roi, à la diète de Tribur, **Arnoul** de Carinthie, fils illégitime de Carloman. **Guy, duc de Spolète,** et **Bérenger, duc de Frioul,** se dispute l'Italie. Le premier, qui s'est fait proclamer roi à la diète de Pavie, et couronner empereur (891), meurt bientôt, et Arnoul va se faire donner à Rome la couronne impériale (896). Il avait déjà reçu l'hommage d'**Eudes,** comte de Paris et duc de France, couronné roi de France à Péronne, et celui du roi de la Bourgogne transjurane ; il avait, en outre, fait acte de puissance, en donnant le royaume de **Lorraine** à son fils naturel **Zwentibold**[1] et en prêtant son appui à **Louis, fils de Boson,** roi de la Bourgogne cisjurane. Les incursions des **Moraves** l'obligent à repasser les Alpes. Il meurt (899), laissant la Germanie à son fils légitime, âgé de sept ans, **Louis dit l'Enfant,** en qui s'éteint (911) la race carlovingienne en Allemagne. **Bérenger** a gardé le titre de roi d'Italie ; il se fait couronner empereur (915).

25. *Incursions des Sarrasins sur les côtes de la Méditerranée.* — Les côtes de la Méditerranée ont à subir les incursions répétées et les ravages des **Sarrasins d'Espagne,** qui n'osent plus se hasarder à traverser les Pyrénées et qui infestent la mer. Maîtres des Baléares et des grandes îles de Sicile, de Corse, de Sardaigne, ils viennent ruiner les villes de la Provence,

---

[1] A la mort de Zwentibold (900), la Lorraine est réunie à a Germanie et gouvernée par des ducs.

s'établir à **Fraxinet**[1] et ils forment une ligne de stations qui s'étend jusque dans le Valais. Les côtes de France n'en sont délivrées qu'à la fin du xe siècle.

26. *A qui appartient pendant ce siècle le midi de l'Italie?* — Des **duchés** indépendants s'étaient formés, sous les princes lombards, à **Bénévent**, à **Capoue** et à **Salerne**. Les Grecs possédaient les duchés de **Naples** et de **Gaëte**. La dynastie musulmane des **Aglabites**, maîtresse du Nord de l'Afrique, depuis l'Égypte jusqu'à l'Algérie actuelle, s'empare de la **Sicile** presque tout entière. Les Arabes occupent, en outre, divers points de l'Italie méridionale, d'où ils portent leurs incursions dans les pays environnants.

V. — ESPAGNE.

27. *Principaux rois chrétiens des Asturies ou d'Oviédo au* ixe *siècle.* — **Alphonse II le Chaste**, qui régnait depuis 791 dans le royaume des **Asturies** ou d'Oviédo, occupe le trône jusqu'en 835. Les Arabes sont chassés de la Biscaye (801), et, malgré leurs efforts répétés, ne peuvent s'établir dans la Galice. Dans ce dernier pays et sous le règne de ce même roi, un évêché est fondé à **Saint-Jacques de Compostelle** (808). Alphonse II désigne pour son successeur **Ramire Ier**. Ce roi remporte en 849, à **Logrono**, une grande victoire sur les Arabes. Vingt ans plus tard, ces derniers s'avancent jusqu'à Léon. Ils sont battus par **Alphonse III le Grand**, qui traverse à son tour le Douro et s'empare du pays jusqu'à Coïmbre. Ce prince fortifie dans ses États les deux villes d'Oviédo et de Burgos, et, après un glorieux règne de plus de quarante

[1] **Auj.** la Garde-Freinet, bourg au S. O. de Draguignan.

ans, il est obligé (910) d'abdiquer en faveur de son fils **Garcie**, révolté contre lui.

28. *Fondation du royaume de Navarre.* — Un second royaume chrétien fut fondé en Espagne, au ixᵉ siècle. En 831, le comte **Aznar**, qui, sous Louis le Débonnaire, gouvernait la Navarre au nom des Francs, se rendit indépendant. En 860, le comte **Garcias**, neveu d'Aznar, prit le titre de **roi de Navarre**. La capitale de ce nouveau royaume fut **Pampelune**.

29. *Le calife Abdérame II.* — Des califes ommiades qui règnent à Cordoue pendant ce siècle, le seul remarquable est **Abdérame II** (822-852), surnommé le **Victorieux**. Il repousse les Normands qui, après avoir ravagé plusieurs villes, s'étaient avancés jusqu'à Cordoue ; il se montre ami des lettres, des arts et des sciences. De belles mosquées s'élèvent, des **armes** magnifiques se fabriquent à Cordoue et à **Tolède**, et la première de ces villes s'enrichit d'un aqueduc monumental.

VI. — EMPIRE D'ORIENT.

30. *Nicéphore.* — Sous l'empereur **Nicéphore**, les Arabes conquièrent l'île de **Chypre** et ravagent celle de Rhodes. Ce prince périt (811) dans une guerre contre les Bulgares, dont il voulait réprimer les perpétuelles incursions.

31. *Michel I Curopalate.* — **Michel I Curopalate** [1], gendre et successeur de Nicéphore I, doux et humain, mais trop faible, est obligé de quitter le trône (814) et d'entrer dans un monastère.

---

[1] *Curo-palate*, qui prend soin du palais, maître du palais. Dignité de la cour de Constantinople dont avait été revêtu Michel, et qui venait après celles de *César* et de *Nobilissime*.

32. *Les trois derniers empereurs iconoclastes : Léon V, Michel II et Théophile.* — **Léon V l'Arménien** battit les Bulgares, et fit avec eux une trêve de trente ans ; il se signala par sa haine contre le culte des images. En 820, il fut assassiné dans son palais, la veille de Noël. **Michel II**, dit le **Bègue**, avare, cruel, et dont l'ignorance était si grande qu'il ne savait ni lire ni écrire, persécuta les catholiques ; il fut battu ignominieusement par les Sarrasins. Sous son règne, des Arabes d'Espagne s'emparent de la **Crète** (822) et y bâtissent la ville de **Candie** qui donne son nom à toute l'île. Michel II meurt (829) des suites de ses excès. Son fils **Théophile** perd cinq batailles consécutives contre les Sarrasins et meurt de chagrin (842).

33. *Michel III l'Ivrogne. Intrusion de Photius.* — **Michel III**, dit **l'Ivrogne**, n'avait que cinq ans lorsqu'il succéda à son père Théophile. Sa mère **Théodora** rétablit le culte des images. Mais **Bardas**, oncle de Michel, favorise tous les mauvais penchants du jeune prince. Théodora est enfermée dans un couvent. **Saint Ignace**, patriarche de Constantinople, refuse de la contraindre à prononcer des vœux ; il est chassé et remplacé par **Photius** (857). Le pape Nicolas Ier s'oppose à cette intrusion, et anathématise Photius, qui ose répondre par un autre anathème et commence ainsi le **schisme grec**. Michel imite les vices et toutes les cruautés de Néron qu'il proclame, du reste, comme son modèle, et il est assassiné (867) par Basile le Macédonien, qu'il voulait faire périr après l'avoir associé à sa puissance.

34. *Règne de Basile le Macédonien.* — **Basile le Macédonien** occupa dignement le trône pendant vingt ans (866-886). Il fit la guerre avec succès aux Arabes sur l'Euphrate, remit **saint Ignace** sur le siége de Constantinople et en chassa Photius, qui y remonta après la mort du saint patriarche. Il chercha à réformer les abus, à rétablir les finances et commença un recueil de lois, qui fut complété par son fils, et qui fut connu sous le nom de **Basiliques**.

35. *Léon le philosophe.* — Ce fils, qui lui succéda, fut **Léon le Philosophe**. En 886, après une enquête sérieuse, il chassa pour la dernière fois **Photius** du siége patriarcal de Constantinople et l'exila dans un couvent d'Arménie, où cet instigateur du schisme d'Orient mourut en 891. Il essaya en vain de dompter les Hongrois, les Bulgares et les Sarrasins, et appela les **Turcs** comme auxiliaires. Ce prince, qui régna jusqu'en 911, a dû son surnom, peu justifié par sa sagesse, à son amour pour les lettres qu'il encouragea et qu'il cultiva lui-même.

VII. — CALIFAT D'ORIENT.

36. *Les successeurs d'Haroun-al-Raschid.* — **Haroun-al-Raschid** meurt en 809. Trois de ses fils lui succèdent l'un après l'autre. Le second, **Al-Mamoun** (813), se fait remarquer par sa tolérance envers les chrétiens et par son goût pour les lettres. Le troisième, **Motassem**, conserve l'avantage dans ses guerres contre l'empire grec, mais il prépare la décadence du califat d'Orient en se formant une garde privilégiée d'esclaves achetés en Tartarie, qui composent une **milice turque**. Du reste l'ère des grandes conquêtes et des grands événements est passée. Des **troubles** et des **révoltes**, dans lesquelles la milice turque joue un rôle important, ont lieu sous les califes qui se succèdent jusqu'à la fin du siècle, et quelques provinces, entre autres l'**Égypte** et la **Syrie**, se détachent de l'empire des califes.

VIII. — ÉGLISE.

37. *Quatrième concile général de Constantinople; son objet.* — Le **4ᵉ concile général de Constantinople** se réunit en 869, sous le règne de l'empereur Basile et après que saint Ignace eut été rétabli sur le siége patriarcal de cette ville. Ce concile, que présida le pape Adrien II, représenté par ses légats, eut pour objet de réparer les maux causés par l'intrusion de **Photius** et de mettre un terme aux troubles de l'Église grecque. Photius et ses adhérents furent excommuniés, on dressa des canons [1] de discipline, et la paix fut rétablie, mais pour bien peu de temps.

38. *Nouvelles conquêtes que fit l'Église pendant ce siècle.* — Le christianisme continue, pendant le ixᵉ siècle, de faire des progrès dans divers pays de l'Europe. Du monastère de **Corbie** [2] partent, sous Louis le Débonnaire, des religieux bénédictins, qui vont fonder sur les bords du Weser une autre abbaye, celle de la **Nouvelle Corbie** ou de **Corvey** [3], pépinière de nombreux missionnaires, non-seulement pour la Saxe, mais pour les autres pays du Nord. C'est de là que **S. Anschaire** va porter la lumière évangélique en Danemark et en Suède, peut-être même jusqu'en Islande et dans le Groënland. A l'est, deux frères, **S. Cyrille** de Thessalonique et **S. Méthodius**, évangélisent, le premier les **Khazares**, tous deux les **Bulgares**, puis les **Moraves** et d'autres peuples **slaves.** Après que **Bogoris**, roi des Bulgares, a reçu le baptême (861), il envoie au pape Nicolas Iᵉʳ des ambassadeurs pour lui demander des ministres de l'Évangile. Mais cette nouvelle Église ne tarde pas à se

[1] Règlements. — [2] En Picardie. — [3] En Westphalie.

soumettre à la suprématie du siége de Constantinople.

39. *Principaux papes au IXe siècle.* — Parmi les pontifes qui ont occupé, au IXe siècle, le siége de S. Pierre, il faut citer **S. Léon IV** (847-855) qui travailla avec zèle à réformer la discipline ecclésiastique, et qui préserva Rome des Sarrasins, en fortifiant cette ville. C'est lui qui, ayant fait entourer de murailles le Vatican, donna naissance au quartier qui, de son nom, s'est appelé **cité Léonine**. Après lui, on doit mentionner **Nicolas Ier le Grand** (858-867) qui s'occupa avec sollicitude d'étendre la foi et qui, de même que son successeur **Adrien II** (867-872), la défendit avec une grande fermeté contre les attaques de Photius.

IX. — LETTRES.

40. *État florissant des lettres et des sciences chez les Arabes.* — Pendant ce siècle où l'Occident chrétien est agité par une suite de changements si rapides, les lettres et les sciences fleurissent chez les Arabes. La grande impulsion imprimée par Haroun-al-Raschid se continue sous ses successeurs et porte ses fruits. La philosophie, la littérature sont en honneur. Sous le règne d'Al-Mamoun, **Alkendi** est un des premiers à faire connaître les ouvrages d'Aristote, qui, dans les trois siècles suivants, seront étudiés par **Alfarabi, Avicenne, Averroès**, et dont la doctrine, destinée à jouir d'une si grande autorité dans les écoles du moyen âge, sera révélée à l'Occident, surtout par les écrits des traducteurs et des commentateurs arabes. Ce peuple intelligent cultive aussi avec éclat la médecine, la chimie, à laquelle on rattachait alors la magie et l'algèbre. C'est à ce même peuple qu'on attribue les

chiffres dits **arabes.** Il les emprunta à l'Inde, et put reconnaître et faire apprécier les avantages qu'ils présentaient sur ceux dont se servaient les **Romains.** On doit aussi aux Arabes un genre particulier d'**architecture,** remarquable par son indépendante fantaisie, sa légèreté, son élégance et la merveilleuse richesse de sa décoration.

X. — FRANCE.

SOMMAIRE.

814. Louis Ier, Le Débonnaire, prend le titre d'empereur ; il renvoie dans leur patrie les Saxons que Charlemagne avait fait passer en France. — 817. Partage de ses États entre ses fils Lothaire, Pépin et Louis. — Il épouse Judith. — 2me partage. — Révolte de ses fils Pépin et Lothaire. — 833. Il est abandonné au Champ du Mensonge. — 834. Il reprend son autorité. — 840. Il meurt. — Charles le Chauve monte sur le trône. — 841. Bataille de Fontenay entre Charles le Chauve et Louis le Germanique, d'une part, et Lothaire, de l'autre. — 843. Traité de Verdun. — Incursions des Normands. — Robert le Fort. — Commencement de la féodalité. — 875. Charles le Chauve se fait couronner empereur. — Sa mort. — 877. Louis II Le Bègue. — 879. Louis III et Carloman. — Louis III gouverne la France et la Neustrie, et Carloman l'Aquitaine et la Bourgogne. — Guerre contre les Normands ; mort de Louis en 882 et de Carloman en 884. — Charles le Gros. — 885. Paris assiégé par les Normands et vaillamment défendu par Eudes et l'évêque Goslin. — Charles le Gros achète des Normands la paix, au lieu de les combattre. — 887. Il est déposé à la diète de Tribur. — 888. Eudes, duc de France et comte de Paris, est élu roi par les seigneurs. — Le midi de la France ne reconnaît pas son autorité ; on lui oppose Charles le Simple. — Vainqueur de ce prince, il lui cède une partie du royaume. — 898. Charles le Simple reprend tout le domaine de la couronne.

DIXIÈME SIÈCLE

(901-1000).

I. — ILES BRITANNIQUES.

1. Règnes d'Édouard l'Ancien et d'Athelstan. —

Édouard l'Ancien (900), fils d'Alfred le Grand, repousse à diverses reprises les Normands ou Danois dans leurs provinces du Nord, et fortifie contre eux un grand nombre de villes. Sous son fils **Athelstan,** les Danois du Northumberland se déclarent indépendants; ils se liguent avec le roi d'Écosse et quelques princes gallois, et sont battus dans la grande bataille de **Brunanburgh** [1] (938), qui coûte la vie à cinq **rois de la mer.** Athelstan meurt (941), laissant la réputation d'un prince vaillant, juste, pieux et charitable.

2. *Edgard le Pacifique. Destruction des loups en Angleterre.* — Roi à dix-sept ans (959), **Edgard,** surnommé le **Pacifique,** n'eut, durant son règne de seize ans, aucun ennemi à combattre. En armant une **flotte** formidable, il prévint toute attaque des Danois. Par le seul ascendant de sa force, il imposa sa suprématie au pays de Galles. L'Angleterre était infestée de bandes de **loups.** Edgard fixa le nombre de têtes de ces animaux que chacun de ses nobles devrait lui apporter en tribut annuel, et bientôt l'île fut débarrassée de ces hôtes dangereux.

3. *Réforme de saint Dunstan.* — Le clergé, tant régulier que séculier, avait, au milieu du tumulte des guerres et des invasions, mis en oubli les règles de discipline établies par l'Église. Secondé par Edgard, **saint Dunstan,** archevêque de Cantorbéry, travaille avec un zèle courageux et infatigable, à la réforme des mœurs et à la restauration en Angleterre de la vie monastique.

4. *Massacre de la Saint-Brice. Ethelred II chassé. Suénon, roi d'Angleterre.* — **Ethelred II,** second fils d'Edgard, n'avait que onze ans, lorsqu'il monta (979) sur le trône d'Angleterre. Son long règne de trente-cinq

---

[1] Dans le N. du Northumberland.

ans fut pour ce pays une époque désastreuse. Les Danois et les Norwégiens recommencent leurs sanglantes expéditions, sous leurs chefs **Suénon** et **Olof**. Éthelred les éloigne plusieurs fois en leur payant des rançons considérables, qui s'appelèrent **danegeld**[1]. Pour se venger de cette humiliation, Éthelred ordonne de **massacrer, le jour de la Saint-Brice** (13 novembre 1002), tous les Danois établis dans ses États. Le juste châtiment de cette cruauté ne se fait pas attendre. **Suénon** revient, met tout à feu et à sang, chasse Éthelred et monte sur le trône d'Angleterre (1013).

II. — DANEMARK, SUÈDE ET NORVÉGE.

5. *Progrès du christianisme en Danemark et en Norvége.* — Pendant le xᵉ siècle, le christianisme fait des progrès dans le Danemark et dans le Norvége, mais sans pouvoir s'y établir encore d'une manière bien stable. Othon le Grand force le roi danois **Harold à la dent bleue** à se faire baptiser ; mais le fils d'Harold revient au paganisme. **Haquin le Bon** périt en Norvége pour avoir voulu y introduire la **religion chrétienne** (950), qui n'y pénètre qu'en 995, grâce aux efforts d'**Olof Iᵉʳ**. Ce roi envoie des missionnaires jusque dans l'**Islande** et le **Groenland**[2], qu'un Islandais, Éric Rauda (le Rouge) avait découvert (982), et où il avait fondé un établissement. Vaincu (1000) par les rois de Suède et de Danemarck, Olof se précipite dans les flots de la mer pour ne pas tomber aux mains de ses ennemis.

[1] Argent des Danois.
[2] *Groen-land,* terre verte.

III. — RUSSIE.

6. *Les Russes devant Constantinople. La grande-duchesse Olga. Le grand-duc Sviatoslaf. Petchenègues.* — Pendant la minorité d'**Igor**, les Russes, conduits par son tuteur Oleg, descendent le Dniéper sur deux mille grandes barques ; ils pénètrent par la mer Noire dans le Bosphore, et vont à **Constantinople** forcer l'empereur Léon VI à conclure un traité de commerce avantageux pour eux. Igor a pour femme **Ol a**, qui se fait baptiser à Constantinople sous le nom d'**Hélène**, et dont l'Église grecque a fait une sainte, à cause de ses efforts pour répandre le christianisme chez ses sujets. Le successeur d'Igor est (945) son fils **Sviatoslaf Ier**. Ce grand-duc prend et perd la Bulgarie, et périt (972), en combattant les **Petchenègues**, peuple asiatique qui, dans le siècle précédent, avait traversé le Volga et était venu s'établir au nord du Danube, depuis le Don jusqu'à la Transylvanie. Dans le courant du Xe siècle, les Petchenègues cherchèrent plusieurs fois à s'agrandir aux dépens de la Russie, mais ils ne purent y parvenir.

7. *Vladimir Ier.* — **Vladimir Ier**, le troisième fils de Sviatoslaf Ier (980), reçut de ses sujets le surnom de **Grand**, à cause de ses conquêtes sur plusieurs peuples, entre autres sur les **Polonais** et sur les **Bulgares orientaux**. On le lui donna aussi à cause du soin qu'il mit à propager l'instruction dans ses États, et à y faire régner la justice. C'est sous lui que le **christianisme** devint la religion de la Russie. Il embrassa lui-même cette religion, en épousant dans la Tauride, **Anne**, fille de l'empereur Romain II, et voulut que ses sujets fussent baptisés. Il mourut en 1015, et il est honoré comme saint par les Russes.

IV. — SLAVES.

8. *Les Slaves et particulièrement les Bohémiens.* — Les **Slaves,** parmi lesquels il faut mentionner les **Obotrites,** fixés dans le Mecklembourg, les **Moraves** et les **Bohémiens,** avaient dû être plus d'une fois réprimés pendant le ixe siècle, par les armes de Louis le Germanique et de Carloman, son fils. Ils attirèrent sur eux, pendant le xe siècle, celles de Henri l'Oiseleur et d'Othon Ier. Ce dernier, après avoir battu (950) le duc de Bohême, fit prisonniers et vendit un si grand nombre de vaincus, que le nom d'**esclaves,** venu du mot **slaves,** remplaça celui de serfs [1] pour désigner les hommes privés de la liberté. Ce prince imposa sa suzeraineté à la Bohême.

9. *La foi chrétienne portée en Bohême, en Pologne, en Prusse.* — Ce fut alors que le christianisme, déjà prêché en Bohême à la fin du siècle dernier, par **Méthodius,** y triompha, grâce à l'influence d'Othon Ier. Un évêque de Prague, **saint Adalbert,** fut l'apôtre de la Prusse, et prêcha, avec un grand zèle, les vérités de la foi en Pologne, où elles avaient pénétré depuis le commencement du siècle. Il mourut martyr en 997.

V. — HONGRIE.

10. *Les Hongrois, leur origine et leurs incursions.* — Les **Hongrois** ou **Madgyares** [2] étaient un peuple

---

[1] *Serf,* du latin *servus,* esclave. Il ne faut pas confondre cependant l'esclave antique, regardé comme une chose, avec le serf du moyen âge qui était bien attaché à une chose, la terre, mais à qui le christianisme avait rendu sa personnalité. — [2] De *Madgar,* chariot. Nom que se donnent les Hongrois, en souvenir de leur vie primitivement errante.

originaire des monts Ourals et des bords de la Kama. Chassés par les **Petchenègues** du pays compris entre le Don et le Dniéper, où ils s'étaient précédemment établis, ils arrivèrent dans le pays qui porte aujourd'hui leur nom, sous la conduite de leur chef **Arpad**, à la fin du ixe siècle. Puis ils entrèrent en **Allemagne** (907), battirent le duc de Bavière et portèrent leurs ravages sur les bords du **Rhin**. Conrad ne put mettre un terme à leurs dévastations qu'en leur promettant de leur payer un tribut. Henri l'Oiseleur, vainqueur de ces nouveaux barbares, affranchit l'Allemagne de ce tribut. Après lui, Othon le Grand battit à son tour les Hongrois, et les força à reconnaître sa suzeraineté (955).

11. *Dévastations des Hongrois hors de l'Allemagne.* — Les Hongrois n'avaient pas borné à la Germanie leurs incursions; ils étaient venus jusqu'en Alsace, en Lorraine, en Neustrie, en **Provence**; ils avaient franchi les Alpes et étaient descendus dans l'**Italie**, qui crut voir revenir les hordes féroces d'Attila. Ces expéditions désastreuses devaient heureusement s'arrêter vers le milieu du siècle.

12. *Les Hongrois devenus sédentaires et chrétiens.* — Sous le **vayvode** [1] **Toxun**, il n'y eut point de guerre, et les Hongrois quittèrent leurs habitudes nomades et **se fixèrent** enfin entre la chaîne des Karpathes au nord et le Danube au sud. Sous **Geisa**, le christianisme fut prêché, et Geisa lui-même se fit baptiser. Mais ce fut surtout son fils **Waïc** qui exerça sur ce peuple un véritable apostolat. Baptisé, ainsi que son père, par **saint Adalbert**, il avait changé son nom barbare et païen de Waïc contre le nom chrétien d'**Étienne**. Il travailla avec tant d'ardeur et de cou-

______
[1] Dans la langue slave, *chef de guerre*.

rage à la régénération spirituelle de la Hongrie, et lui donna si bien l'exemple de toutes les vertus, que l'Église l'a placé au nombre des **saints**.

13. *Gouvernement de saint Étienne premier roi de Hongrie.* — **Saint Étienne** n'était pas moins brave et éclairé que pieux. Il se rendit redoutable à ses ennemis et gouverna avec sagesse. Aussi ses sujets le proclamèrent-ils roi. En l'an 1000, le Pape lui donna le titre de **roi apostolique** et lui envoya la couronne qu'il devait porter. Cette couronne, depuis lors, a servi au sacre de tous les rois de Hongrie. Le titre de **royaume** fut reconnu à la Hongrie par l'empereur Henri II, qui donna à saint Étienne pour épouse sa propre sœur **Gisèle**. Saint Étienne ajouta à ses États la Hongrie noire, à l'est de la Theiss, partagea son royaume en **palatinats**, créa plusieurs évêchés, fonda des monastères et donna (1016) à son peuple un **Code** de lois écrites. Son règne se prolongea jusqu'en 1038.

VI. — FRANCE [1]. — FÉODALITÉ.

14. *Notable différence qu'il y a, en France, entre l'établissement de la seconde race et celui de la troisième.* — Nous avons vu, à la fin du viiie siècle, une nouvelle dynastie monter sur le trône des Francs. C'est, dans toute la force du mot, une **monarchie** [2] qui se fonde. Au chef de cette monarchie gigantesque, qui embrasse presque toute l'Europe centrale et occidentale, le titre de **Roi** a bientôt cessé de suffire ; il lui a fallu le nom qui exprime avec le plus de majesté l'omnipotence d'un seul : on lui a donné le titre d'**Empereur**.

---

[1] Pour le détail des événements, V. *Hist. de France,* n° 145-162. — [2] *Mon-archie,* gouvernement d'un seul.

Un siècle après, le dernier Carlovingien qui descend de ce trône est un roi fainéant. Mais alors, celui qui le remplace, le seigneur qui va fonder une troisième dynastie souveraine, **Hugues Capet**, se trouve être moins un monarque que le **chef d'une confédération**. Son titre de roi ne lui donne qu'un honneur de plus ; sa puissance reste celle qu'il avait comme **duc de France**. Depuis Charles le Chauve, en effet, le **système féodal** s'est constitué, a progressé, et il va, pendant plusieurs siècles, dominer dans la plus grande partie de l'Europe.

15. *Ce que c'était que la féodalité.* — La **féodalité** [1] était un système qui subordonnait les unes aux autres, d'une manière hiérarchique et héréditaire, toutes les personnes, d'après l'origine des domaines qu'elles possédaient. Il en résultait une série de droits et de devoirs réciproques, d'engagements mutuels entre les supérieurs et les inférieurs.

16. *Comment se constitua la féodalité.* — Nous avons vu [2] que les **bénéfices** avaient été accordés par les rois à titre révocable. Ils devinrent ensuite héréditaires, et on les désigna alors sous le titre de **fiefs**. Les grands feudataires, à leur tour, distribuèrent, sous certaines conditions, les parties de leurs fiefs à d'autres personnes qui se trouvèrent ainsi dans leur dépendance. Il se forma de la sorte une chaîne non interrompue, une sorte d'échelle où chacun occupa un rang déterminé, depuis le **roi** jusqu'au **serf**.

17. *Différence entre la noblesse à l'époque des invasions*

---

[1] Selon les uns, des mots teutoniques *fee*, salaire ; *od*, propriété ; selon d'autres, du mot latin *fides*, foi que l'on devait à celui dont on relevait. Le mot *fief* (*fedum* ou *feudum* dans la basse latinité) a la même étymologie que le mot *féodalité*. — [2] V. vii⁰ siècle, n° 10.

et la noblesse féodale. — La **noblesse** avait d'abord été **personnelle** : elle tirait son origine des exploits guerriers et de la possession viagère de certains emplois ou de certains bénéfices. Dignités et domaines étant devenus transmissibles de père en fils, et continuant de rendre nobles ceux qui en étaient investis, la **noblesse féodale** fut une aristocratie **héréditaire**, territoriale et militaire.

18. *Divers degrés de l'échelle féodale.* — Au sommet de l'échelle féodale était le **Roi**, en tant que premier seigneur suzerain, c'est-à-dire représentant celui qui, dans le principe, avait conféré tous les fiefs et toutes les dignités. Les **possesseurs des grands fiefs** n'étaient tenus qu'à joindre leurs troupes aux troupes royales, en cas de guerre. Ils formaient ainsi le **ban**, et ils convoquaient eux-mêmes l'**arrière-ban**, composé des inférieurs qui devaient venir se ranger autour d'eux. Vassaux à l'égard de la couronne, ils étaient **seigneurs suzerains** à l'égard de ceux auxquels ils avaient fait eux-mêmes des concessions de fiefs. Ces derniers devaient leur prêter **foi et hommage**, comme eux-mêmes le devaient au roi. Le **vassal** d'un ordre inférieur, ou vassal d'un vassal, s'appelait **vavasseur**. A ces divers degrés, chaque suzerain devait protection à ses vassaux et il n'avait d'autorité immédiate que sur ceux qui relevaient directement de lui. Plus bas, était le **vilain** [1], homme libre, mais qui n'était pas noble, et qui devait à son seigneur, outre le service militaire, le payement des **impôts** et l'acquittement de toutes sortes de charges personnelles. Enfin, venait le **serf**, qui, sans être esclave, était **attaché à la glèbe**, c'est-à-dire, devait, moyennant une redevance, travailler une terre déterminée ; cette

---

[1] Vilain, autrefois villain (de *villa*, ferme), villageois.

terre, il ne pouvait la quitter, et il était vendu et acheté en même temps qu'elle.

19. *Droits principaux que s'arrogèrent les seigneurs suzerains.* — Les principaux droits que s'arrogèrent les seigneurs suzerains furent : celui de **battre monnaie** à l'effigie royale ; celui de faire des **guerres privées**, c'est-à-dire de venger leurs injures sans être obligés d'accepter la composition fixée par la loi ; l'**exemption des impôts** ; le droit d'établir des **péages**, etc. ; celui de **faire des lois**, d'où vint la multiplicité des **coutumes** [1] en France, et celui de rendre **la justice** dans leurs domaines. Les officiers de justice des prélats [2] s'appelaient **avoyers** ; ceux des seigneurs laïques, **viguiers, baillis, sénéchaux, prévôts**. Ainsi, en réalité, chaque seigneur était, dans le fief qu'il possédait, un petit souverain.

20. *Avantages et inconvénients du système féodal.* — La féodalité s'établit à une époque de dissolution sociale, où dominaient la perfidie et la violence ; cette institution eut pour but de procurer aux supérieurs une **obéissance** dévouée, aux inférieurs une **protection** assurée. Il en résulta d'utiles sentiments de discipline, de loyauté, d'honneur. Mais la féodalité eut aussi de nombreux, de graves inconvénients, qui existèrent dès le principe et qui allèrent croissant d'une manière rapide. D'après ce système qui fit dire : **nulle terre sans seigneur**, le pays fut morcelé en autant de **petits États indépendants** qu'il y eut de suzerains ; les grands feudataires ne reconnurent plus à la royauté qu'une suprématie nominale ; ils abusèrent de leur puissance, devinrent les tyrans de ceux qu'ils

---

[1] Ainsi appelées parce que le droit féodal ne s'exerça longtemps que par *coutume*, sans être écrit. — [2] L'Église était entrée aussi dans le système de la féodalité. V. xie siècle, n° 33.

s'étaient engagés à protéger, et les guerres incessantes qu'ils se firent les uns aux autres couvrirent chaque province, chaque canton de ruines et de sang.

21. *Trêve de Dieu.* — L'Église intervint pour réprimer ces excès de la force et pour rétablir l'ordre dans cette société si profondément troublée. Ses premiers efforts en faveur de la paix, contre ce droit des guerres privées, datent de la fin du xe siècle; et le xie vit l'établissement de la **trêve de Dieu**, instituée par plus de quatre-vingts conciles, et qui, du midi de la France, se propagea en Espagne, dans la Normandie, en Angleterre, en Allemagne et en Italie. Elle s'étendit d'abord du mercredi soir au lundi matin, comprit ensuite l'Avent, le Carême, le jour de la fête patronale, et l'on arriva progressivement à avoir dans l'année près de 300 jours pendant lesquels les hostilités entre particuliers devaient être suspendues.

22. *Affranchissement des communes.* — De leur côté, dès le xie siècle, les habitants des villes et des bourgs, forment, pour résister aux exactions des seigneurs, des associations connues sous le nom de **communes**. Ils achètent de leurs suzerains leurs **franchises**, le droit de nommer leurs magistrats, de pourvoir à leur sûreté personnelle, d'avoir une juridiction spéciale. La fondation des communes est favorisée, en **France**, par le pouvoir royal, à qui elle sert d'appui contre la féodalité. Dans ce pays les premières chartes de cette nature sont signées par Louis le Gros; en **Angleterre**, à ce qu'on croit, elles datent du règne de Guillaume II, fils du Conquérant; en **Allemagne**, de celui de Frédéric Barberousse, dans la seconde moitié du xiie siècle. En **Italie**, c'est dans le xie siècle que naissent les communes lombardes et toscanes; en **Espagne**, c'est dans le même siècle qu'apparaissent les libertés mu-

nicipales, et le droit de juridiction attribué aux **corregidors** et aux **alcades** [1].

23. *Associations parmi les artisans.* — Des associations se formèrent également entre les artisans qui exerçaient le même métier. Ils se réunirent en **confréries** ou **corporations**, composées des **compagnons** qui, après avoir fait un **chef-d'œuvre**, étaient sortis **d'apprentissage**, et pouvaient eux-mêmes, après un certain temps et en remplissant certaines conditions, devenir **maîtres**. Les maîtres constituaient la **maîtrise**, et ils formaient la **jurande**, en élisant des **jurés** ou **syndics** chargés de veiller à l'exécution des règlements du métier, de juger les différends entre les membres de l'association et d'administrer les biens qu'elle possédait.

24. *Grands fiefs relevant de la couronne de France à l'avénement de la dynastie capétienne.* — En 987, à l'avénement de la dynastie capétienne, il y avait **huit grands fiefs** qui relevaient directement de la couronne : c'étaient : le **duché de France**, qui fut réuni alors au domaine royal ; le **comté de Vermandois**, celui de **Flandre**, le duché de **Normandie** avec la Bretagne, celui de **Bourgogne**, le comté de **Toulouse**, celui de **Barcelone** et le duché d'**Aquitaine** [2].

25. *Pays où le système féodal se développa surtout.* — Outre la **France**, où il s'affaiblit peu à peu devant la royauté, le système féodal se propagea en **Allemagne**, où il finit par triompher et par produire une

---

[1] *Corregidor* (de l'espagnol *corregir*), correcteur ; *Alcade*, (de l'arabe *Al cadi*, le juge). Magistrats qui avaient des attributions à la fois juridiques et municipales.

[2] V. pour les arrière-fiefs du 1er ordre, compris dans les grands fiefs au xie siècle, les *Leçons de Géogr. comp.*, de M. ucros (de Sixt), IIe partie, leçon III.

quantité de petites souverainetés ; en **Angleterre,** où les Normands l'importèrent ; en **Italie,** où les Lombards l'avaient constitué ; et dans le **nord de l'Espagne.**

VII. — GERMANIE ET ITALIE.

26. *Royauté élective en Allemagne. Conrad Ier de Franconie et après lui Henri Ier de Saxe.* — Quand la race carlovingienne se fut éteinte (911) en Allemagne, dans la personne de **Louis l'Enfant,** la couronne que le respect, plus encore que le droit d'hérédité, venait de maintenir dans la famille du grand empereur, devint **élective.** Quatre grands feudataires pouvaient y prétendre : c'étaient les ducs de Souabe, de Bavière, et surtout Othon, duc de Saxe, et Conrad, duc de Franconie, tous deux descendant de Charlemagne par les femmes. Othon se retire généreusement pour laisser le trône à un rival plus jeune que lui et qu'il juge digne de l'occuper, et **Conrad** est nommé **roi.** Pendant son règne qui ne dura que huit ans, les duchés et les comtés deviennent en Allemagne des **fiefs héréditaires** ; leurs possesseurs les distribuent en arrière-fiefs et détruisent dans leurs domaines la juridiction royale. Conrad se voit enlever la **Lorraine** par Charles le Simple, et il est obligé de lutter contre Henri, fils d'Othon, duc de Saxe, et contre le duc de Bavière. Il est grièvement blessé en combattant les Hongrois ; et, imitant la générosité d'Othon, il désigne avant de mourir, au choix des électeurs, pour lui succéder, ce même **Henri de Saxe** qui s'était révolté contre lui. Henri était à la chasse au faucon lorsqu'on lui apporta les ornements royaux ; cette circonstance lui fit donner le surnom de l'**Oiseleur.**

27. *Avenir réservé à la maison de Saxe.* — La **maison de Saxe**, qui montait en sa personne sur le trône d'Allemagne, allait y rester pendant plus d'un siècle. Des cinq rois de la même famille qui seront successivement élus, le second devait faire de ce **royaume de Germanie un empire** pour tous les siècles suivants.

28. *Règne de Henri l'Oiseleur.* — Du règne de **Henri l'Oiseleur** (919-936) date la véritable **organisation de l'Allemagne.** Le nouveau roi ne se contente pas de faire rentrer dans l'obéissance les grands vassaux, les ducs de Souabe et de Bavière, de reprendre la Lorraine, d'assujettir la Bohême, de repousser les Danois ; il veut, par des établissements durables, assurer la sécurité de ses Etats contre les ennemis extérieurs, contre les Hongrois surtout. Dans ce but, il équipe une excellente cavalerie ; il organise une **landwehr** [1], c'est-à-dire il arme une partie de la population qui pourra prêter son appui à ses gens de guerre ; il fortifie des châteaux autour desquels viennent se former des villes ; il crée les premiers établissements militaires, appelés **marches** [2] ou **margraviats** [3]. On comptera bientôt les marches de la **Saxe septentrionale**, de **Brandebourg**, de **Misnie**, de **Sieswig**, d'**Autriche** et de **Styrie**. Il emploie à prendre ces utiles dispositions une trêve de neuf ans, conclue avec les Hongrois. Au bout de ce temps, ceux-ci se présentent de nouveau. Ils sont écrasés dans la sanglante bataille de **Mersebourg** (933). Henri médite une expédition en Italie, quand la mort le surprend.

---

[1] *Land-wehr,* défense du pays. — [2] De *mark,* frontière. De là viennent aussi les mots *marche* et *marquis.* — [3] Pays soumis à la juridiction d'un margrave (*mark-groff,* comte de frontière).

Mais il a pu, du moins, faire accepter par les États, pour son successeur, son second fils, Othon, qu'il pré férait à son fils aîné.

29. *Premiers événements du règne d'Othon.* — La puissance des grands vassaux suscita à Othon les mêmes embarras qu'à ses prédécesseurs. Les **ducs de Franconie** et **de Bavière** se soulevèrent et furent soumis par la force des armes. Pour prévenir le retour de ces révoltes, Othon remplaça ces deux ducs, ainsi que ceux de Lorraine et de Souabe, par des princes de sa propre famille, et il les investit de ces duchés à titre révocable. De plus, le roi créa les **comtes palatins** [1], qui le représentaient dans ces grands fiefs et pouvaient reviser les jugements rendus par les ducs. Après avoir ainsi assuré son autorité en Allemagne, il fit reconnaître sa suprématie par le **duc de Pologne** ; parcourut en vainqueur le **Danemark** et y fonda trois évêchés. Il obligea (950) Boleslas, **duc de Bohême**, à lui payer un tribut et à protéger les chrétiens qu'il avait persécutés. Ce fut après ces brillants commencements qu'il fit sa première expédition en Italie.

30. *Situation de l'Italie ; Othon y est appelé.* — Ce pays était livré à l'anarchie. Devenu un État particulier depuis la déposition de Charles le Gros, il avait vu, en soixante-dix ans, se succéder dix princes, dont les cinq premiers avaient porté le titre d'empereurs, mais dont la féodalité avait presque annihilé le pouvoir. **Bérenger II** venait de prendre ce vain titre de roi d'Italie, et demandait pour son fils Aldabert, la main d'**Adelaïde**, fille de Rodolphe II, roi de Bourgogne, et veuve du dernier roi d'Italie, Lothaire [2]. Adé-

---

[1] Comtes du palais. — [2] Jeune prince qui descendait par les femmes, de Lothaire II de Lorraine, et qui avait été roi nominal d'Italie, de 947 à 950.

laïde refusa. Saisie brutalement et renfermée dans le château de Garda[3], cette princesse parvient à s'échapper et appelle à son secours le roi de Germanie. Othon s'empare de la Lombardie ; il était veuf ; il épouse Adélaïde, et prend à Pavie le titre de roi d'Italie (951). Il rend bientôt la Lombardie à Bérenger II, qui se reconnaît son vassal.

31. *Othon rappelé en Allemagne ; bataille d'Augsbourg.* — Des troubles s'élèvent dans la Germanie à la suite de la révolte d'un fils et du gendre d'Othon. Le roi de Germanie est, en outre, obligé de repousser les **Hongrois** et leur tue 100,000 hommes à la bataille d'**Augsbourg** (955).

32. *Nouvelle expédition d'Othon en Italie. Le saint-empire romain germanique.* — Bérenger profite de ces circonstances et cherche à s'affranchir. Le pape **Jean XII**, inquiété par lui, appelle Othon, qui franchit les Alpes une seconde fois, se fait couronner à Milan roi d'Italie, et va à Rome, où il reçoit du pape (962) la couronne impériale. De son côté, il confirme solennellement les donations faites par Pépin et par Charlemagne au Saint-Siége. De cette époque mémorable date l'institution du **Saint-Empire Romain**, chez la nation **germanique**. C'est aux Allemands que l'empire d'Occident est transféré, et leurs souverains reçoivent désormais une triple couronne : la couronne d'argent[1] à Aix-la-Chapelle, la **couronne de fer** à Monza et la **couronne d'or** à Rome ; mais ils ne prennent le **titre d'empereurs** qu'après avoir reçu cette dernière des mains du pape.

[1] Au bord du lac de ce nom. — [2] Malgré sa dénomination, cette couronne était en or : le souverain allemand la recevait comme roi de Germanie ; il ceignait la couronne de fer (V. ci-dessus : VIIIe siècle, n° 6) comme roi des Lombards, et la troisième comme empereur.

33. *Suite du règne d'Othon comme empereur. Dépendance de l'Eglise.* — L'empereur Othon passa le
reste de son règne à rétablir la paix et à affermir
son autorité dans l'Italie, qui voulait déjà secouer
le joug de son nouveau maître. Le pape Jean XII
s'allie avec le fils de Bérenger, **Adalbert**, contre
celui qu'il a sacré lui-même empereur. Othon revient à Rome, fait illégalement déposer **Jean XII**
que, du reste, ses vices rendaient indigne du siége de
Saint-Pierre, et fait élire à sa place **Léon VIII** (963).
Il oblige Bérenger à se rendre et Adalbert à s'enfuir
de l'Italie. A Jean XII qui vient de mourir subitement,
les Romains révoltés encore donnent pour successeur
Benoît V, qui se trouve ainsi le compétiteur de
Léon VIII. Mais les adversaires de l'empereur sont
contraints de lui céder. Benoît V est envoyé en exil
après avoir acquiescé à sa propre déposition. Othon
signale sa vengeance par une répression sévère, et
abuse de sa force en se faisant donner, à lui et à
tous ses successeurs, le **droit de nommer au Saint-
Siége** et à tous les évêchés de son royaume. En 967,
il crée **marquis de Montferrat** le marquis d'Ivrée,
Abdérame, dont la famille possédera ce marquisat [1]
jusqu'au commencement du XIVe siècle.

34. *Othon convoite le sud de l'Italie ; il meurt.* —
Après avoir assis sa domination dans le nord, et établi
sa prépondérance dans le centre de l'Italie, l'empereur tourne ses efforts vers le sud de la Péninsule et
fait reconnaître sa suzeraineté par les princes de Bénévent et de Capoue. Il fait demander par l'historien
Luitprand, pour le fils qu'il a eu d'Adélaïde, pour
le jeune Othon, la main de **Théophanie**, fille de
Romain II, empereur de Constantinople. On la lui re-

[1] Entre Turin et le Milanais.

fuse. Othon attaque les **Grecs** dans leurs possessions, et les oblige, par ses succès, à consentir à ce mariage. Théophanie apporte des droits sur la Calabre et la Pouille au jeune prince qui portait déjà le titre **de roi des Romains**, et qui, l'année suivante (973) âgé de dix-huit ans, devient empereur, à la mort de son père, Othon Ier.

35. *Othon justement surnommé le Grand.* — **Othon I**^{er} reçut le surnom **de Grand.** Il l'avait mérité par la splendeur dont il entoura son trône, par les services signalés qu'il rendit à l'Allemagne, en y établissant l'ordre et en travaillant à la civiliser. Ce prince joignait au courage une piété sincère. Il n'a manqué à sa gloire que d'avoir su contenir son caractère violent et son ambition.

36. *Successeurs d'Othon le Grand jusqu'à l'extinction de la maison de Saxe.* — Othon le Grand avait, de son vivant, fait donner à son fils, outre le titre de roi des Romains, celui de **roi de Germanie.** Cette mesure, qui désignait au choix des électeurs le futur **empereur,** fut suivie par ceux qui lui succédèrent. Après **Othon II**, qui régna dix ans, vinrent **Othon III**, qui en régna dix-neuf, et **Henri II**, en qui s'éteignit (1024) la maison de Saxe. Les deux premiers portèrent surtout leurs efforts sur l'Italie. Le troisième eut à soutenir une lutte persévérante contre la turbulence des vassaux allemands et italiens.

37. *Othon II; son expédition en Italie.* — Après avoir forcé Lothaire, roi de France, à se désister de ses prétentions sur la Lorraine (980), **Othon II** passa en Italie, où les Grecs, alliés aux Arabes, inquiétaient le pape Benoît VII. Il débuta par quelques succès, puis fut battu près du **Basientello**[1], pris, acheté par un

---

[1] Petit fleuve qui se jette dans le golfe de Tarente.

marchand d'esclaves et racheté par l'impératrice Théophanie, avant que ses ennemis l'eussent reconnu. Il mourut l'année suivante (983).

38. *Othon III et Crescentius*. — Son fils, **Othon III**, qu'il avait fait nommer empereur, était encore enfant. Après une régence fort agitée, Othon III va combattre le patrice **Crescentius** qui, voulant rétablir à Rome la république, s'était fait élire consul (972) et avait chassé tour à tour de Rome les deux papes Jean XV et Grégoire V. Assiégé dans le château Saint-Ange, Crescentius est pris par perfidie et a la tête tranchée (998). Le pape **Grégoire V** meurt l'année suivante et Othon fait placer sur le siége de Saint-Pierre **Gerbert**, archevêque de Ravenne, qui avait été son précepteur, et qui prend le nom de **Sylvestre II**. En 1002, l'empereur périt, empoisonné par **Stéphanie**, veuve de Crescentius.

39. *Républiques maritimes au nord de l'Italie*. — Trois républiques, au nord de l'Italie, commencent à prendre une importance maritime qui ira grandissant : ce sont **Gênes**, **Pise** et surtout **Venise**. Les deux premières, qui ont des consuls, un sénat, des assemblées du peuple, combattent les Sarrasins et ne peuvent éviter d'être pillées par eux. La dernière, déjà gouvernée par des **doges**, depuis la fin du VIIe siècle, joint aux possessions restreintes qui l'avoisinent la conquête de la Dalmatie. Trieste, Zara, Raguse, lui appartiennent ; elle domine sur la mer Adriatique.

VIII. — ESPAGNE.

40. *Royaume de Léon et des Asturies*. — Depuis Alphonse II (792), les rois chrétiens d'Espagne avaient fait d'**Oviédo** leur capitale. **Ordogno II**, en 913, trans-

féra à Léon le siége de son royaume, qui s'appela depuis lors **royaume de Léon et des Asturies.**

41. *Succès de Ramire II.* — **Ramire II**, monté en 927 sur le trône de Léon, fit avec succès la guerre aux Arabes. Il prit Madrid (932), s'avança jusqu'à Tolède et remporta (938) à **Simancas**[1] une grande victoire qui coûta, dit-on, la vie à 80,000 infidèles.

42. *Les califes Abdérame III et Al-Hakem II; civilisation des Arabes.* — Le calife de Cordoue était alors **Abdérame III**, dont la cour était célèbre par son élégance. Ce prince fonda une école de médecine; sous son règne, les Arabes exploitèrent dans le Sud de la Péninsule des mines d'or et de rubis. Son successeur, **Al-Hakem II**, fut aussi un zélé protecteur des lettres, et fonda à Cordoue une école savante et une riche bibliothèque. Les Arabes d'Espagne offraient alors, au milieu des ténèbres et de la barbarie qui couvraient le reste de l'Europe, le spectacle singulier et attrayant de toutes les délicatesses et de tout l'éclat de la civilisation.

43. *Bataille de Calatanasor.* — **Almansor**, général du jeune calife **Hescham II**, profitant de ce que le royaume de Léon était alors troublé par des révoltes, faisait depuis plusieurs années des progrès inquiétants; il avait parcouru presque tout ce royaume en vainqueur quand **Bermude II**, roi de Léon, allié à celui de Navarre, **Garcias le Trembleur**, remporta sur lui (996), à **Calatanasor**[2] une victoire signalée. Les infidèles perdirent 50,000 hommes et presque toutes leurs récentes conquêtes. Almansor, à qui une longue série de victoires avait persuadé qu'il était invincible, mourut de douleur de ce premier et terrible revers.

44. *Pourquoi Garcias fut surnommé le Trembleur.* —

[1] Au S.-O. de Valladolid. — [2] Au S.-O. de Soria.

Garcias était surnommé **le Trembleur** parce qu'un frisson le saisissait quand on l'armait pour aller aux combats. « Mon corps tremble du péril où va le précipiter mon courage, » dit un jour ce guerrier avec la fierté espagnole, pour expliquer ce mouvement involontaire.

IX. — EMPIRE D'ORIENT.

45. *Empereurs d'Orient au xe siècle*. — Les principaux empereurs qui régnèrent en Orient pendant le xe siècle furent : **Constantin Porphyrogénète** (911-959), qui négligea ses devoirs d'empereur pour s'occuper d'arts, de sciences et de littérature, et laissa gouverner successivement l'État par sa mère Zoé, son beau-père et sa femme, et sous qui Bulgares, Hongrois et Russes vinrent tour à tour ravager l'empire ; **Nicéphore Phocas** (963-969), qui reprit Candie aux Sarrasins, et reporta la frontière de l'empire sur l'Euphrate ; **Jean Zimiscès** (969-976), qui, après une victoire importante sur les Bulgares, fut pendant plusieurs années maître de leur royaume ; et enfin **Basile II** et **Constantin IX**, fils de Romain II (976-1028), qui régnèrent ensemble cinquante ans et réunirent la Bulgarie à l'empire d'Orient.

X. — CALIFES D'ORIENT.

46. *Les Fatimites*. — En 909, **Obéid-Allah**, qui prétendait descendre de **Fatime**, fille de Mahomet, prit le titre de calife. Il s'empara de la partie de la côte africaine comprise entre l'Égypte et Tunis, et où, depuis un siècle, régnait la dynastie des **Aglabites**.

Il y ajouta à l'ouest jusqu'à l'Océan, le **Maghreb**[1], qui était au pouvoir des **Edrissites**, et fonda ainsi la dynastie des **Fatimites**. Cette dynastie joignit peu après à ces conquêtes celle de l'Egypte et fonda (970) la « ville de la Victoire[2]. » **le Caire** ; elle en fit sa capitale et y régna pendant deux siècles.

47. *Institution de l'émir al-omra.* — En 935, le calife **Al-Rhadi** abdiqua pour ainsi dire la puissance qui lui restait, en créant la charge d'**émir-al-omra**[3]. cette grande dignité donnait toute l'autorité politique à celui qui en était revêtu, et, depuis ce moment, les califes de Bagdad n'eurent plus qu'un vain titre et la suprématie religieuse.

48. *Faiblesse des émirs-al-omra.* — Les émirs-al-omra ne surent pas, comme le firent chez les Francs les maires du palais, défendre leurs faibles maîtres ni eux-mêmes contre les entreprises de leurs voisins. De l'Egypte, les Fatimites s'avancent jusqu'à Bagdad et viennent, sous les yeux du calife, imposer un tribut à l'émir.

<h2 style="text-align:center">XI. — ÉGLISE.</h2>

49. *L'Église au Xe siècle.* — Les déréglements où tombèrent les ecclésiastiques dans cette époque de corruption et de désordre firent appeler le Xe siècle **le siècle de fer** pour l'Eglise. Ce qu'il y eut de plus affligeant, c'est qu'à plusieurs reprises des familles italiennes, puissantes et ambitieuses, abusèrent de leur influence à Rome, pour y faire élire papes les hommes qui méritaient le moins de l'être. Mais la divinité du christianisme, servi par d'aussi indignes ministres, brilla avec d'autant plus d'éclat. Le

---

[1] Pays du *couchant.* — [2] El-Kaïrah. — [3] Seigneur des Seigneurs.

dépôt sacré de la foi ne fut point altéré ; la doctrine resta pure, et la religion, en continuant avec courage et persévérance son œuvre sainte, eut encore de nombreux **sujets de consolation**. Nous avons vu la lumière évangélique pénétrer en Danemark, en Norvége, en Russie, en Normandie parmi les compagnons de Rollon, en Bohême, en Pologne, en Hongrie ; nous avons vu la sainteté assise sur plusieurs trônes, sur plusieurs siéges épiscopaux, et, à la fin du siècle, celui de Saint-Pierre est occupé par un pape illustre, d'une grande science et d'une éminente vertu.

50. *Le pape Sylvestre II.* — **Sylvestre II**, ou **Gerbert**, originaire d'Aurillac, et le premier Français qui soit monté (999) sur le trône de Saint-Pierre, se distingua par sa **science**, principalement en mathématiques, en astronomie, en mécanique. La profondeur de ses connaissances émerveilla tous ses contemporains. Il était entré dans l'ordre des Bénédictins et avait enseigné à Reims avec éclat. Parmi ses disciples il en est deux qui occupèrent, l'un le trône de France et l'autre celui d'Allemagne ; ce furent : **Robert**, fils et successeur de Hugues Capet, et **Othon**, qui fut le troisième empereur de ce nom

51. *L'abbaye de Cluny et l'hospice du mont Saint-Bernard.* — Ce xe siècle, qui semble déshérité à tant d'égards, vit naître deux établissements religieux célèbres à des titres divers : l'abbaye de Cluny et l'hospice du mont Saint-Bernard. — **L'abbaye de Cluny**, branche de l'ordre des Bénédictins, fut fondée (910) par la piété de **Bernon**, qui était issu d'une des plus nobles familles de la Bourgogne et qui en fut le premier abbé. **Saint Odon**, qui appartenait à une famille noble du Maine, mit (1130) la dernière main à la constitution de cette maison. L'abbaye de Cluny contribua puissamment à faire renaître dans un grand

nombre de monastères la ferveur religieuse et rendit aux lettres les plus éminents services. — **L'hospice du mont Saint-Bernard** eut pour fondateur (962), ainsi que celui du petit Saint-Bernard, un autre saint, qui appartenait aussi à une des plus illustres familles de son pays, **saint Bernard de Menthon**, né près d'Annecy, en Savoie. En allant évangéliser ces âpres contrées où subsistaient encore des restes du paganisme, saint Bernard fut touché des dangers que couraient au milieu des neiges des Alpes les pèlerins et les voyageurs, et il créa, pour les accueillir, sans distinction de nationalité, ces hospices, monuments de l'héroïque dévoûment inspiré par la charité catholique.

52. *Terreur de l'an* 1000. — Selon une tradition répandue alors, on croyait qu'en **l'an 1000** le monde devait finir. La peste, la famine et les misères de tout genre qui accablaient l'Europe, semblaient justifier cette croyance : une terreur générale s'empara des Occidentaux ; chacun songeait à l'autre vie que l'on croyait si proche, chacun voulait en celle-ci expier ses fautes. De là, cette ferveur des **pèlerinages** ; de là, ce zèle pour la construction des **églises**, qui furent presque toutes rebâties.

XII. — LETTRES. — INDUSTRIE.

53. *Luitprand. Suidas. Hroswitha.* — Les écrivains du xe siècle sont bien rares. Nous n'avons à mentionner qu'un compilateur, **Suidas**, auteur d'un lexique grec ; une modeste religieuse de la Saxe, nommée **Hroswitha**, qui fut une femme très-instruite et très-distinguée, et qui nous a laissé des poésies latines remarquables ; et enfin **Luitprand**, évêque de Crémone, qui s'adonna aux travaux historiques.

54. *Mines du Harz.* — Ce fut dans ce même siècle, sous le règne d'Othon II, que l'on découvrit et que l'on commença à exploiter les fameuses **mines des montagnes du Harz,** qui ont donné lieu à un grand nombre de légendes et de contes fantastiques.

XIII. — FRANCE.

SOMMAIRE.

CHARLES LE SIMPLE. — 912. Traité de Saint-Clair sur Epte, avec Rollon. — Conversion des Normands. — Charles le Simple, méprisé pour son incapacité, et réduit à quelques places fortes, est battu par Hugues le Grand, duc de France, et dépossédé de la couronne. — 922. RAOUL de Bourgogne est élu roi de France par l'ascendant de Hugues le Grand, au préjudice de Louis, fils de Charles le Simple. — Luttes continuelles de ce roi contre les vassaux ambitieux et turbulents. — Il fait la guerre aux Hongrois, et achète d'eux la paix à prix d'argent. — 936. LOUIS IV, dit d'OUTREMER, fils de Charles le Simple. — 954. LOTHAIRE acquiert et perd ensuite la Lorraine. — Hugues le Grand, qui avait gouverné sous les rois précédents et sous Lothaire, meurt en 965, et laisse son autorité et son influence à son fils Hugues Capet. — 986. LOUIS V le Fainéant ne règne qu'un an. En lui finit la dynastie des Carlovingiens. — 987. 3e *race : Capétiens.* HUGUES CAPET est vainqueur de Charles Ier, duc de Lorraine. Il fait, de son vivant, reconnaître son fils Robert pour son successeur au trône. — 996. ROBERT. — Il est excommunié pour avoir épousé Berthe, sa parente à un degré prohibé. — Il s'en sépare et épouse Constance, fille du duc de Toulouse.

ONZIÈME SIÈCLE

(1001-1100)

I. — ILES BRITANNIQUES.

1. *Canut le Grand.* — Après avoir établi en Angleterre la domination danoise, Suénon eut pour succescesseur (1015) son fils, **Canut le Grand**, qui vint de Danemark revendiquer cet héritage. Roi de toute l'Angleterre par la mort du fils d'Éthelred, à qui il avait d'abord laissé les provinces méridionales, il épouse la veuve de ce même Éthelred, et se concilie, par la **sagesse** de son administration, l'amour des Saxons aussi bien que des Danois. De nombreux mariages cimentent l'union entre ces deux peuples. Les lois d'Alfred le Grand sont remises en vigueur. Canut ajoute, par la conquête de la **Norvége** (1028), une troisième couronne à celles de **Danemark** et d'**Angleterre** qu'il porte déjà, et il les laisse toutes trois à ses trois fils (1036).

2. *Courte durée de la domination danoise. Règne d'Édouard le Confesseur.* — La domination danoise en Angleterre ne devait pas survivre longtemps à ce grand roi. Ses fils se divisèrent et se firent la guerre ; deux périrent, le troisième retourna en Danemark. Un fils d'Éthelred II, **Édouard III, le Confesseur,** monta sur le trône d'Angleterre (1042). Le commencement de son règne fut troublé par quelques luttes, entre autres par une révolte du puissant comte **Godwin.** Mais le reste de ce règne, qui dura vingt-cinq ans, fut paisible, et le pieux roi fit fleurir la justice. Il plaça toute l'Angleterre, déjà composée de tant de peuples tour à tour vainqueurs et vaincus, sous l'empire de **lois communes ;** mais l'affection qu'il portait aux Normands de France chez lesquels il avait été élevé, et les hautes positions qu'il donna à un grand nombre d'entre eux dans son royaume, devaient attirer une nouvelle et dernière race de conquérants. Édouard III mourut (1066) sans laisser d'enfants, et fut inhumé dans l'église de **Westminster,** qu'il avait fait bâtir et qu'il avait dédiée à saint Pierre. Il fut cano-

nisé plus tard, et on l'appela **Édouard le Confesseur** [1].

3. *Compétiteurs au trône d'Angleterre après la mort d'Édouard le Confesseur.* — Deux compétiteurs se présentent pour lui succéder : **Harold**, fils du vaillant et populaire comte Godwin, et, par sa mère, issu du sang des rois saxons, et **Guillaume le Bâtard**, fils de **Robert le Diable**, duc de Normandie. Une dizaine d'années avant la mort d'Édouard, Guillaume, tenant à sa merci Harold, qu'une tempête avait jeté sur les côtes de Normandie, lui avait fait jurer solennellement, sur de saintes reliques, pour lui rendre la liberté, de l'aider, le moment venu, à obtenir le trône d'Angleterre. Maintenant, il s'appuie sur un prétendu testament du feu roi et se fait un titre de cette promesse. Le pape Alexandre II, devant lequel Harold est accusé de sacrilége, le condamne.

4. *Tostig et Harold Hardrada. Bataille de Stanford-Bridge.* — **Tostig**, frère d'Harold, se ligue contre lui avec le duc de Normandie, et va encore chercher pour allié **Harold Hardrada** (le Sévère), roi de Norvége. Harold est attaqué au nord par ce dernier et par son propre frère, pendant que Guillaume s'apprête à envahir l'Angleterre par le midi; son lieutenant est battu par les Norvégiens; mais il accourt lui-même et les écrase dans la sanglante mêlée de **Stanford-Bridge** [2], où périssent Tostig et Harold Hardrada. Ce roi du Nord a ainsi les « sept pieds de terre anglaise » que lui avait promis Harold; et vingt-trois navires rapportent en Norvége les débris de l'armée qu'avaient apportée cinq cents vaisseaux.

[1] L'Église honore de ce nom les saints qui n'ont pas été martyrs, c'est-à-dire ceux qui, sans être morts pour la foi, l'ont *confessée* par leur vie, qu'ils aient ou non souffert pour elle. — [2] Près d'York.

5. *Débarquement de Guillaume en Angleterre. Bataille d'Hastings.* — Trois jours après cette bataille, **Guillaume**, qui avait rassemblé ses troupes et sa flotte à l'embouchure de la Dive et qui avait dû relâcher à cause des vents contraires à Saint-Valéry sur Somme, débarquait, avec soixante mille hommes, à Pevensey, près de **Hastings**, le 28 septembre 1066. En sautant sur le rivage, il tomba. « Dieu nous garde ! c'est mauvais signe, s'écria-t-on autour de lui. — Qu'avez-vous ? répondit Guillaume en se relevant. Sachez que c'est la saisine de cette terre que Dieu m'a fait prendre à deux mains, et que, avec l'aide de Dieu et de vous, mes amis, je conquerrai ; et par la splendeur de Dieu, tant qu'il y en a, elle est à vous. » Harold s'avance. La bataille dure, le 14 octobre, du matin au soir. Les deux chefs sont blessés ; Harold périt enfin percé d'une flèche. Guillaume fait des Saxons un carnage horrible. Cette victoire lui donne l'Angleterre et lui permet de changer son nom de bâtard en celui de **Guillaume le Conquérant.**

6. *Résistance des Saxons.* — L'esprit indépendant de la race saxonne, excité encore par la rigueur et la rapacité que montrèrent les vainqueurs après leur triomphe, préparait cependant à Guillaume plusieurs années d'une **lutte acharnée.** Les provinces de l'ouest, la **Cornouaille** surtout, et les provinces du nord, secondées par l'Écosse, se défendirent opiniâtrement. Chassés des villes, les Saxons cherchaient dans les forêts un asile et aimaient mieux y mener la vie errante d'**outlaws** [1] que de se soumettre. D'un autre côté, les Normands se vengeaient impitoyablement. **Exeter, Oxford** et nombre d'autres villes furent inondées de sang ; cent mille personnes furent

---

[1] Hors la loi, proscrits.

massacrées dans le seul comté de **Northumber-land**; le pays fut ruiné et dévasté. Opprimée par la force, l'Angleterre fut la proie du vainqueur.

7. *Rigueur avec laquelle sont traités les Saxons.* — Tout le territoire est confisqué en masse et distribué en 60,000 lots. Guillaume se fait largement sa part dans cet immense butin et divise le reste entre ceux qui avaient été les compagnons de son aventureuse expédition. Le **Doomsday-Book** [1] ou **Grand Terrier**, qui existe encore, énumère les récompenses attribuées à chacun. Les trésors considérables rapportés en Normandie par le conquérant tentent la cupidité de nouveaux émigrants. Les vaincus n'ont plus ni biens, ni droits politiques ni dignités; la langue anglaise est proscrite et remplacée par la **langue française**; les prélats anglo-saxons sont déposés. Les anciennes constitutions sont remplacées par le **système féodal**, auquel la race normande était déjà façonnée, et qui est appliqué avec la dernière rigueur. A huit heures du soir, sonne le **couvre-feu**; passé cette heure, les Saxons ne peuvent plus avoir chez eux de lumière. Des lois leur interdisent la **chasse** sous les peines les plus cruelles. Rien enfin n'égale le mépris insultant des nouveaux venus pour ces « **brebis anglaises** » dont ils arrachaient la laine avec une si impitoyable rapacité.

8. *Différence entre la féodalité anglaise et la féodalité française.* — La féodalité anglaise diffère essentiellement de celle de France, en ce qu'elle ne s'est pas créée elle-même spontanément, mais qu'elle a été créée par le conquérant dans l'intérêt de sa puissance. Toutes les propriétés des feudataires anglais constituent, comme on vient de le voir, des **tenures** ou des

[1] Livre du jour du jugement.

mouvances [1] dues à la libéralité du chef; toutes relèvent immédiatement de la couronne. De l'autre côté du détroit, les grands fiefs étaient indépendants de fait de la couronne de France, et leur vaste étendue faisait de leurs possesseurs des rivaux redoutables des rois.

9. *Fin de Guillaume le Conquérant.* — Le caractère dominateur de Guillaume le Conquérant excita des mécontentements parmi ses propres barons. Après avoir puni les révoltés, il dut traverser la mer pour faire rentrer sous l'obéissance la ville du **Mans** qui s'était donnée au comte d'Anjou, et pour combattre son fils **Robert Courte-Cuisse** qui voulait le forcer à lui céder la Normandie. Ce dernier était excité par le roi de France, Philippe Ier. Pour se venger de cet appui et de la raillerie du roi de France, Guillaume alla « **faire ses relevailles** » dans le Vexin Français et brûler **Mantes**. Il allait continuer ses succès quand, ayant voulu forcer son cheval à sauter un fossé, il se heurta si rudement qu'il se blessa et qu'il mourut, près de Rouen (1087) des suites de cet accident.

10. *Guillaume le Roux, second roi Normand d'Angleterre.* — Ce fut **Guillaume II**, dit le Roux, qui succéda à son père, d'après la volonté de celui-ci et au préjudice de son frère aîné Robert Courte-Cuisse. En vain ce dernier lui disputa-t-il le trône d'Angleterre ; il dut se contenter de la Normandie, et, en partant pour la première croisade, il engagea ce duché même à son frère. Guillaume II se montra dur et cruel envers ses sujets et surtout envers les Anglo-Saxons. Il exila successivement **Lanfranc**, archevêque de Cantorbéry, qui l'avait couronné, parce que ce prélat véné-

---

[1] Ces deux noms s'appliquaient à des fiefs relevant de celui dont on les *tenait*.

rable avait osé lui faire de justes remontrances; puis **saint Anselme**, qui avait succédé à Lanfranc sur ce siége archiépiscopal. Il fit avec succès la guerre à **Malcolm III**, roi d'Écosse, et mourut (1100) d'une blessure qu'il avait reçue à la chasse.

11. *Monuments à Londres qui datent du règne de Guillaume le Roux.* — Sous le règne de ce prince, trois monuments importants s'élevèrent dans la capitale de l'Angleterre : **la Tour** et **le pont de Londres**, et la **grande salle de Westminster.**

12. *Usurpation de Macbeth.* — **Macbeth**, thane ou comte d'Angus, assassina, en 1040, à Inverness, le roi d'Écosse, **Duncan**, son cousin germain, et se fit proclamer roi à sa place. Ses cruautés ne tardèrent pas à le rendre odieux; **Banco** lui-même, thane de Lochaber [1], qui avait puissamment contribué à son élévation, fut assassiné par ses ordres. Une révolution se prépara. Duncan avait laissé un fils, **Malcolm III**, qui révint, ramené par **Macduff**, thane de Fife, et qui eut l'aide d'Édouard le Confesseur. En 1057, Macbeth fut battu et tué dans les **Highlands**, et Malcolm III monta sur le trône de son père, qu'il occupa jusqu'en 1097. Ce fut lui qui lutta contre Guillaume le Conquérant et contre son fils.

II. — DANEMARK ET NORVÉGE.

13. *Règne de Canut le Grand en Danemark.* — **Canut le Grand**, que nous avons vu régner en Angleterre, favorisa l'extension du **christianisme** dans les pays scandinaves. Il fit venir de la Grande-Bretagne en Danemark des religieux qui, de là, allèrent répandre les lumières de l'Évangile dans la Suède et dans l'Islande.

[1] Canton montagneux, au S.-O. d'Inverness.

Il fonda des Eglises, il créa de nouveaux évêchés sous la juridiction de l'archevêque de Hambourg. Il fit battre la première **monnaie** danoise, et ce fut sous son règne que la noblesse devint héréditaire en Danemark.

14. *Histoire du Danemark après la mort de Canut le Grand. Dynastie des Esthrithides.* — A Canut le Grand succéda son fils **Hardi-Canut**, qui mourut (1041) sans laisser de postérité. Le Danemark alors reconnut pour souverain le roi de Norwége, **Magnus le Bon.** Mais cette réunion ne dura que quelques années. Dès 1047, chacun des deux États avait repris un souverain particulier. C'est à cette époque que commença en Danemark une nouvelle dynastie, celle des **Esthrithides**, qui occupa le trône pendant trois siècles. Parmi les successeurs de **Suénon III Esthricthson**, premier roi de cette race, on remarque, dans ce même siècle, **Canut le Saint** (1080), qui s'efforce d'abolir le servage et fait des lois très-sevères pour réprimer la piraterie et tous les actes de violence.

15. *Histoire de la Norwége pendant la première moitié du XI° siècle.* — La Norwége avait été, au commencement du XI° siècle, conquise par les rois de Danemark et de Suède. Après bien des luttes pour monter sur le trône, où il ne s'assit qu'en 1018, après avoir eu ensuite plusieurs années de succès et de conquêtes, **Olof II** est dépouillé de ses États par Canut le Grand et tué (1032). Mais son fils, **Magnus le Bon**, qui s'était réfugié en Russie, ne tarda pas à en être rappelé par les anciens sujets de son père. Aussitôt après la mort de Canut le Grand, il monta sur le trône de Norwége (1036) et l'occupa jusqu'en 1047.

16. *Successeurs de Magnus le Bon.* — Magnus le Bon eut pour successeur cet **Harold Hardrada**, que nous avons vu se liguer avec Tostig contre Harold d'Angleterre et périr à la bataille de Stanford-Bridge

(1066). Après lui il faut citer **Olof III le Pacifique** (1066-1087), qui fut un roi civilisateur. Tous les ans, il faisait mettre en liberté un certain nombre d'esclaves en remboursant leurs prix aux maîtres ; il fonda **Berghen** et commença la cathédrale de **Droutheim**. **Magnus III**, son successeur, forma des Orcades, des Hébrides, de Man et d'Anglesey, un **royaume des îles** au profit de son fils **Sigurd**, et mourut (1103) en voulant conquérir l'Irlande.

III. — SUÈDE.

17. *Le christianisme en Suède.* — Le premier **roi chrétien** de la Suède fut **Olof**, qui se fit baptiser en 1001, par Siegfried, religieux anglais, et qui régna jusqu'en 1026. Mais, malgré les efforts de ce prince et ceux de son successeur, l'idolâtrie ne fut pas vaincue. Quand **Inge Ier**, à la fin du xie siècle, incendia, dans son zèle pour le christianisme, le fameux **temple d'Upsal**, les païens eurent encore assez de puissance pour le détrôner momentanément. Ce ne fut que dans le siècle suivant que la foi chrétienne fit dans ce pays des progrès définitifs.

IV. — RUSSIE.

18. *Règne glorieux d'Iaroslaf.* — Iaroslaf, un des fils de Vladimir Ier, avait eu Novogorod dans le partage que ce prince avait fait de ses États entre ses fils. Mais la guerre éclate entre ces derniers. Cette lutte laisse Iaroslaf seul maître de la Russie, et il profite de sa force pour étendre ses États par des guerres heureuses contre divers petits peuples. Il

enlève aussi aux Polonais la **Russie rouge** [1], fonde beaucoup de villes, et publie un code nommé **Vérités Russes**, où la nation se trouve divisée en trois classes : les **boyards** ou seigneurs, **le peuple**, les **serfs**. Les arts et les lettres sont encouragés par ce prince, des traductions russes d'auteurs grecs sont faites par ses ordres. Sa renommée arrive jusqu'à l'occident de l'Europe, son alliance y est recherchée ; il donne sa fille **Anne** en mariage à un roi de France, Henri Ier.

19. *Changement qui eut lieu alors dans l'Église de Russie*. — L'Église russe, qui avait d'abord relevé du patriarche de Constantinople, fut affranchie de cette suprématie ; mais elle tomba directement sous le joug pesant des **souverains russes**, qui commencèrent à devenir les **chefs spirituels** aussi bien que les chefs temporels de leur peuple.

20. *Histoire de la Russie après la mort d'Iaroslaf Ier*. — Iaroslaf Ier nomma, en mourant (1054), son fils **Isiaslaf**, grand-duc; mais il avait donné à ses autres fils des principautés et il en résulta de longues guerres civiles. Les Russes eurent aussi à combattre plusieurs fois les **Polovtses**, peuple d'origine asiatique qui apparut en Europe au milieu de ce siècle, et qui finit par s'établir au sud de la Russie actuelle, entre le Volga et l'Alouta [2].

V. — POLOGNE.

21. *Boleslas Ier, roi de Pologne*. — **Boleslas Ier**, qui, depuis 992, était duc de Pologne, reçut, en 1001, de

---

[1] La Russie par excellence ; c'est l'idée qu'implique, dans les langues slaves, cette épithète de *rouge*. — Auj. la Galicie. — [2] Affluent du Danube, dans la Transylvanie.

l'empereur Othon III le titre de **roi**. Ce pieux et vaillant prince, qui établit parmi les Polonais la coutume de **chanter des hymnes** d'un caractère religieux en allant au combat, fit avec succès la guerre aux Russes, aux Prussiens, aux Moraves, et n'eut pour but, pendant tout son règne, que les intérêts de la religion et le bonheur de ses sujets.

22. *Saint Stanislas martyr*. — **Saint Stanislas** était évêque de Cracovie sous le règne de **Boleslas II**. Ce roi tyrannique et débauché, auquel le prélat avait reproché une faute grave, le tua de sa propre main (1077) dans la chapelle de Saint-Michel. Stanislas périt ainsi, martyr de la sainte liberté avec laquelle il avait rempli son devoir. Excommunié par Grégoire VII, Boleslas II fut contraint par ses sujets de prendre la fuite et alla mourir dans une retraite ignorée.

VI. — HONGRIE.

23. *La Hongrie au xi⁰ siècle, après saint Étienne*. — Après la mort de **saint Étienne** (1038), il y eut de longs troubles en Hongrie, et l'idolâtrie y fit de nouveaux efforts. Mais le christianisme fut affermi dans ce pays à la fin du xi⁰ siècle par **saint Ladislas I**er. Ce prince ajouta **la Croatie** à ses États. Son successeur y joignit **la Dalmatie**.

VII. — EMPIRE GERMANIQUE.

24. *Henri II, successeur d'Othon III. Principaux faits de son règne*. — Othon III eut pour successeur (1002) son cousin **Henri II**. Ce prince réprima avec fermeté l'insubordination des seigneurs allemands, mais il ne put les empêcher d'usurper une grande partie

des **droits régaliens**, c'est-à-dire des droits réservés à la couronne. Les grandes dignités devinrent héréditaires, comme les fiefs ; les évêques, dont la maison de Saxe avait augmenté la puissance, au lieu d'être les auxiliaires de la royauté, se rendirent indépendants comme les seigneurs laïques. La Lombardie essaye en vain de se soustraire à la domination germanique, en nommant roi d'Italie, ou **Adrin**, marquis d'Ivrée. Henri II se fait couronner à Pavie (1004). En deçà des Alpes, il reçoit l'hommage du roi de Bourgogne ; il confirme à Étienne le titre de **roi de Hongrie** (1008). Il est enfin (1014) couronné empereur par le pape ; jusqu'à ce couronnement, il avait pris le titre de **roi des Romains**, qui passera à ses successeurs. Dans les dernières années de sa vie, il s'occupe d'affermir son autorité dans le midi de l'Italie ; mais cette partie de la péninsule va bientôt avoir de nouveaux maîtres. Avec Henri II s'éteint, en 1024, la **maison de Saxe.**

25. *Piété de Henri II.* — La piété de Henri II l'a fait mettre par l'Église au nombre des saints. Ce prince, qui portait trois couronnes, sentait bien la vanité des grandeurs humaines. Il voulut les quitter pour se faire **chanoine** à Strasbourg, **bénédictin** à Verdun. L'évêque de Strasbourg lui fit comprendre que sa vocation était de régner avec sagesse. L'abbé de Verdun l'accueillit au nombre de ses religieux, et, après avoir reçu son serment d'obéissance, il lui ordonna de retourner gouverner l'empire.

26. *Avénement de la maison de Franconie au trône d'Allemagne. Conrad le Salique, empereur.* — D'après la recommandation du dernier empereur, les électeurs lui donnèrent pour successeur **Conrad**, sur-

nommé **le Salique** [1], **duc de Franconie.** Cette nouvelle maison allait, pendant un siècle, occuper le trône impérial. Après avoir déjoué par sa fermeté une conspiration formée en Allemagne pour le renverser, Conrad va se faire couronner **roi d'Italie.** Pavie lui ayant fermé ses portes, c'est à Milan qu'a lieu cette cérémonie. Il se fait aussi couronner **empereur** par le pape, à Rome (1027), en présence de Canut le Grand, qui se trouvait alors en pèlerinage dans cette ville.

27. *Conrad, héritier du royaume d'Arles.* — Le nouvel empereur hérite (1033) du **royaume des Deux-Bourgognes** ou **d'Arles,** que lui avait laissé par testament Rodolphe III, dernier roi de ce pays, mort sans postérité. Mais des parties considérables de ce royaume forment de petits États indépendants, tels que le comté de Bourgogne ou **Franche-Comté, le Dauphiné, la Provence,** et **la Savoie,** dont le premier comte est **Humbert aux blanches mains.**

28. *Fin du règne de l'empereur Conrad.* — **Conrad** rétablit sa prépondérance sur les États slaves, et sa vie se termine au milieu de nouveaux efforts pour dompter les révoltes de l'Italie. Il laissa pour successeur (1039) son fils **Henri.** Ses lois et ses ordonnances l'ont fait regarder comme l'auteur du **Droit féodal écrit.**

29. *Règne de Henri III.* — **Henri III,** dit le Noir (1039), déjà roi de Bourgogne, consacre à des guerres heureuses contre la Bohême et la Hongrie les premières années qui suivent son élection à l'empire; puis il se rend en Italie, où trois papes se disputaient le pouvoir légitime. Il les fait déposer tous les trois comme simoniaques, par le concile de Sutri [2] Les

---

[1] A cause des domaines que possédait sa maison sur les bords de la *Saale* franconienne, affluent du Mein. — [2] Au S.-E. de Viterbe.

Romains remettent entre ses mains le droit d'élection qui leur appartenait d'après les canons et les constitutions, et jurent de ne jamais **élire de pape** sans le consentement de l'empereur. Henri fait alors donner la tiare à **Clément II** (1046), qui le couronne empereur. A Clément II succèdent bientôt, de la même manière, sur le siége pontifical, **Damase II**, puis **Léon IX**. Outre l'ascendant qu'il a en Italie dans les élections pontificales, Henri III exerce avec une grande autorité dans son propre pays les prérogatives impériales, conférant les duchés sans le concours du peuple, déposant des ducs sans consulter la diète. C'est l'**empereur** [1] le **plus absolu** qui ait régné sur l'Allemagne [1]. Ses ambitieuses entreprises sur les usages sanctionnés par la constitution de l'empire, irritent les grands feudataires et préparent de longs malheurs au fils qui lui succède.

30. *Éducation et caractère de Henri IV*. — **Henri IV**, encore enfant à la mort de son père (1056), fut enlevé à la tutelle et aux soins de sa mère **Agnès de Poitou**, par ses oncles, les ducs de Saxe et de Bavière. Une mauvaise éducation corrompit le jeune prince. De bonne heure, il s'habitua à se livrer à tous les emportements de son caractère, à toute la **violence** de ses passions, et à ne reculer devant aucun moyen afin de se procurer l'argent qui devait lui servir à les satisfaire.

31. *Règne de Henri IV jusqu'à la prise de Rome par ce prince*. — Henri IV ne tarde pas à saisir lui-même les rênes du gouvernement. Il se trouve engagé dans une **lutte à outrance** contre les **Saxons**. Ceux-ci, indignés de la conduite scandaleuse de leur nouveau maître, de l'injustice de ses ministres, de l'insolence

---

[1] V. pour l'étendue de l'empire vers cette époque les *Leçons de géogr. comp.*, par M. Ducros (de Sixt), IIe part., leç. v.

de ses soldats, menacent de remplacer par un autre ce souverain de la maison de Franconie. Henri veut les faire condamner par le pape. Les Saxons accusent devant le même pape ce prince de simonie et d'autres crimes. Exalté par la victoire qu'il a remportée sur ses ennemis à **Hohenbourg**[1], Henri refuse de comparaître devant le souverain pontife et le fait déposer par la **diète de Worms**[2] (1076). Grégoire VII fulmine l'anathème et dépose ce monarque[3]. Les Saxons reprennent une nouvelle énergie. Henri se trouve presque isolé au milieu de ses États ; la **diète de Tribur**[4] qu'ont assemblée Rodolphe de Souabe et Welf de Bavière, menace de lui donner un successeur. Henri cède et va à **Canossa**[5] solliciter son pardon aux pieds de Grégoire VII (1077). Mais le pénitent se révolte de nouveau. Déposé définitivement par la **diète de Forcheim**[6] qui élit à sa place **Rodolphe de Souabe**, il bat son compétiteur à **Volcksheim**[7] (1080). Rodolphe périt dans cette bataille, percé du fer de l'étendard impérial par Godefroy de Bouillon, tout jeune alors, et qui, plus tard, servant enfin une cause digne de son courage, devait être le chef de la première croisade. Henri crée un **antipape, Guibert**, et se fait couronner empereur par lui dans Rome conquise après deux ans de siége.

32. *Revers dont ces succès sont suivis.* — Ce succès passager, la mort de Grégoire VII qui arrive peu après, la renonciation spontanée que fait de ses prétentions

---

[1] En Thuringe. — [2] V. ci-dessous n° 33 et suiv. ce qui regarde les investitures. — [3] Henri IV n'était que *roi de Germanie et empereur élu;* d'après le droit public d'alors, il ne devait prendre le titre impérial qu'après avoir été *couronné empereur* par le pape. — [4] Près du Rhin, au N.-O. de Darmstadt. — [5] Au S.-O. de Modène. — [6] Entre Bamberg et Nuremberg, en Bavière. — [7] En Thuringe.

un nouveau compétiteur au trône impérial, **Herman de Luxembourg**, ne mettent pas un terme à la lutte. D'autres ennemis la recommencent : Henri IV doit combattre encore la **grande comtesse Mathilde** [1], à laquelle se joint son propre fils **Conrad**, révolté contre lui, et qui se fait couronner roi d'Italie. La diète de Mayence déclare le fils rebelle déchu de ses droits au trône, et les transfère à Henri, autre fils de Henri IV. Conrad meurt peu après ; mais son frère **Henri** se révolte à son tour. Les armées de Henri IV et de son fils se rencontrent près de Ratisbonne. Le vieux roi de Germanie, abandonné des siens au moment du combat, est obligé de prendre la fuite. Une entrevue doit avoir lieu entre lui et son fils. Mais celui-ci, après avoir fait congédier perfidement par son père les fidèles serviteurs qui lui restaient, le fait arrêter et retenir prisonnier à **Ingelheim** [2], et le contraint à renoncer à l'empire (1105). Une dernière tentative faite par ce prince déchu, pour ressaisir sa couronne, échoue, et, réduit à l'indigence, ayant en vain sollicité à Spire les fonctions de lecteur ou de sous-chantre dans l'église, cet homme, qui avait si malheureusement abusé de sa puissance, meurt à Liége (1106), et son corps attend cinq ans les honneurs de la sépulture.

VIII. — QUERELLE DES INVESTITURES.

33. *Origine de la grande lutte qui s'engagea sous le règne de Henri IV, entre la papauté et le pouvoir impérial, à propos des investitures.* — Pendant les siècles de barbarie qui venaient de s'écouler, l'Église avait puissamment contribué à civiliser et à organiser les

---

[1] V. ci-dessous n° 40. — [2] Près du Rhin, à l'O. de Mayence.

nations nouvelles. Par l'apostolat de ses missionnaires, elle avait éclairé les âmes ; par la main de ses religieux, elle avait défriché les terres incultes. Les bourgs et les villes étaient venus se grouper autour des monastères qu'elle avait fondés. Des concessions de territoires avaient été faites au clergé par la pieuse reconnaissance des princes. Évêques et abbés se trouvèrent ainsi compris, à raison de ces domaines, dans le système de féodalité alors existant. Mais les suzerains laïques ne se bornèrent pas à user de leurs droits, en intervenant dans le temporel de leurs **vassaux ecclésiastiques** ; ils empiétèrent sur le spirituel, s'arrogèrent le droit de distribuer les dignités ecclésiastiques, en firent l'**investiture par la crosse et l'anneau** [1], signe du ministère épiscopal, et, tombant bientôt dans une odieuse **simonie**, ils vendirent ces mêmes dignités au plus offrant. Le saint-siége devait réclamer contre cette usurpation sacrilége. De là la lutte qui dura près de deux siècles entre la papauté et les souverains de plusieurs pays, surtout de l'Allemagne, et qui est connue sous le nom de **querelle des investitures.**

34. *Besoin d'une réforme.* — Ce désordre avait introduit dans l'Église de nombreux scandales. Les prélats simoniaques déshonoraient leur ministère sacré par leurs exactions, leurs vices, leur tyrannie. Par la voix indignée et courageuse des saints qu'elle enfantait toujours, l'Église dénonçait hautement cette corruption et réclamait une **réforme.**

35. *Avénement de Grégoire VII et ses premiers actes.* — Un moine de Cluny, fils d'un charpentier toscan,

---

[1] L'*anneau* est le symbole de l'union spirituelle de l'évêque avec son Église ; la *crosse*, ou houlette, est la marque de sa puissance pastorale sur le troupeau.

et nommé **Hildebrand**, avait déjà suggéré à plusieurs pontifes des mesures pour combattre le mal, quand on le nomma lui-même (1073) successeur d'**Alexandre II**. Il prie, dit-on, Henri IV de ne point confirmer cette élection, l'avertissant qu'il sera obligé de réprimer sa coupable conduite. L'élection est confirmée néanmoins ; Hildebrand est sacré sous le nom de **Grégoire VII**, et il commence aussitôt l'exécution de ses généreux projets. Il proscrit la **simonie**, remet en vigueur les anciens canons sur le **célibat ecclésiastique**, défend aux laïques de donner l'**investiture des biens ecclésiastiques** ; en un mot, il veut réformer l'Église et la rendre indépendante du pouvoir temporel.

36. *Le pape déposé à la diète de Worms. Attentat de Cencius.* — Le pape fait porter à Henri IV les décrets qui viennent d'être rendus. Celui-ci ne les observe pas ; il est cité à comparaître à Rome pour se justifier, refuse et fait déposer le pape par la **diète de Worms** (1076). A son instigation, **Cencius**, préfet de Rome, se révolte et ose porter une main sacrilége sur le pontife, pendant que celui-ci célèbre à Sainte-Marie Majeure le sacrifice de l'autel. Grégoire VII est emmené prisonnier dans une tour, mais il est délivré par les Romains indignés.

37. *Henri IV excommunié et déposé.* — Malgré les violences dont il vient d'être l'objet, le courageux pontife ne perd rien de son énergie. Il **excommunie** le prince coupable et prononce contre lui une **déposition** qui demeurera définitive s'il reste une année sans se faire relever de la sentence d'excommunication. Pour apprécier justement cette mesure, il faut la juger, non d'après le droit public de nos jours, mais d'après celui de cette époque. Alors, selon les lois même de l'empire, la privation de toute **dignité était**

la conséquence de l'excommunication dont on ne se faisait pas absoudre dans l'année.

38. *Effet de cette excommunication.* — La condamnation avait été si bien méritée que Henri ne put résister au sentiment de répulsion universelle dont il devint l'objet après cette excommunication. Ce prince vint chercher son pardon au delà des monts : il attendit pendant trois jours d'hiver, portant un cilice et pieds nus, dans la cour de **Canossa** (1077), une audience de son juge et l'absolution. Cette **pénitence**, publique comme l'avaient été les désordres du coupable, était sévère, mais l'événement prouva qu'elle n'était pas encore suffisante. Quinze jours après la signature de son traité, Henri le viole, il répond à une seconde excommunication en venant assiéger le pontife dans le **château Saint-Ange.**

39. *Fin de Grégoire VII.* — Inébranlable devant le triomphe momentané de la force, puis délivré par **Robert Guiscard** [1], Grégoire VII, qui n'était plus en sûreté à Rome, dut se retirer à **Salerne**, où il mourut (1085) en répétant : « J'ai aimé la justice ; j'ai haï l'iniquité : voilà pourquoi je meurs dans l'exil. »

40. *La grande-comtesse Mathilde.* — Ce saint pontife avait trouvé une alliée dévouée dans la **grande-comtesse Mathilde**, souveraine de Toscane, dont les vastes États comprenaient une partie de la Lombardie, de l'Ombrie, et s'étendaient jusqu'à Ancône et Spolète. Quand fut mort ce Grégoire VII qui l'appelait « sa fille et la fille de saint Pierre, » Mathilde, veuve, depuis treize ans, de Godefroi le Bossu, duc de Basse-Lorraine, épousa en secondes noces (1089), d'après les conseils d'Urbain II, **Guelfe V, duc de Bavière.** Elle mourut (1115), laissant ses domaines au

---

[1] V. ci-après n° 48.

saint-siége par une **donation** qu'elle avait faite à Grégoire VII (1077) et qu'elle avait renouvelée après son second mariage (1102).

41. *Con inuation de la lutte après la mort de Grégoire VII.* — La lutte, interrompue pendant le court pontificat de **Victor III**, recommença avec une nouvelle force, sous **Urbain II**. Ce fut ce pape qui excita les deux fils de Henri IV à la révolte. Après avoir prêché la première croisade, il mourut, et son successeur, **Pascal II** (1099), lida par son appui **Henri V** à triompher de son père et à s'asseoir sur le trône impérial.

IX. — ITALIE.

42. *État politique de l'Italie.* — Au xie siècle, l'Italie, sauf ce qui appartenait au **pape**, était, au nord et au centre, partagée entre des républiques et des feudataires de l'empire, feudataires sur lesquels les monarques germains n'exerçaient guère qu'une autorité nominale. Au nord florissaient les trois **républiques** maritimes de **Venise**, de **Gênes** et de **Pise**, et beaucoup de villes lombardes tendaient à se donner ce mode de gouvernement. Le plus puissant des **fiefs** italiens était le **marquisat de Toscane**, qui occupait presque tout le centre de la péninsule et s'étendait aussi vers le nord. Au sud, on trouvait également plusieurs petits États. **Bari** était la capitale du **thème**, de **Lombardie**, gouverné par un **catapan** [2], au nom des empereurs de Constantinople. **Naples, Sorrente, Gaëte, Amalfi**, étaient des républiques commer-

----

[1] *Thème* (mot grec), établissement. — [2] *Cata-pan* (pour tout). Nom qu'ont porté pendant deux siècles (870-1070) les gouverneurs *en chef* des possessions grecques dans l'Italie du Sud.

çantes ; **Capoue** et **Salerne** étaient des principautés
lombardes idépendantes ; **Bénévent** avait donné son
nom à un grand-duché, lombard également. Les empereurs d'Allemagne se prétendaient les suzerains de
ces diverses principautés. La **Sicile** était aux Sarrasins. De là, ils s'élançaient et venaient ravager les
côtes d'Italie ou y former des postes d'occupation militaire.

43. *Conquête que firent ensemble, au milieu de ce siècle, les Génois et les Pisans.* — **Gênes** et **Pise** s'uni-
rent (1017) pour chasser les Maures de la **Sardaigne**,
dont ils avaient fait leur repaire, et parvinrent à les
en expulser (1050). Les Génois s'emparèrent aussi de
la **Corse**. La possession de ces îles ne tarda pas à devenir le sujet de longues guerres entre ces deux républiques, maintenant alliées et bientôt rivales.

44. *Première apparition des Normands dans l'Italie
méridionale.* — **Quarante pèlerins normands** qui
revenaient de Terre-Sainte, venaient d'aborder à **Salerne**, quand cette ville fut attaquée par 20,000 Sarrasins. La bravoure que déployèrent les pèlerins
émerveilla les Lombards. La richesse de l'Italie excita
l'admiration des guerriers du Nord. Peu après le retour des Normands dans leur patrie, trois cents chevaliers de la même nation, excités par leurs récits,
vinrent chercher fortune dans ces belles contrées (1016).
Un de leurs chefs, **Rainulfe**, obtint du prince de
Salerne et de l'empereur Conrad le Salique, le **comté
d'Aversa** pour prix de ses services (1031).

45. *Exploits des fils de Tancrède.* — D'autres aventuriers vinrent rejoindre les premiers, entre autres, trois
des fils d'un seigneur normand, nommé **Tancrède de
Haulteville.** Les trois frères s'appelaient **Guillaume,
Drogon** et **Humfroi.** Ils mettent leur armes au service, d'abord du prince de Salerne, puis du patrice

Maniacès qui préparait une expédition pour repren-dre la **Sicile** aux Sarrasins. Parmi les cinq cents che-valiers normands qui prêtent aux Grecs le secours de leurs lances, se distinguent les trois fils de Tancrède. Guillaume de Hauteville tue de sa main l'émir de Syracuse, et reçoit le surnom de **Bras-de-Fer**. Presque toute la Sicile, grâce à ces héroïques auxi-liaires, tombe au pouvoir des Grecs. Mais après la vic toire, ceux-ci refusent d'admettre les Normands au partage du butin.

46. *Établissement du comté normand de Pouille.* — Revenus en Italie, les Normands déclarent la guerre à ces Grecs perfides et ingrats. Par des prodiges de vaillance et d'audace, 500 fantassins et 700 cavaliers normands culbutent (1040) l'armée impériale grec-que, forte de 60,000 hommes. Guillaume Bras-de-Fer devient (1043) **comte de la Pouille**, qu'il a conquise avec ses compagnons d'armes, et il en reçoit l'investi-ture de l'empereur Henri III. Ce titre passe après lui (1046), à son frère **Drogon**, qui meurt assassiné, puis à son autre frère **Humfroi**.

47. *Ligue contre Humfroi. L'Italie méridionale fief du Saint-Siége.* — Ce dernier eut à combattre (1053) à **Civitella** les troupes des deux empereurs d'Orient et d'Occident et celles du pape Léon IX, ligués tous trois contre lui. Il les défit et Léon IX fut fait prisonnier. Mais les vainqueurs du pontife lui demandèrent, à genoux, pardon de leur victoire ; et l'auguste captif, remis en liberté, donna au comte Humfroi l'investiture des provinces conquises. Par suite de cette conven-tion, le pays qui devint le royaume de Naples demeura pendant plusieurs siècles un **fief du Saint-Siége**.

48. *Exploits de Robert Guiscard. Duché de Pouille et de Calabre. Grand-comté de Sicile.* — Le successeur d'Humfroi fut un autre fils de Tancrède, **Robert Guis-**

card ou l'**Avisé**, qui était venu (1046), avec son frère Roger, s'associer aux luttes et à la gloire de ses frères. Ce fut le plus illustre de tous. Il conquit les deux Calabres et changea son titre de comte contre celui de **duc de la Pouille et de la Calabre**. Il enleva aux Sarrasins, après une guerre acharnée, la **Sicile et Malte**, et en confia le gouvernement à **Robert**, qui avait puissamment contribué à cette conquête. Roger prit le titre de **grand-comte**. En même temps, sur la terre ferme, Robert Guiscard s'empare des dernières possessions qui restaient aux Grecs et aux Lombards. Salerne, Bénévent, Tarente, Otrante et Bari tombent sous ses lois. Ces succès ne lui suffisent pas. Il va attaquer et battre l'empereur de Constantinople de l'autre côté de l'Adriatique et revient délivrer le pape Grégoire VII, assiégé dans Rome par Henri IV.

49. *Mort de Robert Guiscard. Ses successeurs.* — Après avoir accompagné le pontife à Salerne, Robert Guiscard fit une seconde expédition contre les Grecs, vainquit devant Corfou leur flotte unie à celle des Vénitiens et mourut (1085) à Céphalonie, moins d'un mois après Grégoire VII. Après lui, son fils aîné **Bohémond** fut **prince de Tarente**, et son deuxième fils, **Roger Bursa**, duc de Pouille.

X. — ESPAGNE.

50. *Démembrement du califat de Cordoue.* — Au commencement du xɪᵉ siècle, le pouvoir des califes de Cordoue va s'affaiblissant d'une manière rapide. Leur empire se démembre pour former presque autant de royaumes que de grandes villes, dont les gouverneurs ou **wallis** se rendent indépendants. Enfin, avec **Hescham III**, finit, en 1031, la dynastie des **califes Ommiades d'Occident**, et Cordoue devient, comme Sé-

ville, Grenade, Murcie, Valence, Tolède, Saragosse et d'autres villes, la capitale d'un petit État musulman.

51. *Espagne chrétienne.* — Pendant ce temps, les chrétiens profitaient de la division de leurs ennemis. **Sanche le Grand**, roi de Navarre et successeur de Garcias le Trembleur, réalisa presque entièrement l'unité de l'Espagne chrétienne. Il réunit à ses États la Castille, dont il fit un royaume (1033) en faveur de son fils Ferdinand. Après Sanche le Grand (1035), ses trois fils régnèrent sur quatre royaumes. C'étaient : 1° le **royaume de Castille**, qu'avait reçu **Ferdinand Ier**; 2° celui de **Léon** et **Asturies**, sur lequel ce même prince avait des droits par mariage, et qu'il réunit au précédent (1037) après avoir vaincu son beau-frère ; 3° celui de **Navarre**, qui appartint à **Garcias**; 4° celui d' **Aragon**, qui forma le lot de **Ramire**.

52. *Exploits de Ferdinand Ier.* — **Ferdinand Ier** ne se contente pas de la double couronne de Castille et de Léon. Il s'étend aux dépens des infidèles, soumet à un tribut les rois de Tolède, de Saragosse et de Séville, et pousse ses conquêtes dans le Portugal jusqu'à Lamégo. Cette brillante suite de succès lui fait décerner, comme à son père, le surnom de **Grand**.

53. *Le Cid.* — C'est à la cour de ce prince qu'avait été élevé **Rodrigue Diaz de Bivar**, et c'est aussi sous ce même règne qu'il avait commencé à s'illustrer par ses hauts faits. Ce guerrier fameux dut son surnom de **Cid** [1] à l'admiration des rois Maures, vaincus par lui, et celui de **Campeador** [2], à la reconnaissance des Espagnols. Il épousa la belle **Chimène**, descendante d'un ancien roi de Léon. Après la mort de Ferdinand le Grand, le héros castillan, tantôt servant Alphonse VI,

---

[1] *Cid* ou *Sidi*, seigneur. — [2] *Campeador*, vaillant guerrier.

tantôt disgracié par ce prince et combattant pour son propre compte, continue des exploits que la poésie des **Romanceros** devait embellir encore, et il meurt (1099), après avoir conquis à son profit **Valence** sur les infidèles.

54. *Réunion de l'Espagne chrétienne sous Alphonse VI.* — Ferdinand, comme l'avait fait Sanche le Grand, avait partagé ses États entre ses trois fils. Mais après une lutte de plusieurs années et la mort de ses frères, **Alphonse VI**, reconnu pour unique souverain, est roi de la Castille, de Léon et des Asturies, de la Galice et du Portugal (1072). Bientôt il y joint **Tolède**, qu'il enlève aux musulmans, et dont il fait la capitale de la Castille (1085).

55. *Invasion des Almoravides.* — Le roi musulman de Séville appelle, l'année suivante (1086), à son secours, les **Almoravides** [1], secte nouvelle qui venait de conquérir l'extrémité occidentale de l'Afrique et d'y bâtir la ville de **Maroc**. Les Almoravides ne savent pas profiter de la victoire qu'ils remportent à **Zélaka** [2], sur les chrétiens. Ils cherchent, sans y réussir, à prendre la nouvelle capitale de la Castille, se tournent contre leurs alliés et s'emparent de Séville, de Cordoue, de Grenade, de **Valence** que défend en vain **Chimène**, la veuve du Cid. Ils se rendent enfin maîtres de toute l'Espagne méridionale. La bataille d'**Uclès** [3] qu'ils gagnent (1108) sur Alphonse VI, leur assure la possession de leur conquête.

56. *Comté de Portugal.* — **Henri de Bourgogne**, arrière-petit-fils de Robert le Pieux, roi de France, était venu mettre son épée au service des rois de Cas-

---

[1] *Al-morabetin* (d'où *marabout*), les religieux. Nom que cette secte se donnait. — [2] Près de Badajoz. — [3] Entre Tolède et Cuença.

tille. Ferdinand Ier et Alphonse VI eurent en lui un vaillant auxiliaire. Ce dernier, pour récompense, lui donna (1095) la main de sa fille doña Teresa, et le titre de **comte souverain du Portugal** [1]. Ce nouvel État, compris entre le Douro et le Minho, avait coûté dix-sept victoires à cet infatigable chevalier qui, après avoir vaincu les infidèles dans l'Occident, alla encore les chercher et les combattre en Palestine.

XI. — EMPIRE D'ORIENT.

57. *Consommation du schisme grec.* — Depuis deux siècles, les germes de division qu'avait fait naître l'intrusion de Photius comme patriarche de Constantinople, s'étaient progressivement développés. Les patriarches de Constantinople persistaient dans leurs prétentions au titre de **patriarches œcuméniques** [2] et dans leur orgueilleux esprit d'indépendance vis-à-vis du siége de Rome. En 1054, sous le règne de l'empereur Constantin IX Monomaque [3], le patriarche **Michel Cérulaire** consomma le **schisme** fatal qui, isolant l'empire d'Orient du reste de la chrétienté, contribua, quatre siècles plus tard, à amener la chute de cet empire et le triomphe de l'islamisme.

58. *Avénement des Comnènes.* — **La dynastie macédonienne**, qui régnait à Constantinople depuis un siècle et demi, avait pris fin en 1028. Depuis lors se succédèrent divers empereurs, parmi lesquels il faut citer (1056) **Isaac Commène**, qui signala par une bonne administration son règne trop court; et enfin,

[1] Portugal, de *Porto-Calle*, ville située à l'embouchure du Douro. — [2] C'est-à-dire patriarches de toute la terre habitée, patriarches universels. — [3] *Mono-maque*, combat seul (à seul). Qui aime à se battre en *combat singulier.*

en 1081, la **famille de Comnènes** revint, en la personne d'**Alexis,** s'asseoir sur le trône impérial pour l'occuper cette fois pendant un siècle. Dans le cours de son règne, Alexis eut à combattre les chevaliers de Robert Guiscard, les troupes des Turcs Seldjoucides et il vit s'accomplir la première croisade.

XII. — ORIENT MUSULMAN.

59. *Secte des Druses.* — Au commencement du XIᵉ siècle apparut une nouvelle secte religieuse, ou plutôt une religon nouvelle, celle des **Druses.** Les Druses adoraient Dieu incarné, disaient-ils, dans le calife fatimite **Hakem.** Originaires d'Égypte, ils se retirèrent, sous la conduite de leur chef **Druzi,** dans les montagnes du Liban, et s'y perpétuèrent sous des émirs indépendants.

60. *Secte des Assassins.* — A la fin de ce même siècle, **Hassan** propagea dans le nord de la Perse une secte fanatique qui, à l'ordre de son chef, levait le poignard sur toutes les victimes qui lui étaient désignées. Ces sectaires préludaient au meurtre en s'enivrant avec le **haschich,** et on les appela **haschachins** ou **assassins;** leur chef portait le nom de Sheik-al-Djébal (Seigneur de la montagne) qu'on a traduit par **Vieux** [1] **de la montagne.**

61. *Grandes dynasties turques : les Gaznévides et les Seldjoucides.* — Les **Turcs** profitent largement des dépouilles du califat de Bagdad, que nous avons vu tomber, au Xᵉ siècle, en pleine dissolution. Les Turcs **Gaznévides** fondent dans la Perse et dans l'Inde un vaste empire, dont le chef **Mahmoud** (997-1028) prend le premier le titre de **Sultan.** Les Turcs **Seldjoucides**

---

[1] Seigneur, du latin *senior*, vieux.

arrivent des steppes du Turkestan. Leur chef **Togroul-Beg**, petit-fils de Seldjouk, s'empare de la Perse (1037). Il se rend plus tard (1055) maître de Bagdad et se fait revêtir par le calife, à titre héréditaire, de la dignité d'émir-al-omra qu'il a enlevée aux **Buides**. Ses successeurs étendent si bien leurs conquêtes que l'Arménie, l'Asie Mineure, la Syrie sont bientôt au pouvoir des Seldjoucides, et qu'à la fin du siècle leurs possessions forment cinq **sultanies** : celle de **Perse**, de **Kerman**, de **Roum** ou d'**Iconium**, d'**Alep** et de **Damas**.

62. *Sort de la Palestine au milieu de toutes ces conquêtes diverses.* — Au milieu de tous ces bouleversements, la **Palestine** avait plusieurs fois changé de maîtres et elle avait eu à regretter la domination douce et tolérante des premiers califes Abbassides. Devenue tour à tour la proie des Fatimites d'Égypte et des Turcs Seldjoucides, elle venait d'être reprise à ceux-ci par les **Egyptiens**, quand la voix des chrétiens depuis longtemps opprimés dans ces malheureuses contrées, retentit en Occident et appela les armes des **croisés**.

XIII. — PREMIÈRE CROISADE.

63. *Prédication de la première croisade.* — Grégoire VII, en apprenant les persécutions qu'avaient à subir les pèlerins qui se rendaient en Terre-Sainte, avait écrit à tous les souverains de l'Europe, pour les inviter à former une ligue offensive contre les infidèles. La mort le surprit avant l'exécution de ce projet. Le zèle et la sainte indignation d'un pauvre pèlerin firent ce que n'avait pu faire le grand pape. Un gentilhomme picard s'était retiré du monde et avait pris la robe de religieux sous le nom de frère Pierre ou **Pierre l'Ermite**. Il accomplit le voyage de Jérusa-

lem, fut témoin et victime des avanies et des cruautés que les mahométans exerçaient contre les chrétiens d'Orient et il en fit au pape Urbain II une peinture si touchante, que ce pontife résolut de travailler sans retard à délivrer la Palestine. Pierre parcourt l'Italie, l'Allemagne et la France. A sa voix, l'enthousiasme gagne seigneurs et vassaux. Deux conciles sont célébrés, l'un à Plaisance, l'autre à **Clermont** en Auvergne (1095). Le pape vint dans cette dernière assemblée prêcher lui-même la croisade. La peinture des souffrances des chrétiens arrache un cri unanime de vengeance : **Diex el volt!** (**Dieu le veut!**) s'écrie-t-on. Un grand nombre des assistants s'engagent à marcher au secours de leurs frères d'Orient, et prennent pour marque de leur engagement une croix d'étoffe rouge qu'ils attachent à l'épaule droite : c'est ce qui leur fit donner le nom de **Croisés**.

64. *Premières bandes de Croisés.* — Le pape avait fixé le 15 août 1096 pour le jour du départ; mais l'impatience de la multitude ne peut attendre. Trois armées, ou plutôt trois troupes composées moins de guerriers que d'hommes sans discipline et sans expérience, de femmes et d'enfants, s'acheminent vers l'Orient à travers l'Allemagne et la Hongrie. **Pierre l'Ermite** et **Gauthier sans Avoir** se mettent à la tête des premiers. Ces bandes partent sans approvisionnements; les uns périssent de fatigue et de faim; les autres cherchent à subsister par le pillage et sont exterminés dans la Hongrie qu'ils ont ravagée. D'autres enfin arrivent jusqu'à Constantinople, traversent le détroit et tombent, presque sans défense, en Asie Mineure, sous le cimeterre des Turcs.

65. *Chefs de l'armée régulière.* — Une armée régulière s'organisait cependant. Parmi les seigneurs qui

s'étaient croisés, il faut citer **Godefroy de Bouillon**, duc de la Basse-Lorraine, qui avait vendu ou engagé tous ses domaines dans l'intérêt de cette expédition et qui en fut le chef suprême ; **Beaudoin** et **Eustache**, ses frères ; **Raymond**, comte de Toulouse ; **Hugues**, frère du roi de France Philippe Ier ; **Robert Courte-Heuse** ou Courte-Cuisse, frère du roi d'Angleterre Guillaume le Roux ; **Robert**, comte de Flandre ; les normands **Bohémond**, fils, et **Tancrède**, neveu de Robert Guiscard, et enfin l'évêque du Puy, **Adhémar**, qui s'était croisé le premier à Clermont et qui représentait le pape à la croisade, en qualité de légat apostolique.

66. *Premières opérations des Croisés.* — Le rendez-vous général avait été fixé à **Chalcédoine**, en Asie Mineure, vis-à-vis de Constantinople. Les croisés y arrivent, les uns à travers la Hongrie et la Bulgarie, les autres par l'Italie et la mer. On passe la revue des troupes ; elles se montaient à six cent mille hommes. On s'avance vers **Nicée** qui est vaillamment défendue par le sultan d'Iconium. Cette ville succombe au bout de trente jours, et c'est l'empereur de Constantinople qui profite de ce premier succès des Croisés. En traversant l'Asie Mineure, on a à lutter contre la faim, la soif, les attaques des musulmans et contre les piéges et les trahisons d'Alexis Comnène, qui cherche à perdre ses alliés. Le sultan d'Iconium revient livrer bataille près de **Dorylée** [1] (1097) ; il faut, pour le vaincre, la bouillante valeur des chevaliers chrétiens. Excité par les conseils et les promesses d'un prince arménien, **Baudouin** quitte pendant une nuit l'armée des Croisés ; il se dirige vers la Mésopotamie et il y fonde, à **Édesse**, une principauté indépendante. Le gros de

[1] Au N.-E. de Koutaïeh (l'ancienne Cotyée).

l'armée poursuit sa route victorieuse ; **Tarse** est prise d'assaut par les deux chefs normands, les défilés du Taurus sont franchis et les croisés, déjà réduits par les maladies, la disette, les garnisons laissées en route, les batailles, à 300,000 combattants, paraissent en Syrie, devant Antioche.

67. *Suite des événements depuis le siége d'Antioche jusqu'à la prise de Jérusalem.* — **Antioche** était bien fortifiée ; elle était pourvue d'une garnison d'élite. Le siége dure sept mois ; la ville n'est prise que grâce aux intelligences que s'y est ménagées **Bohémond.** Aussi donne-t-on en récompense (1098) à ce chef la possession de cette conquête. Une armée musulmane de 300,000 hommes, conduite par deux sultans et vingt-huit émirs, vient assiéger les croisés à leur tour. Mais le jour de la fête des apôtres saint Pierre et saint Paul, l'armée chrétienne remporte sur les rives de **l'Oronte** une victoire signalée qui coûte aux infidèles 100,000 hommes. Des succès chèrement achetés, les privations et les souffrances de toute sorte, épuisent les chrétiens. D'autre part ces souffrances mêmes les purifient. Les désordres, dont la conduite des croisés n'avait pas été exempte jusqu'alors, ont cessé ; les plus fiers seigneurs renoncent à leurs inimitiés et se donnent devant leurs soldats le baiser de la charité. Aussi quand, après avoir traversé la Syrie et la Palestine, cette immense armée, réduite à moins de 50,000 hommes en état de combattre, arrive, au mois de juin 1099, devant **Jérusalem,** ne désespère-t-elle pas du succès en voyant son petit nombre. Le siége dure cinq semaines. Un jeûne rigoureux de trois jours, une procession autour de la ville sainte, au son des trompettes, procession dans laquelle figure toute cette armée, pieds nus et la tête découverte, précèdent l'assaut terrible qui livre aux chrétiens Jérusalem le 15 juillet 1099,

un vendredi, à trois heures, à l'heure où le Sauveur du monde avait expiré sur la croix.

68. — *Conduite des Croisés, maîtres de Jérusalem. Élection de Godefroy.* — Entré le troisième dans la ville, Godefroy se rendit, sans armes et pieds nus, à l'église de la Résurrection pour rendre grâces à Dieu. Mais les soldats de la croix souillèrent la victoire par un carnage sans pitié, qui ensuite leur fit horreur à eux-mêmes. Les chefs s'assemblèrent pour élire un roi. Le choix tomba sur le pieux et vaillant **Godefroy de Bouillon** qui ne voulut pas « porter une couronne d'or, là où le Roi des rois, Jésus-Christ, le Fils de Dieu, avait porté une couronne d'épines. » L'élu de l'armée chrétienne prit le titre de **baron du Saint-Sépulcre.**

69. *Victoire d'Ascalon. Retour des Croisés.* — Les infidèles disputent bientôt aux vainqueurs la possession de la ville sainte. Le calife d'Egypte envoie pour la reprendre une nombreuse armée ; à ses troupes se sont jointes celles de Damas et de Badgad. Les deux armées se choquent dans la plaine d'**Ascalon** ; celle des infidèles est écrasée. Après ce dernier triomphe qui assure leur conquête, les Croisés retournent en Europe. Ils laissent à Godefroy trois cents chevaliers, entre autres, **Tancrède. Tibériade** et la Galilée sont soumises par cet intrépide guerrier, qui préférait le titre de chevalier à toutes les couronnes. Quelques émirs restés à Césarée, à Saint-Jean d'Acre, à Ascalon, sont obligés de payer tribut au roi de Jérusalem.

70. *Constitution du royaume de Jérusalem.* — Le royaume de Jérusalem fut constitué suivant le système de la féodalité. Le recueil de règlements que fit à ce sujet Godefroy de Bouillon, de concert avec les plus sages de ses conseillers réunis en **assises**, est connu sous le nom d'**assises de Jérusalem.** C'est un

tableau complet du système féodal, et le plus curieux monument législatif du moyen âge. Déclaré vassal du Saint-Siége, le royaume de Jérusalem eut pour grands fiefs : la **principauté d'Antioche**, donnée à Bohémond ; celle de **Tibériade**, donnée à Tancrède ; le comté de **Tripoli**, cédé à Raymond ; celui d'**Edesse**, conquis par Baudouin. Il eut en outre des vassaux et des arrière-vassaux. — Cette même constitution établit plusieurs cours de justice : une **haute cour**, où le roi avec ses barons jugeait les causes féodales ; une **cour inférieure**, présidée par le vicomte de Jérusalem et composée des principaux habitants des villes, qui jugeait les affaires des bourgeois ; enfin, un **tribunal** dont les membres étaient nés en Syrie, et qui jugeait celles des indigènes chrétiens. Chacun, ainsi, était **jugé par ses pairs**.

71. *Mort de Godefroy de Bouillon.* — Après avoir aidé Tancrède à repousser l'émir de Damas et les Arabes, Godefroy tomba malade à Joppé et fut rapporté à Jérusalem où il mourut (1100) à l'âge de 40 ans, un an après la délivrance des lieux saints, laissant le comte d'Édesse, son frère **Baudouin**, pour héritier de son trône.

72. *Rôle de la France dans la première croisade.* — On a pu remarquer combien avait été prédominant le **rôle de la France** dans la première croisade. L'Allemagne et l'Italie étaient occupées de la querelle des investitures ; l'Angleterre subissait avec peine encore la conquête normande ; l'Espagne poursuivait sa lutte contre les Maures. Ce fut de la France que partit le signal : la croisade prêchée par un moine français, Pierre l'Ermite, fut proclamée par un pape français, Urbain II, dans un concile tenu au centre même de la France, à Clermont. Ce furent des Français qui fondèrent le royaume de Jérusalem et les principaux or-

dres de chevalerie religieuse [1], et qui furent rois de Jérusalem ; le nom même de **Francs** devint et resta en Orient synonyme de celui de chrétiens ; et un historien de la première croisade, le moine Guibert [2] ne craignit point de donner à cette histoire ce titre significatif : **Gesta Dei per Francos** (action de Dieu exercée par l'entremise des Francs).

XIV. — ÉGLISE.

73. *Élection des papes réservée aux cardinaux.* — Les **élections des papes** avaient été faites dans l'origine par les fidèles et le clergé de Rome. Puis les empereurs intervinrent pour les confirmer ou pour les annuler ; quelquefois même ils prétendirent s'en rendre les maîtres. D'un autre côté, de puissants seigneurs italiens avaient voulu faire de la papauté une sorte de patrimoine de famille. Inspiré par Hildebrand, le pape **Nicolas II** se propose de la mettre à l'abri des factions populaires, de l'ambition des grands et des empiétements de la puissance impériale. Par un décret rendu en 1052, il réserve l'élection du chef de l'Église aux **cardinaux** [3] de cette même Église ; le choix qu'ils auront fait devra ensuite être ratifié par l'approbation du reste du clergé et du peuple de Rome et par la confirmation de l'empereur.

74. *Pouvoir de la papauté dans cette période du moyen âge.* — Pendant le moyen âge, et notamment de Grégoire VII à Boniface VIII (1073-1303), la **papauté**, du consentement des peuples, exerça dans les **affaires**

---

[1] V. xiie siècle, n°s 66-71. — [2] Abbé de Nogent-sous-Coucy, près de Laon. — [3] *Cardinaux*, de *cardo*, gond des portes de l'église. Au temps de Nicolas II, ils n'étaient que 28 ; aujourd'hui ils sont 70.

temporelles de la chrétienté une influence considérable. Ce fut un bienfait pour la civilisation ; ce fut le salut de cette société chrétienne qui se formait au milieu de tant de révolutions, de désordres et de violences. Le Saint-Siége était le **tribunal suprême** devant lequel les opprimés, quels qu'ils fussent, portaient leurs plaintes, et dont tous les oppresseurs, si haut qu'ils fussent placés, devaient accepter la juridiction et subir la sentence.

75. *Principaux saints au* xie *siècle.* — Ce xie siècle, où Grégoire VII combattit avec tant d'ardeur les désordres des puissants de la terre, et à la fin duquel les croisés délivraient, après tant de victoires, le tombeau du Christ, a vu de grands saints qu'on ne peut passer sous silence : **saint Anselme** (1033-1109), archevêque de Cantorbéry, s'illustre en Angleterre, aussi bien par la profondeur de son savoir en philosophie et en théologie, que par son zèle pour le rétablissement de la discipline ecclésiastique ; **saint Pierre Damien** (988-1072) sert l'Église dans plusieurs charges importantes, et l'édifie dans la retraite par l'austérité de sa vie ; **saint Romuald** établit (1012), dans le diocèse d'Arezzo, un monastère à Campo-Malduli, d'où le nom de **Camaldules** donné à ses disciples. Dans une autre vallée des Apennins, **saint Jean Gualbert**, noble florentin, fait construire, au diocèse de Fiesole, le célèbre couvent de **Vallombreuse** [1] (1060). **Saint Bruno** fonde dans les montagnes du Dauphiné (1084) et dans celles de la Calabre (1094), les premiers monastères de l'ordre des **Chartreux**, qui en eut, trois siècles plus tard, d'autres remarquables près de Florence, de Pise et de Pavie. Enfin **saint Robert**, abbé du couvent de Molesmes [2] trouvant que la règle de Saint-

---

[1] *Vall-ombreuse*, vallée ombragée. — [2] Au N.-O. de Châtillon-sur-Seine.

Benoît n'y était pas assez régulièrement observée, alla établir à **Cîteaux** ² (1098) un nouveau couvent qui devint chef d'ordre et eut de nombreuses colonies.

76. *Hérésie de Bérenger.* — Vers le milieu du xie siècle, **Bérenger**, né à Tours, et devenu archidiacre d'Angers, attaqua le mystère de l'Eucharistie. Réfuté avec force par plusieurs prélats, entre autres par **Lanfranc**, archevêque de Cantorbéry, condamné par plusieurs conciles, Bérenger rétracta successivement ses erreurs et ses propres rétractations. Enfin il se repentit sincèrement et mourut dans l'île de Saint-Côme, près de Tours, dans les exercices de la plus rigoureuse pénitence.

XV. — LETTRES, ARTS ET SCIENCES.

77. *État général de l'Europe, au point de vue de l'instruction pendant le* xie *siècle.* — Dans la première moitié du xie siècle, l'ignorance est profonde, comme pendant les deux siècles précédents. Il est encore assez rare, excepté en Italie, de trouver des laïques sachant lire et écrire. Les lettrés sont les **clercs**, ou hommes d'église. Aussi les mots **clerc** et **savant**, **clergie** ² et **science** sont-ils synonymes. Dans la seconde moitié de ce même siècle, la civilisation, les lettres, les sciences entrent dans une voie de progrès, et ce progrès, lent encore, ne s'arrêtera plus.

78. *Ce que c'est que les palimpsestes.* — Les feuilles

---

¹ Autrefois Cisteaux (d'où le nom de moines *Cisterciens*), entre Dijon et Beaune. — ² De là le nom du *bénéfice de clergie*, immunité ecclésiastique en vertu de laquelle les évêques, en France et en Angleterre, pouvaient, sauf dans le cas de haute trahison envers le roi, réclamer comme *clerc* tout condamné à mort qui savait lire.

sur lesquelles on pût écrire manquaient dans le moyen âge : le **papyrus** n'arrivait plus de l'Égypte, ravagée et occupée par les Sarrasins ; le **parchemin** était d'un prix très-élevé ; le papier [1] n'était pas encore inventé. On gratta, dans les monastères, et on lava d'anciens manuscrits, pour les rendre propres à recevoir une nouvelle écriture. Ces feuilles ainsi préparées s'appelaient **palimpsestes** [2]. Ce procédé a fait perdre plusieurs ouvrages précieux de l'antiquité.

79. *Principales langues employées, vers cette époque, dans l'Occident de l'Europe.* — On continuait à écrire en **latin** ; mais cette langue n'était plus parlée ; elle était remplacée par des idiomes nationaux, des **langues vulgaires**, encore mal fixées et qui se perfectionnèrent plus tard. Celles qui dérivaient du latin, et qu'on a pour cette raison appelées **langues romanes**, peuvent se réduire à quatre : 1° la **langue d'oil** [3], usitée au nord de la Loire, et qui est devenue le français ; 2° la **langue d'oc** [4], ou provençal, au sud de la Loire ; 3° la **langue de si** [5], ou italien, au delà des Alpes ; 4° enfin, au delà des Pyrénées, l'**espagnol**, qui renferme un élément arabe.

80. *Hommes illustres de ce siècle dans l'histoire des lettres et des sciences.* — Nous avons déjà nommé le médecin et philosophe **Avicenne.** C'est en Perse et au XIe siècle qu'il vécut, et sa réputation se répandit bientôt de l'Asie dans toute l'Europe. Au nom de ce savant il faut joindre celui de son compatriote, le poëte **Ferdoucy**, auteur d'un poëme sur l'histoire des rois de Perse, qui n'a pas moins de 120,000 vers et auquel il consacra trente années de sa vie. Dans l'Europe chré-

[1] V. XIIIe siècle, n° 104. — [2] *Palimpseste*, des deux mots grecs *palin*, de nouveau, *psaô*, je gratte. — [3] *Oui* se disait *oil*. — [4] *Oui* se disait *oc*. — [5] *Oui* se disait *si*.

tienne nous devons citer **Lanfranc**, qui naquit à Pavie et mourut sur le siége archiépiscopal de Cantorbéry. Il travailla à répandre le goût de l'étude en Angleterre, et il a laissé des ouvrages de théologie remarquables par la puissance de la dialectique.

81. *L'Edda.* — Le Nord, comme l'Orient, nous offre, au xie siècle, son monument poétique. C'est alors que fut composé en Islande l'**Edda**, recueil de chants scandinaves. Ces chants remontent à une plus haute antiquité ; ils appartiennent à diverses époques, et les noms des **Scaldes**, c'est-à-dire des poëtes qui en furent les auteurs, sont restés inconnus. L'Edda contient les débris des vieilles traditions du Nord. On y retrouve partout une inspiration purement païenne et la reproduction, dans toute leur rudesse, des sentiments d'une époque barbare.

82. *Célèbre école de médecine fondée au* xie *siècle.* — Robert Guiscard, vers la fin du xie siècle, fonda à **Salerne** une **école de médecine**, qui devint bientôt la plus célèbre de l'Europe.

83. *Invention de la gamme.* — C'est en 1023 que le moine bénédictin **Gui d'Arezzo** introduisit l'usage de la **gamme**. Il donna pour nom aux notes qui la composent, au lieu des premières lettres de l'alphabet, comme on l'avait fait dans l'ancienne notation, les syllabes qui commencent les hémistiches des premiers vers de l'hymne pour la fête de saint Jean Baptiste :

Ut queant laxis *resonare* fibris
Mira gestorum *famuli* tuorum,
Solve polluti *labii* [1] reatum,
Sancte Joannes.

[1] La gamme primitive n'avait que ces six notes.

84. *État de l'architecture pendant le xie siècle.* — Après l'an 1000, les travaux d'architecture prirent un développement considérable. — La féodalité, en vue de la défense et de la guerre, multiplie les **châteaux**, entourés d'une enceinte fortifiée au centre de laquelle s'élève le **donjon**[1] pourvu de sa cloche d'alarme ; cette enceinte, ordinairement surmontée de **créneaux**, est elle-même protégée par des **tours** et par un **fossé** ; on n'y pénètre que par une porte à laquelle donne accès un **pont-levis**[2]. — En même temps, pour abriter les hommes de prière et d'étude, on construit les **monastères**. Ceux des âges précédents ont disparu de notre sol ; les plus anciens qui nous restent sont du xie siècle. — On continue à bâtir de nombreuses **églises**, et c'est alors que l'on commence à employer, pour ces pieux monuments, le **style roman** à la place du **style latin**, qui avait été le seul usité en Occident.

85. *Ce que c'est que le style latin et le style roman.* — Le **style latin** était celui que les Romains avaient employé particulièrement pour la construction de leurs **basiliques**[3], monuments carrés, allongés, auxquels des colonnes extérieures formaient un portique, que des colonnes divisaient intérieurement en nefs parallèles, et que terminait un hémicycle. Le **style roman** eut pour caractère principal la voûte de **plein-cintre**[4].

87. *Principaux monuments religieux qui datent de*

---

[1] Maîtresse tour, où l'on pouvait se réfugier quand le reste était pris. — [2] *Pont* qui peut s'abaisser et se *relever* au moyen de chaînes. — [3] *Basilique*, royal. Monument ainsi nommé, du grec, parce que l'archonte-*roi* y rendait la justice à Athènes. Chez les Romains, les basiliques étaient également ce que nous appelons aujourd'hui des palais de justice. — [4] Celle qui a la forme d'un demi-cercle.

9.

cette époque. — Parmi les édifices religieux les plus remarquables qui datent du xiᵉ siècle, nous citerons : en France, la **cathédrale de Chartres**, l'église **Saint-Germain-des-Prés** à Paris, Saint-Étienne à Beauvais, Notre-Dame-de-Poitiers ; en Angleterre, la cathédrale de Glocester ; en Italie, la **cathédrale de Pise**, l'église **Saint-Marc** à Venise. La construction des immenses cathédrales du moyen âge, à laquelle prenaient part souvent des populations tout entières, n'en exigeait pas moins, pour être achevée, les labeurs de plusieurs générations. Aussi voit-on ordinairement s'y mêler au style roman du xiᵉ et du xiiᵉ siècle le style gothique des siècles suivants [1].

XVI. — FRANCE.

SOMMAIRE.

1031. **Henri Iᵉʳ**. Son frère Robert, excité par sa mère Constance, lui dispute la couronne. — Henri lui cède la Bourgogne à titre de duché. — Il prend pour femme Anne, fille d'Iaroslaf, grand-duc de Russie. — Henri soutient, puis combat en Normandie les droits de Guillaume le Bâtard, fils de Robert le Magnifique. — 1060. **Philippe Iᵉʳ**. — Il est excommunié pour avoir répudié sa femme Berthe et épousé Bertrade, femme du comte d'Anjou. — 1108. Il meurt.

DOUZIÈME SIÈCLE

(1101-1200)

I. — ILES BRITANNIQUES.

1. *Avénement de Henri Iᵉʳ au préjudice de Robert Courte-Cuisse. Charte des libertés.* — Quand Guillaume

[1] Voir xiiiᵉ siècle, n° 202.

le Roux mourut (1100), son frère aîné **Robert Courte-Cuisse** n'était pas encore revenu de la croisade. Le troisième fils de Guillaume le Conquérant, **Henri**, à qui son amour pour les lettres avait fait donner le surnom de **Beauclerc**, profite de cette absence pour s'asseoir sur le trône, qui est ainsi usurpé une deuxième fois au préjudice de Robert. Afin de se concilier les Anglais, Henri Ier accorde une charte destinée à remédier aux abus des administrations précédentes et appelée **Charte des libertés**. Il signe aussi la charte de franchise de la **commune de Londres**.

2. *Réunion de la Normandie à l'Angleterre. Conséquences.* — Robert Courte-Cuisse revient de la Palestine ; il réclame d'abord, puis il cède pour une pension ses droits sur l'Angleterre, et se réserve la possession de la Normandie et du Maine. Mais Henri se crée un parti dans ces deux provinces et déclare à son frère une guerre qui se termine (1106) par la **bataille de Tinchebrai**. Robert, vaincu et fait prisonnier, va achever ses jours dans une captivité qui dure vingt-huit ans. La réunion du **duché de Normandie** à la couronne d'Angleterre devint l'occasion de la longue guerre qui se poursuivit pendant plus de trois siècles entre ce royaume et la France.

3. *Commencement de la guerre entre la France et l'Angleterre.* — La possession de **Gisors** fait prendre les armes à **Louis le Gros** et à **Henri Ier** ; celui-ci est vainqueur dans le petit combat de **Brenneville** (1119). Le fils de Robert, **Guillaume Cliton**, revendique ses droits au duché de Normandie, avec l'aide du roi de France. L'empereur Henri V vient au secours de son beau-père Henri Ier. Une armée de 300,000 hommes, formée des milices féodales et des milices communales, se range sous l'oriflamme du roi de France. Mais on conclut la paix. Cliton se désiste de

ses prédécesseurs (1125), reçoit le comté de Flandre et y périt bientôt.

4. *Étienne de Blois*. — Henri Iᵉʳ mourut (1135) sans postérité mâle, son fils unique ayant perdu la vie dans un naufrage en quittant Harfleur. Le trône appartenait à sa fille **Mathilde**, veuve de l'empereur Henri V et femme en secondes noces du comte d'Anjou, **Geoffroy** qu'on avait surnommé **Plantagenet** [1]. Mais **Étienne de Blois**, fils d'une fille de Guillaume le Conquérant, usurpe la couronne. Mathilde, soutenue par le roi d'Écosse, engage contre Étienne une lutte qui se termine lorsque celui-ci désigne pour son successeur Henri, fils de Geoffroy et de Mathilde. Étienne II règne dix-neuf ans et fait subir une violente oppression aux races soumises par son grand-père.

5. *Possessions de Henri II à son avénement au trône d'Angleterre*. — Lorsque la **dynastie angevine** ou des **Plantagenets** monta, en 1154 sur le trône d'Angleterre qu'elle devait occuper pendant plus de trois siècles, son chef **Henri II** possédait déjà l'**Anjou**, dont il avait hérité de son père, et le **duché de Normandie**, qui lui était advenu du chef de sa mère. En outre, il avait épousé **Éléonore de Guyenne**, dont le premier mariage avec Louis VII avait été annulé, et cette princesse lui avait apporté en dot le **duché de Guyenne**, la **Touraine**, la **Saintonge**, le **Poitou** et une partie de l'**Auvergne**. La puissance, en France, de ce roi vassal du roi de France, dépassait de la sorte celle de son suzerain.

6. *Nouvelles acquisitions et guerres de Henri II. Révoltes de ses fils*. — Henri II ajoute à ses domaines

---

[1] Parce qu'il portait souvent une branche ou *plante* de *genêt* à sa toque.

le **duché de Bretagne**, dont il s'empare comme tuteur de l'héritière de ce duché, fiancée avec son fils Geoffroy. Il veut se saisir aussi du **comté de Toulouse**; mais il est repoussé par Louis VII (1159). Plus heureux en **Irlande**, il conquiert (1172) cette île, qui restera désormais soumis à l'Angleterre. Il destine pour apanage à son fils **Henri Court-Mantel**, l'Anjou et la Normandie ; à son second fils **Richard**, l'Aquitaine ; à son troisième fils **Geoffroy**, la Bretagne. Mais ces trois princes, excités par leur mère Éléonore, se révoltent contre leur père. Ils ont l'appui des rois de France et d'Écosse. L'Anjou et l'Aquitaine se soulèvent. Henri II bat les Français à **Verneuil** et le roi d'Ecosse, Malcolm IV, dans le Northumberland. Ce dernier roi est fait prisonnier, et pour recouvrer la liberté, il reconnaît la suzeraineté de l'Angleterre. La paix est conclue entre Henri II et Louis VII (1177) ; mais elle ne dure pas plus de neuf ans. **Philippe Auguste**, qui a succédé à Louis VII, réclame le **Vexin français**, dot de sa sœur qu'avait épousée Henri Court-Mantel, mort sans enfants. On reprend les armes. Henri II voit les deux fils qui lui restent, Richard et Jean Sans-Terre, se révolter de nouveau et seconder le roi de France. Il demande la paix et il meurt de douleur à **Chinon** (1189).

7. *Exil et meurtre de Thomas Becket.* — Henri II avait placé sur le siége archiépiscopal de Cantorbéry un de ses favoris, **Thomas Becket**, chancelier d'Angleterre. Ce prélat défendit avec énergie les priviléges du clergé, menacés par les statuts du parlement de Clarendon. Irrité contre ce courageux archevêque, le roi l'obligea à quitter ses États et à se réfugier en France (1164). L'appui de la cour de Rome et la médiation de celle de France mirent, au bout de six ans, un terme à cet exil. Mais les courtisans aigrirent

l'esprit du roi et, dans un moment de ressentiment, Henri s'écria : « Aucun de ceux que j'ai comblés de bienfaits ne saura-t-il me venger ? » Cette parole de colère coûta la vie à Thomas Becket. Quatre seigneurs osèrent aller le **massacrer** au pied même de l'autel (1170). Henri désavoua ce crime sacrilége; mais frappé par les malheurs domestiques qui, au milieu de sa puissance, fondirent sur lui, et qui semblèrent le châtiment de cet attentat, il s'humilia et fit (1174) une **pénitence publique**, près du tombeau de l'évêque martyr.

8. *Richard Cœur de Lion; ses aventures et sa mort.* — Henri II eut pour successeur son fils **Richard**, qui s'était trois fois révolté contre lui, et à qui son caractère intrépide devait faire donner le surnom de **Cœur de Lion**. A peine roi (1189), il part pour la troisième croisade avec Philippe Auguste. Au retour, il est arrêté en traversant les terres du duc d'Autriche qu'il avait insulté au siége de Saint-Jean d'Acre en jetant à terre l'étendard de ce prince, et il est livré par son ennemi à l'empereur Henri VI. Le fidèle troubadour **Blondel** découvre la prison où gémit son maître. Richard n'en sort qu'en payant une forte rançon. Pendant son absence, la Normandie avait été envahie par Philippe Auguste, et le trône d'Angleterre usurpé par son propre frère Jean Sans Terre, avec l'aide de ce même roi de France. Jean, pour obtenir son pardon, trahit son allié; Richard attaque Philippe Auguste; mais, après quelques hostilités, la paix est conclue entre eux à **Vernon** (1198), grâce à l'intervention d'Innocent III. L'année suivante, Richard va assiéger son vassal, le vicomte de Limoges, dans le château de **Chalus**[1], et il meurt (1199) d'un coup de flèche devant cette place.

[1] Au N. O. de Saint-Yrieix.

9. *Fameux outlaw qui vivait du temps de Richard Cœur de Lion.* — Richard avait ordonné l'exécution sévère des lois forestières précédemment rendues. Mais les forêts étaient infestées de nombreuses bandes d'**Outlaws**, qui vivaient de chasse et de brigandage, en dehors de la société. Parmi les chefs d'Outlaws, il faut citer le fameux **Robin Hood**, qui avait établi son repaire dans les forêts du comté de Nottingham, et qui devint le héros de mainte vieille ballade.

10. *Principaux rois d'Écosse au XIIᵉ siècle.* — Pendant le XIIᵉ siècle, il faut citer, parmi les rois d'Écosse : **David Iᵉʳ**, qui soutint sa nièce Mathilde contre Étienne II, et fut défait à la **bataille de l'Étendard** (1138); **Malcolm IV**, que Henri II avait vaincu : et enfin **Guillaume le Lion**, qui fit renoncer Richard Cœur de Lion, moyennant 10,000 marcs d'argent, à la suzeraineté de l'Angleterre sur l'Écosse.

II. — DANEMARK.

11. *Valdemar Iᵉʳ.* — **Valdemar Iᵉʳ**, roi de Danemark (1157-1182), rendit au Nord un important service, en faisant une guerre acharnée aux pirates qui infestaient la Baltique. Il conquit l'île **de Rugen**, où régnait encore le culte de la déesse de la terre, **Hertha**, et du dieu de l'île, **Santovit**, et fit brûler leurs idoles. Il fonda **Dantzick** et le château de **Copenhague**. C'est à lui qu'on doit la rédaction des premières lois écrites qui forment les deux codes connus sous les noms de **loi de Scanie** et de **loi de Séeland**.

12. *Canut VI.* — **Canut VI**, son fils, augmenta la puissance du Danemark (1182-1202) ; il conquit diverses provinces, entre autres, la **Poméranie**, le **Holstein** et le pays des **Wendes** ou **Vandales**. C'est depuis cette époque que les rois de Danemark ont pris

le titre de **rois des Vandales**. Il divisa ses sujets en trois ordres : celui des **seigneurs**, ducs, évêques, etc.; celui des **nobles** et celui des **paysans**. Ces trois ordres réunis formèrent l'**Assemblée des États**.

III. — NORVÉGE ET SUÈDE.

13. *Expédition en Terre-Sainte entreprise par Sigurd Ier, douze ans avant qu'il fût roi de Norvége.* — **Sigurd Ier** fit, en 1110, une expédition en Terre-Sainte ; il aida le roi de Jérusalem, Baudouin Ier, à s'emparer de la ville de Sidon, et revint en Norvége, après avoir demandé pour unique prix de ses services et obtenu un **morceau de la vraie croix**.

14. *Conversion définitive de Suède.* — La Suède n'était pas encore chrétienne au commencement du XIIe siècle ; mais le Saint-Siége n'oubliait pas les besoins de ce lointain pays. Des religieux vont y prêcher la foi, et, en y répandant sa lumière, ils y propagent la civilisation. Des écoles s'ouvrent ; un légat du pape vient (1151) régler l'état des églises dans les deux royaumes de Suède et de Norvége ; il érige en archevêché **Drontheim**, capitale de ce dernier pays. **Éric le Saint**, qui monte sur le trône de Suède, en 1155, conquiert la **Finlande** et s'en fait l'apôtre. Après lui, la capitale de la Suède, **Upsal**, obtient un archevêque.

IV. — RUSSIE.

15. *Situation intérieure de la Russie pendant presque tout le XIIe siècle.* — Le principe qui régnait alors en Russie était, non celui du pouvoir unique, ni même celui de la féodalité qui établissait des liens de subordination entre le vassal et le suzerain et arrivait ainsi

à constituer une certaine unité ; c'était le système du **morcellement du territoire** entre les princes de la famille de Rurik. Après la mort de chacun d'eux, son **apange** se divisait de la même manière entre ses fils. Aussi l'anarchie est-elle partout, et les forces de la Russie s'épuisent-elles sans profit dans les luttes qui s'engagent entre les **grands princes de Kiev** et les chefs des autres principautés.

16. *Faits les plus importants au milieu de ces temps de désordres.* — **Ladoga** est fortifiée par Vladimir II qui fonde la ville de **Vladimir**. Le prince **Dolgorouki** jette, en 1147, les fondements de **Moscou**; **Kiev**, prise et livrée au pillage (1169), commence à déchoir de sa splendeur.

V. — POLOGNE.

17. *Boleslas III.* — **Boleslas III**, qui gouvernait la Pologne, sous le titre de **duc**, fait, avec le Danemark, la guerre à la **Poméranie**, et lui impose un tribut. Les habitants de ce pays, encore idolâtre, embrassent le christianisme, que leur prêche l'évêque de **Bamberg** (1124). La Pologne, puissante sous Boleslas III (1102-1138), est malheureusement, après sa mort, divisée entre ses quatre fils, et ne pourra pas de long-temps retrouver son unité.

18 *Conséquences de cette division.* — Les **Prussiens**, encore païens, ne peuvent être réprimés et font des incursions fréquentes sur le territoire polonais. La **Silésie**, gouvernée par des ducs particuliers, se détache de plus en plus de la Pologne.

VI. — HONGRIE.

19. *Principaux faits de l'histoire de Hongrie au XIIe siècle.* — La Hongrie, pendant le XIIe siècle, soutient plusieurs guerres contre les Empereurs d'Orient et son histoire se mêle souvent avec la leur. **Béla II** acquiert la **Bosnie** et se fait appeler **roi de Rama**[1]. La **Transylvanie** se peuple de colonies allemandes. **Béla III** a pour femme une fille du roi de France, Louis VII. Sous le règne (1173-1196) de ce prince juste, les Hongrois se civilisent.

VII. — EMPIRE GERMANIQUE ET FIN DE LA QUERELLE DES INVESTITURES.

20. *Henri V se fait donner de force la couronne par Pascal II, puis se fait couronner par un antipape.* — **Henri V**, resté roi de Germanie (1106) par la mort de son père qu'il avait dépouillé, échoue dans les expéditions qu'il tente contre les Flamands, les Polonais et les Hongrois. Il se rend en Italie (1111) pour se faire **couronner empereur** par le pape **Pascal II**. Mais là, il refuse de renoncer au droit d'investiture, fait prisonnier le pape dont l'influence l'avait aidé à monter sur le trône, et l'oblige à lui abandonner ce droit sans condition et à lui donner la couronne impériale. Rendu à la liberté, Pascal rétracte une promesse extorquée par la **violence**. Henri V, excommunié pour l'abus sacrilége qu'il a fait de la force, repasse les Alpes, envahit à main armée les domaines que la grande comtesse Mathilde a légués au Saint-Siége, chasse Pascal de Rome, fait élire un antipape sous le nom de **Grégoire VIII** et se fait de nouveau couronner par lui ;

---

[1] Partie de la Dalmatie, sur les limites de la Bosnie.

mais l'Allemagne est remplie de troubles, et l'empereur songe à rétablir enfin la tranquillité.

21. *Concordat qui termine la querelle des investitures.* —De concert avec le pape légitime **Calixte II**, Henri V signe le **concordat de Worms** (1122), qui met fin à la première grande période de la lutte entre le sacerdoce et l'empire. Le **concile général de Latran** confirme, l'année suivante, la solution donnée à la grave question des investitures. La libre élection des évêques est assurée; celle des souverains pontifes ne doit plus dépendre du consentement impérial. L'**investiture ecclésiastique** par la crosse et l'anneau est réservée au pouvoir ecclésiastique. L'empereur donne, de son côté, par le sceptre l'**investiture du fief ecclésiastique** dont il est le suzerain. Les deux puissances, séculière et religieuse, s'exercent ainsi, séparément, chacune dans la sphère qui lui est propre. Après cet important traité, Henri V meurt, et avec lui s'éteint, en 1125, la **maison de Franconie.**

22. *État de l'Allemagne au moment où s'éteignit la maison de Franconie dans la personne de Henri V.* — La **puissance féodale** était dans toute sa plénitude en Allemagne, et celle des empereurs avait bien décru. Pour prévenir ce résultat, la maison de Saxe avait augmenté l'influence des prélats; mais ceux-ci s'étaient unis aux grands feudataires. Après les empereurs saxons, ceux de la maison de Franconie avaient cherché à se faire des auxiliaires en créant des seigneuries immédiates, des fiefs de chevalier héréditaires, des **villes impériales** [1] ne relevant que de la

—————

[1] Les *villes impériales* étaient libres en ce sens qu'elles n'étaient pas gouvernées féodalement; elles avaient le droit de battre monnaie, d'avoir des troupes, etc. Chacune n'obéissait qu'à son magistrat; mais ce magistrat avait juré fidélité et obéissance à l'empereur.

couronne ; mais la succession héréditaire, qui s'établit dans tous les fiefs, achève de constituer la féodalité allemande sur la base la plus large et plus solide.

23. *Lothaire II.* — Après la mort de Henri V (1125), l'empereur élu fut **Lothaire II**, duc de Saxe. Il avait eu pour compétiteur Frédéric de Hohenstauffen, duc de Souabe. Ce dernier et son fils Conrad, duc de Franconie, ne se soumirent à son autorité qu'après une résistance de dix ans. Dans cette lutte contre lès Hohenstauffen, Lothaire eut pour auxiliaires son gendre **Henri le Superbe**, duc de Bavière, qu'il investit du duché de Saxe, et le pape **Innocent II**, de qui il reçut (1133) la couronne impériale, et qu'il défendit à son tour contre Roger II, roi de Sicile. Lothaire II il mourut en revenant d'Italie (1137).

24. *Compétiteurs à l'empire après Lothaire II.* — La lutte que nous avons vue commencer à la mort de Henri V devint plus vive après celle de Lothaire II. Les deux prétendants furent d'une part **Conrad**, fils de Frédéric de Hohenstauffen, duc de Souabe et de Franconie, seigneur du château de **Wibling**, et de l'autre **Henri le Superbe**, gendre du dernier empereur et neveu de **Welf**, duc de Bavière. Henri le Superbe, outre ce duché de Bavière, avait ceux de Saxe et de Toscane et les anciens domaines de Mathilde, en Italie. Telle fut, à l'origine, la lutte des **Guelfes** et des **Gibelins**. Dans la suite, elle changea bien des fois de signification et de but, et elle ensanglanta pendant plus de trois siècles l'Allemagne et l'Italie.

25. *Avénement de la maison de Souabe ou de Hohenstauffen : Conrad III.* — La puissance de Henri le Superbe et son alliance avec le dernier souverain semblaient lui assurer le triomphe. Le parti guelfe succombe cependant, et la diète de Coblentz fait monter (1138), en la personne de **Conrad III**, la **maison de**

Souabe ou de **Hohenstauffen**, sur le trône, qu'elle occupera pendant un siècle. Le **parti gibelin** devient donc le parti **impérial**.

26. *En quelles mains passent la Saxe, la Bavière, l'Autriche, la Toscane.* — **Henri le Superbe** refuse de prêter serment de fidélité au nouveau souverain. Il est mis au **ban de l'empire** [1]. Ses États lui sont enlevés : le duché de Saxe est donné au margrave de Brandebourg, **Albert l'Ours** ; celui de Bavière, au margrave d'Autriche, **Léopold**. Henri le Superbe meurt. La restitution de la Saxe d'abord, puis de la Bavière, est prononcée, en faveur de son fils **Henri le Lion**. Mais le **Brandebourg**, distrait du premier de ces duchés, devient un fief immédiat. D'autre part, l'**Autriche**, de margraviat, devient un duché, immédiat également. Welf, frère de Henri le Lion, est investi du duché de Toscane. Les Gibelins ont rendu à la famille guelfe presque tous ses vastes domaines.

27. *Avénement de Frédéric Barberousse.* — Conrad III était mort (1152) au retour de la seconde croisade, qu'il avait faite avec Louis VII, roi de France. Il eut pour successeur son neveu **Frédéric**, duc de Souabe, surnommé **Barberousse**. Le nouvel empereur fait reconnaître sa suzeraineté par les rois de Danemark et de Hongrie, et se tourne vers l'Italie où sa présence est nécessaire pour terminer plusieurs querelles.

28. *État de la Péninsule à cette époque.* — Les villes de la **Lombardie** s'étaient donné, pendant les dernières luttes que l'Empire avait eu à soutenir, des **institutions municipales**, et beaucoup d'entre elles une indépendance presque complète. **Milan** surtout, puis-

---

[1] *Ban*, proclamation publique. *Mettre au ban de l'empire,* proclamer une personne déchue de ses droits et privée de ses biens.

sante et riche par son commerce, ne laissait qu'une autorité nominale aux **vicomtes (visconti) impériaux.** Jalouse de sa propre liberté, elle étendait sa domination sur les villes voisines. **Pavie** était plus fidèle à l'Empire. Au centre de l'Italie, le tribun **Arnaud de Brescia** avait enlevé au pape sa puissance temporelle et rétabli la **république à Rome.** Plus au sud enfin, dans cette Pouille, sur laquelle l'Empire avait conservé des prétentions, le **prince de Capoue** réclamait sa principauté dont l'avait dépouillé Roger II, roi de Sicile.

29. *Première expédition de Frédéric Barberousse en Italie.* — Frédéric Barberousse veut profiter de ces circonstances pour rétablir son autorité dans la Péninsule. Il enlève aux Milanais Asti et Tortone, qu'il ruine. Pavie, la ville gibeline, lui offre la couronne de fer. Il se dirige vers **Rome** ; on lui livre Arnaud de Brescia ; il l'envoie au supplice, et reçoit du pape Adrien IV [1] la couronne impériale (1155); mais cette cérémonie s'accomplit à grand'peine dans la basilique de Saint-Pierre, et elle est ensanglantée par un combat entre les soldats de l'empereur et le parti républicain. Frédéric retourne en Allemagne chercher de de nouveaux moyens de continuer la lutte.

30. *Prétention de Frédéric à la souveraineté universelle. Diète de Roncaglia. Guelfes et Gibelins.* — Lors de son couronnement, Frédéric avait parlé en dominateur. Le pape ne voulut pas d'un maître étranger. D'un autre côté, en revenant en Italie, l'empereur fait décider, dans la **diète de Roncaglia** [2] (1158), par quatre jurisconsultes, que la **volonté de l'empereur** constitue le droit, et qu'à lui appartient la **souve-**

---

[1] Ce pape était Anglais; il a été le seul pape de cette nation. — [2] Au S. de Lodi.

raineté **universelle**. De pareilles maximes, contraires aux premières notions de la justice, et qui favori-
saient si ouvertement la tyrannie, ne pouvaient être
adoptées, ni par le Saint-Siége, ni par les amis des libertés municipales. Une nouvelle lutte, qui continue
celle des investitures, s'engage entre le **sacerdoce**
et **l'empire**. Ceux qui prennent parti contre l'empereur
s'appellent **guelfes** ; ceux qui tiennent pour lui sont
désignés sous le nom de **gibelins**.

31. *Lutte de Frédéric Ier contre Alexandre III. Destruction de Milan.* — Frédéric Ier commence à appli-
quer la théorie qui vient de faire proclamer, en annu-
lant l'élection du pape **Alexandre III**, nommé (1159)
successeur d'Adrien IV, et en lui opposant successivement trois antipapes. Les villes guelfes de la Lombardie
se sont soulevées. Alexandre III excomunie le despote
qui met obstacle au gouvernement légitime de l'E-
glise, et il est obligé de se réfugier en France. **Milan**
est prise, détruite (1162), et le vainqueur furieux fait
passer la charrue et semer du sel sur son emplacement. Les autres villes sont démantelées, perdent leurs
priviléges et reçoivent des **podestats** impériaux.

32. *Continuation de la lutte jusqu'à la paix de Constance.* — Pendant que Frédéric est allé chercher de
nouvelles forces en Allemagne, les Italiens, exaspérés
par la tyrannie des gouverneurs impériaux, tentent
de s'unir. Une **ligue lombarde** se forme entre les
villes guelfes. **Milan** se relève, malgré l'empereur.
Le pape Alexandre III, rentré en Italie, pousse énergiquement à la résistance et mérite d'être surnommé
le **défenseur de la liberté italienne**. On bâtit en
son honneur la ville d'Alexandrie. Frédéric vient l'assiéger ; elle n'a pas encore de murailles ; elle n'est
protégée que par un fossé et des remparts de boue et
de paille. Aussi les Allemands lui donnent-ils le nom

dérisoire **d'Alexandrie de la Paille**. Mais Frédéric est repoussé. Il remonte vers le nord, est battu à **Legnano**[1] (1176) par les Milanais, se réfugie à Pavie et conclut, l'année suivante, à Venise, une trêve qui amène la **paix de Constance** entièrement favorable aux Guelfes (1183). Frédéric s'humilie devant le pape qu'il avait si longtemps méconnu. Les villes lombardes sont déclarées indépendantes sous la suzeraineté de l'empereur.

33. Situation à laquelle est réduit le chef de la maison Welf elle-même, après le triomphe du parti guelfe. — **Henri le Lion**, chef de la famille guelfe, avait, peu de temps avant la bataille de Legnano, refusé de joindre ses soldats aux troupes impériales. Cette défection avait contribué à la perte de la bataille. Quand la paix eut été conclue, le châtiment arriva. Henri, cité devant plusieurs diètes, refusa d'y comparaître. Il fut mis au ban de l'empire ; les grands duchés qui lui avaient été rendus, lui furent enlevés de nouveau. On les démembra ; plusieurs villes furent déclarées villes impériales ; plusieurs fiefs immédiats furent formés de cette riche dépouille, et on ne laissa à cet Henri, qui avait été le plus puissant prince de l'Allemagne, que **Brunswick** et **Lunebourg**.

34. Fin du règne et mort de Frédéric Barberousse. — Frédéric qui, dès 1169, avait fait élire roi des Romains son fils Henri, encore enfant, lui fit épouser, à l'âge de 21 ans (1186), **Constance**, fils de Roger 1er, âgée alors de plus de 30 ans et qui était héritière du royaume de Sicile. Il partit pour la troisième croisade, et mourut en Sicile (1190). A un caractère violent et emporté, ce prince avait joint de grandes qualités : la franchise, la fermeté dans les revers, et un courage chevaleresque.

[1] Au N.-O. de Milan.

35. *Henri VI.* — **Henri VI** monté, après la mort de son père (1190), sur le trône impérial, revendique le **royaume de Sicile**, du chef de sa femme. Il en reste maître après une guerre de cinq ans et souille sa victoire par sa conduite barbare envers ses ennemis[1]. Il domine alors sur toute l'Italie, les États de l'Église exceptés. Mais, haï pour ses cruautés, il se déshonore encore par la captivité de Richard Cœur de Lion et meurt empoisonné à Messine (1197). Il ne laisse qu'un fils, Frédéric, et cet enfant de quatre ans devient bientôt, par la mort de sa mère Constance, entièrement orphelin.

36. *Les deux compétiteurs, Philippe de Souabe et Othon de Brunswick. Meurtre de Philippe de Souabe. Frédéric II, pupille du pape Innocent III.* — Après la mort de Henri VI, son frère **Philippe, duc de Souabe**, et **Othon de Brunswick**, fils de Henri le Lion, se disputent la couronne, et réunissent chacun les voix d'un certain nombre d'électeurs. La guerre civile éclate et dure neuf ans. Philippe, vainqueur de son rival, restait en possession du trône (1206); mais il n'en jouit pas longtemps. Deux ans après (1208), il est assassiné par **Othon de Wittelsbach**, comte palatin de Bavière. Pendant que ces troubles agitent l'Allemagne, Innocent III, pape depuis 1198, et dont le pontificat se prolongera avec un grand éclat jusqu'à la seizième année du siècle suivant, était tuteur du jeune Frédéric, fils de Henri VI; il le couvrait de sa protection et lui assurait la couronne de Sicile, en attendant que son pupille ceignît la couronne impériale.

---

[1] V. ci-après, n° 41.

VIII. — ITALIE.

37. *Histoire de Venise au* XIIe *siècle.* — Grâce aux croisades, **Venise** voit sa puissance maritime s'accroître d'une manière considérable. Elle offre un asile au pape Alexandre III, chassé de Rome par Frédéric Ier. Sa flotte bat celle que l'empereur envoie contre elle, et cette victoire contribue à la **trêve de Venise** [1]. C'est à la suite de ce service qu'Alexandre III donna au doge Zani un **anneau d'or**, comme marque de l'empire des eaux. Depuis, chaque année, le jour de l'Ascension, les doges, montés sur le **Bucentaure** [2], jetaient dans les flots de l'Adriatique, au Lido, l'anneau symbolique, et célébraient ainsi leur **mariage avec la mer**. De démocratique, le gouvernement vénitien tend à devenir aristocratique. Le **grand Conseil**, créé en 1171, remplace les assemblées populaires qui, jusqu'alors, élisaient le doge, et il donne à ce magistrat suprême des conseillers sans le concours desquels il ne peut agir. A la fin du XIIe siècle, Venise a le monopole du commerce dans l'empire grec, et elle possède de nombreux **comptoirs** dans tout le Levant.

38. *État, pendant ce même siècle, des autres villes principales de l'Italie du Nord.* — Nous avons vu les **cités lombardes** conquérir une existence indépendante. **Gênes** est la rivale de Pise ; son territoire s'étend. D'abord gouvernée par des consuls et un sénat, elle l'est, depuis 1195, par des **podestats** annuels, qui doivent être à la fois gentilshommes et étrangers, et

---

[1] V. ci-dessus, n° 32. — [2] Nom du vaisseau doré qui servait pour cette cérémonie, et qui avait à sa poupe une figure du Bucentaure (du grec *bous-centauros*, centaure qui avait le corps d'un taureau et non d'un cheval).

qu'assiste un conseil de huit nobles génois. **Pise**, protégée par les empereurs, partage avec Gênes l'île de **Sardaigne** et possède seule la **Corse**.

39. *Lutte que les papes eurent à soutenir contre Arnaud de Brescia.* — **Arnaud de Brescia**, que ses hérésies firent condamner au deuxième concile de Latran (1139), avait déjà excité par la prédication de ses erreurs le trouble dans plusieurs villes. S'étant créé un parti en Italie et à Rome même, il en chassa plusieurs papes, entre autres **Eugène III** et **Adrien IV**. Resté maître de cette ville pendant plusieurs années, il y établit un sénat et une **république**, gouvernée par un patrice. Enfin, il fut pris et décapité par ordre de l'empereur Frédéric Ier (1155).

40. *Formation, sous Roger II, du royaume des Deux-Siciles. Apogée de la puissance des Normands d'Italie.* — **Roger Bursa**, duc de Pouille, eut pour héritier son fils **Guillaume** (1111-1127). D'autre part, **Roger Ier**, grand comte de Sicile, eut pour successeur son fils **Roger II** (1101). Celui-ci joignit (1127) à ses domaines ceux de son cousin Guillaume, mort sans postérité, se fit couronner (1130) à Palerme, **roi des Deux-Siciles**[1], battit le pape Innocent II, qui lui avait déclaré la guerre, le fit prisonnier, et le força à lui reconnaître ce titre. Non content de réunir ainsi sous son sceptre tous les pays conquis par les Normands dans le midi de la péninsule, il s'empara du duché de **Naples** et fit de cette ville sa capitale ; il combattit les Grecs, leur enleva **Corfou**, ravagea leurs villes, brûla les faubourgs mêmes de Constantinople, s'em-

---

[1] Ce royaume fut ainsi nommé parce qu'il se composait de l'île, qu'on appelait *Sicile ultérieure* (au delà du phare), et des provinces de terre ferme, qu'on appelait *Sicile citérieure* (en deçà du phare).

para en Afrique, sur les Sarrasins, de **Tripoli** et de plusieurs autres points de la côte, et mourut (1152) après avoir porté au plus haut degré la puissance des Normands d'Italie. C'est à ce prince illustre, qui avait fait graver sur son épée le nom de ses provinces [2] que la Sicile est redevable de l'introduction **du mûrier** et des **vers à soie**.

41. *Derniers rois normands des Deux-Siciles.* — A Roger succèdent son fils **Guillaume Ier le Mauvais**, puis le fils de ce dernier, **Guillaume II le Bon** (1166). Guillaume II entré, avec le pape Alexandre III, dans la ligue lombarde, favorise la marine dans ses États et fait en Grèce des conquêtes passagères. L'empereur Frédéric Ier, qu'il a combattu, lui demande pour son fils Henri [2] la main de Constance, fille posthume de Roger Ier et héritière du royaume. Guillaume II la lui accorde ; mais à la mort du prince normand (1189), son neveu Tancrède est proclamé roi par les Siciliens, à qui répugne la domination des Allemands. **Tancrède** reçoit du pape l'investiture et se défend contre les attaques de l'empereur Henri VI. Le règne de son fils **Guillaume III** est bien éphémère. Moins d'un an après être monté sur le trône, ce prince est vaincu par Henri VI et meurt prisonnier de ce cruel ennemi, qui lui a fait crever les yeux, qui a privé aussi de la liberté sa mère et ses sœurs et qui a livré au supplice les partisans de sa victime. Le royaume des Deux-Siciles appartient alors aux empereurs d'Allemagne ; mais ils le garderont moins longtemps que ne l'ont fait les conquérants normands.

[1] *Apulus et Calaber, Siculus mihi servit et Afer.*

J'ai sous mes lois l'Apulie et la Calabre, la Sicile et l'Afrique.

[2] V. ci-dessus n° 34.

IX. — ESPAGNE ET PORTUGAL.

42. *Réunion, sous Alphonse le Batailleur, de tous les royaumes chrétiens de l'Espagne.* — **Alphonse Ier le Batailleur**, roi d'Aragon et de Navarre (1104-1134), avait épousé **Urraque**, fille d'Alphonse VI, roi de Castille et de Léon ; à la mort de ce dernier (1109), il réunit sous son sceptre **toute l'Espagne chrétienne**. Mais cette réunion ne dura pas longtemps ; la mésintelligence se mit entre les deux époux. Urraque avait eu d'un premier mariage avec Raymond de Bourgogne, un fils qui, sous le nom d'**Alphonse VIII**[1], revendique la Castille ; ce prince en reste roi, ainsi que de Léon, où il se fait couronner empereur d'Espagne (1135). C'est le premier roi de la maison de **Bourgogne**, et cette dynastie occupera pendant plus de deux siècles le trône de Castille.

43. *Expulsion des Almoravides.* — Pendant ce temps, les musulmans se combattent entre eux. Ceux du sud de l'Espagne se soulèvent contre la tyrannie des derniers conquérants, les **Almoravides**, qu'attaque en même temps en Afrique, une nouvelle secte, celle des **Almohades** [2]. Maîtres de Maroc, les Almohades passent en Espagne, y rebâtissent **Gibraltar** pour s'assurer la communication avec l'Afrique, et les Almoravides sont chassés de la Péninsule.

44. *Nouveaux démembrements des royaumes chrétiens.* — D'un autre côté, les royaumes chrétiens se démembrent encore. Alphonse le Batailleur, qui avait assisté à trente batailles, est vaincu par les Maures a **Fraga**[3]

---

[1] Alphonse Ier d'Aragon avait été en Castille Alphonse VII. — [2] *Al-mohades*, unitaires. Cette secte avait la prétention de reconnaître, seule, l'unité de Dieu. — [3] Au S. O. de Lérida.

10.

(1134), et meurt du chagrin que lui fait éprouver cette défaite. La **Navarre** se sépare alors de l'**Aragon**. Après la mort d'Alphonse VIII (1157), la Castille forme un royaume distinct de celui de **Léon**; et, dans la **Castille** même, la rivalité des **Lara** et des **Castro** est un germe de dissensions intestines qui se perpétueront longtemps.

45. *Nouvelle dynastie sur le trône d'Aragon.* — Le frère d'Alphonse le Batailleur, **Ramire**, lui succède sur le trône d'Aragon (1134); mais bientôt il abdique (1137), laissant le trône à sa fille **Pétronille**, qui a épousé **Raymond Bérenger, comte de Barcelone.** Ainsi la race d'**Aznar** est remplacée par une nouvelle dynastie qui augmente la puissance de l'Aragon, en y joignant la Catalogne. **Alphonse II le Chaste** y ajoute après lui le comté de **Roussillon**.

46. *Comté de Portugal érigé en royaume.* — A **Henri de Bourgogne** avait succédé en Portugal, son fils **Alphonse Ier le Conquérant.** Ce prince remporte à **Ourique** [1] (1139), sur cinq rois maures, une victoire complète. L'armée lui avait décerné le titre de **roi**; les **Cortès** [2] le lui confirment (1143). L'Estramadure se soumet, **Lisbonne** est prise en (1147), avec l'aide de quelques croisés anglais et allemands. Cette ville devient la **capitale** du nouveau roi.

47. *Constitution, dans le* XIIe *siècle, des royaumes espagnols de Castille et d'Aragon.* — Le **gouvernement représentatif** était, dès le XIIe siècle, en pleine vigueur dans les deux royaumes de Castille et d'Aragon. Les députés des communes faisaient partie des États ou **Cortès**, assemblées générales des trois ordres, qui votaient l'impôt et faisaient les lois. Dans l'Aragon, la noblesse se divisait en haute noblesse ou **ricos hom-**

---

[1] Au S. O. de Béja. — [2] V. le n° suivant.

bres (riches hommes), et en noblesse inférieure, composée des **caballeros** (chevaliers) et **hidalgos** (fils de Goths). Le **grand justicier** faisait prêter serment au roi [1], jugeait les différends entre le souverain et les nobles, et pouvait annuler par son **veto** les ordonnances royales.

48. *Ordres militaires créés en Espagne et en Portugal pour combattre les musulmans.* — Les rois d'Espagne, pour arrêter le torrent sans cesse renouvelé de l'invasion musulmane, instituent l'ordre des chevaliers de **Calatrava** (1158), celui de **Saint-Jacques de l'Épée** (1170), et celui de **Saint-Julien du Poirier** (1176), qui s'appela (1212) ordre d'**Alcantara**. Les premiers de ces chevaliers portaient une croix rouge fleurdelisée ; les deuxièmes, une croix rouge, terminée en forme d'épée ; les troisièmes, une croix verte fleurdelisée. En Portugal, Alphonse le Conquérant fonde l'ordre chevaleresque d'**Evora** (1162) qui plus tard (1181) prendra le nom d'**Avis** [2].

49. *Les Almohades repoussés du Portugal.* — Maîtres de l'Espagne orientale, les **Almohades** dirigent leurs efforts vers le Portugal. Ils assiégent **Santarem**. Une sanglante bataille se livre sous les murs de cette ville. Alphonse est encore vainqueur et laisse son royaume à son fils **Sanche** (1185), qui y ajoute (1203) la province d'**Alem-Téjo** (au delà du Tage).

50. *Batailles d'Alarcos et de Tolosa.* — Les Almohades, repoussés du Portugal, se précipitent sur la Castille. Ils remportent sur le roi **Alphonse IX** une grande victoire à **Alarcos** [3] (1195) et s'avancent jus-

---

[1] De leur côté, les Aragonais prêtaient au roi ce serment : « Nous qui sommes, chacun, autant que vous, et qui, tous, sommes plus que vous, nous vous jurons obéissance, si vous observez nos lois et nos coutumes ; sinon, non. » — [2] Du chef-lieu de l'Ordre, au N. d'Evora. — [3] Près de Calatrava.

que dans les montagnes des Asturies, premier refuge de l'indépendance chrétienne. Le **miramolin**[1] **Mohammed-el-Naser** fait une nouvelle invasion à la tête d'une armée formidable. A la vue du péril commun et à la voix du pape Innocent III, les rois de Navarre, d'Aragon, de Castille, renoncent un moment à leurs dissensions et unissent leurs troupes. Une bataille acharnée se livre à **Las Navas de Tolosa**[2] (1212). Les infidèles y sont écrasés et y perdent 100,000 hommes.

X. — EMPIRE D'ORIENT.

51. *Jean Comnène* (1118). — **Jean Comnène,** successeur d'Alexis Comnène, sous lequel avait eu lieu la première croisade, fut un des meilleurs empereurs qui régnèrent à Constantinople ; on l'a surnommé le **Marc-Aurèle du bas-empire.** Non moins brave contre les ennemis du dehors que clément contre ses ennemis personnels, il battit les **Petchenègues** sur le Danube et les **Turcs** en Orient, et fit quelques conquêtes sur ces derniers. Il mourut (1143), après avoir essayé en vain d'enlever aux Francs la principauté d'Antioche.

52. *Manuel de Comnène. Fin de la dynastie des Comnènes.* — C'est sous son fils **Manuel,** qu'eut lieu la deuxième croisade. Roger de Sicile punit cet empereur de ses trahisons envers Conrad et Louis le Jeune. Manuel force à l'obéissance les **Serviens,** ses vassaux révoltés, soutient les Francs en Égypte (1168), fait au **sultan d'Iconium**[3], une guerre acharnée, et le bat

---

[1] *Miramolin,* par corruption d'*émir-al-moslémin,* chef des musulmans. — [2] C'est-à-dire dans les *plaines de Tolosa,* au N. de Jaën. — [3] *Iconium,* aujourd'hui *Konich,* dans l'Asie Mineure.

sur les bords du **Méandre**. Si ce fut un prince de mauvaise foi et de mauvaises mœurs, il eut, du moins, du courage pour maintenir la dignité de l'empire. Avec lui (1180) finit à Constantinople l'illustration des Comnènes, dont les deux derniers, **Alexis II** et **Andronic**, n'occupent le trône que peu de temps. Andronic souille par toute sorte de cruautés un règne qui avait débuté par l'assassinat d'Alexis, son pupille, et périt à son tour de mort violente (1185).

53. *La famille l'Ange.* — La famille l'**Ange** remplace celle des Comnènes. **Isaac l'Ange,** dont le grand-père avait épousé une fille d'Alexis Ier, règne au moment où s'accomplit la troisième croisade; ce prince, cruel et lâche, est détrôné (1195) par son frère **Alexis III** qui lui fait crever les yeux. **Alexis IV le Jeune,** fils d'Isaac, réclame (1203) le secours des croisés contre l'usurpateur. Grâce à leur aide, il monte sur le trône, et il y replace son père à côté de lui; mais ils en sont précipités, six mois après, par un autre usurpateur, **Alexis V Ducas,** surnommé Murzuphle (aux sourcils épais).

XI. — ORIENT. ROYAUME DE JÉRUSALEM ET CROISADES.

54. *Successeurs de Godefroy de Bouillon. Principaux événements.* — **Baudouin Ier,** frère et successeur (1100) de Godefroy de Bouillon, profite des divisions des infidèles pour s'emparer, de concert avec les Génois et les Pisans, de **Saint-Jean d'Acre,** de **Béryte** et de **Sidon. Baudouin II,** cousin de Baudouin Ier, et qui porte, après lui (1118), la couronne de Jérusalem, prend la ville de **Tyr,** avec le concours de la flotte des Vénitiens. **Foulques V d'Anjou,** gendre de

Baudouin II, lui succède (1131), et, avec l'aide des Grecs, cette fois sincèrement unis aux Latins, il obtient quelques succès contre les infidèles. Mais, après la mort de ce prince, vient la décadence. **Baudouin III**, son fils, qui monte sur le trône (1142), est un enfant de treize ans. Le sultan **Zenghi**, maître de tout le pays depuis Mossoul jusqu'à Damas, s'empare d'**Édesse**. Reprise par les chrétiens, cette ville tombe de nouveau aux mains du fils et du successeur de Zenghi, **Nour-Eddin**, qui la détruit. Le royaume de Jérusalem se sent menacé. Une nouvelle croisade devient nécessaire.

55. *La seconde croisade prêchée par saint Bernard et conduite par Conrad III et Louis VII.* — Le pape **Eugène III** confie à **saint Bernard** le soin de prêcher cette seconde croisade. A l'assemblée de **Vezelay** [1], le saint abbé de Clairvaux fait prendre la croix à **Louis le Jeune**, malgré l'opposition de **Suger**, et son éloquence entraîne si bien les assistants, qu'il est obligé de déchirer ses vêtements pour fournir des croix à tous les seigneurs qui en demandent. L'élan est le même en Allemagne. A la diète de Spire, **Conrad III** s'engage à faire partie de la sainte expédition.

59. *Mauvais succès de la croisade.* — L'empereur part le premier. Son armée, égarée à dessein par les guides que lui a donnés Manuel Comnène, est battue dans les défilés de l'Asie Mineure. Celle du roi de France a presque le même sort. Louis VII lui-même, séparé des siens, est obligé de se défendre seul; mais on le prend pour un simple soldat, et grâce à cette erreur, il parvient à rejoindre son avant-garde. La trahison des Grecs, les combats qu'il faut à chaque instant livrer aux musulmans, les privations déciment

---

[1] A l'O. d'Avallon, en Bourgogne.

les troupes des croisés. On arrive enfin à Saint-Jean-d'Acre ou Ptolémaïs. **Damas** était toujours restée une sultanie indépendante; le siége de cette ville est résolu entre Louis VII, Conrad et Baudouin III. Mais, après une victoire inutile, la discorde et le manque d'eau obligent les croisés de lever le siége de cette ville; l'empereur et le roi de France reviennent dans leurs États. Le résultat de la première croisade avait été une conquête; celui de la deuxième fut la perte de deux armées et la retraite de leurs débris.

57. *Nouveaux progrés de la puissance musulmane.* — Baudouin III, puis son frère **Amaury**, qui lui succède (1162), ne peuvent empêcher la puissance de Nour-Eddin de s'accroître par la prise de Damas, qui lui assure toute la Syrie musulmane. Ce sultan pousse ses conquêtes jusqu'à la mer Rouge. Le jeune **Saladin**, qui sert sous ses ordres, met fin (1171), en Egypte, à la domination des califes fatimites. Nour-Eddin meurt à Damas. Saladin, profitant de la minorité du fils de ce prince, se rend indépendant en Egypte, où il fonde la dynastie des sultans **Ayoubites**[1], et s'empare de la Syrie et de la Mésopotamie.

58. *Batailles d'Ascalon et de Tibériade; prise de Jérusalem.* — Pendant ce temps, **Baudouin IV** avait remplacé (1173), sur le trône de Jérusalem, son père Amaury; il remporte sur Saladin une grande victoire à **Ascalon** (1176). La division se met parmi les vainqueurs. Leur redoutable ennemi en profite pour gagner du terrain. A **Baudouin IV** succèdent (1185) son neveu **Baudouin V** qui n'occupe le trône que quelques mois, puis **Guy de Lusignan**, gendre d'Amaury. Sous ce dernier règne, en 1187, est livrée la **bataille de Tibériade**, qui est pour les chrétiens un

---

[1] Du nom d'*Ayoub*, père de Saladin.

immense désastre. Après une lutte acharnée de deux jours, Saladin s'empare de la **vraie croix**, autour de laquelle les chevaliers s'étaient rangés. Le roi de Jérusalem est pris. Les villes de la Palestine, Saint-Jean d'Acre entre autres, ouvrent leurs portes. La ville sainte elle-même essaye en vain de se défendre ; elle subit à son tour, dans la même année, la loi du vainqueur.

59. *Prédication d'une troisième croisade.* — A cette nouvelle, l'Europe est consternée. Le pape **Clément III** publie la croisade. **Guillaume, archevêque de Tyr,** vient la prêcher en Italie. Il la prêche également à Gisors, aux rois de France et d'Angleterre, et en Allemagne. La **dîme saladine** est levée sur toutes les terres, même ecclésiastiques, pour fournir aux frais de l'expédition.

60. *Part qu'y prit Frédéric Barberousse.* — L'empereur **Frédéric Barberousse,** alors âgé de 70 ans, cède à l'entraînement général ; neuf ans après sa sincère réconciliation avec le Saint-Siége, il prend la croix, réunit une armée choisie de cent mille hommes, part le premier et prend la route de Constantinople et de l'Asie Mineure. En butte aux trahisons d'**Isaac l'Ange** qui s'est allié à Saladin, et à celles du **sultan d'Iconium** qui lui avait promis le passage, il avait néanmoins surmonté vaillamment les obstacles et avait traversé le Taurus, lorsqu'il mourut (1190) pour s'être baigné dans les eaux glaciales du **Sélef**[1], en Cilicie. Son fils, **Frédéric de Souabe,** se mit à la tête de l'armée et rejoignit devant Saint-Jean-d'Acre, où il devait bientôt mourir lui-même, les troupes des autres croisés.

---

[1] L'ancien *Cydnus,* qui avait failli déjà être fatal à Alexandre le Grand.

61. *Route que prennent Philippe Auguste et Richard Cœur de Lion. Relâche de ce dernier dans l'île de Chypre.* — Le reste de l'expédition, qui avait pour chefs **Philippe Auguste** et **Richard Cœur de Lion**, voulut éviter le long voyage par terre où l'on avait à se défendre contre des chrétiens, avant de combattre les infidèles; ces deux rois s'embarquent à Marseille et font route ensemble jusqu'en Sicile. Puis, Philippe quitte le premier cette île où la mésintelligence a commencé à éclater entre lui et son rival, et aborde devant **Saint-Jean-d'Acre**, le 13 avril 1191. Richard vient l'y rejoindre deux mois plus tard, après avoir relâché dans l'île de **Chypre**. Il a, en passant, enlevé cette île à **Isaac Comnène**, qui avait refusé de lui ouvrir le port de Limisso, et y a épousé **Bérengère de Navarre**, au lieu de conclure le mariage précédemment projeté avec sa fiancée **Alix**, sœur du roi de France.

62. *Siége et prise de Saint-Jean-d'Acre. Philippe Auguste part. Richard reste.* — **Guy de Lusignan,** rendu à la liberté, avait depuis deux ans (1189), mis le siége devant Saint-Jean-d'Acre. A ce prince s'étaient joints **Conrad,** marquis de Tyr, Frédéric de Souabe et ses Allemands, et une petite armée de Danois et de Frisons; la flotte des Pisans et des vaisseaux anglais bloquaient le port. C'est alors qu'arrivèrent les rois Philippe et Richard. Les dissensions entre les princes croisés, les exploits de Philippe et du **Lion d'Angleterre,** d'une part, ceux de Saladin et de son frère **Malek-Adhel,** de l'autre, signalent ce long siége. Enfin, après trois ans de combats, les étendards chrétiens flottent sur les murs de la ville (1191). Mais là s'arrêtent les succès. Philippe Auguste retourne en France avec presque tous ses soldats. Richard demeure, attendant la restitution de la vraie croix et le payement de la somme d'argent promise par les vaincus.

63. *Suite et fin de la troisième croisade, depuis le départ du roi de France. Retour et captivité de Richard.* — Saladin n'exécute pas les promesses faites. L'intrépide roi d'Angleterre multiplie les exploits chevaleresques et devient la terreur des Sarrasins. Mais en vain bat-il, près d'**Arsur** [1], Saladin, qui perd dans cette journée 32 émirs et 8,000 soldats ; en vain parcourt-il la Palestine, en ajoutant chaque jour à sa renommée, il ne peut qu'entrevoir Jérusalem, mais non la reprendre. Il ne peut même se faire rendre la vraie croix. Le duc de Bourgogne, celui d'Autriche, refusent d'obéir à ce chef impérieux et se retirent. Tant de hauts faits d'armes n'aboutissent qu'à la conclusion d'une trêve qui permet aux pèlerins le libre accès de la ville sainte. La côte reste aux chrétiens. On avait élu roi de Jérusalem, **Henri, comte de Champagne**, un des croisés les plus vaillants, que les Sarrasins, à cause de ses hauts faits, nommaient le **grand comte**. Richard vend à **Guy de Lusignan**, l'ancien roi de Jérusalem, le **royaume de Chypre**, sa première conquête ; il part (1192) avec un seul vaisseau que la tempête jette sur la côte septentrionale de l'Adriatique, près d'**Aquilée**, et tombe entre les mains de son ennemi, le duc d'Autriche.

64. *Quatrième croisade. Noms de ses chefs.* — Le grand Saladin, dont les chrétiens avaient admiré les généreuses qualités et le courage, était mort peu après le départ de Richard Cœur de Lion. Son frère et son successeur, **Malek-Adhel**, menaçait d'enlever leurs dernières possessions aux chrétiens restés en Orient. Pour empêcher ce malheur, **Innocent III** fait pré-

---

[1] Sur la côte, et au N. de Jaffa.

cher une **quatrième croisade**, par **Foulques, curé de Neuilly.** Cette fois ce ne sont pas les rois qui se mettent à la tête de l'expédition; elle a pour chefs, **Boniface,** marquis de Montferrat, **Baudouin IX,** comte de Flandre, et le doge de Venise, **Dandolo,** qui veut y prendre part malgré ses quatre-vingt-cinq ans. Les Vénitiens promettent leur flotte pour le transport, mais à condition que les croisés aideront à reprendre **Zara** aux Hongrois.

65. *Les croisés à Constantinople. Fondation d'un empire latin.* — Après avoir débuté par la prise de Zara, les croisés ne se rendent pas en Syrie. Malgré les instances d'Innocent III, ils vont renverser à Constantinople l'usurpateur Alexis III, et rétablir sur son trône **Isaac l'Ange,** dont le fils leur avait promis de les aider ensuite dans leur entreprise et de mettre fin au schisme. Mais les promesses ne sont pas tenues. L'empereur rétabli est tué par **Alexis V Ducas,** qui s'empare de la couronne. Les croisés prennent d'assaut **Constantinople,** et l'ambition leur faisant oublier la délivrance du tombeau du Christ, ils fondent dans cette ville, au commencement du xiiie siècle (1204), un empire dont le milieu de ce même siècle verra la fin.

66. *Ordres religieux et militaires.* — Quatre ordres religieux et militaires avaient, pendant les premières croisades, pris naissance en Orient. Ils avaient pour but de protéger les pèlerins, de soigner ceux qui tombaient malades et de défendre les nouveaux établissements des chrétiens dans ces contrées. Ces quatre ordres étaient : 1º celui des chevaliers de **Saint-Jean de Jérusalem,** depuis appelé **ordre de Malte;** 2º l'ordre de **Saint-Lazare** de Jérusalem ; 3º l'ordre des **Templiers;** 4º l'ordre des **chevaliers Teutoniques.**

67. *Ordre de Saint-Jean de Jérusalem.* — — Le Provençal **Gérard de Martigues**, lors de la première croisade, était administrateur de l'**hôpital de Saint-Jean**, fondé à Jérusalem, en 1048, pour les pèlerins pauvres et les malades. Il prit, vers l'an 1100, l'habit régulier avec ses confrères, et forma une congrégation sous l'invocation de saint Jean-Baptiste et la règle de saint Augustin. Le pape Pascal II approuva cet ordre en 1113. En 1120, **Raymond du Puy**, second chef de l'ordre, le divisa en **trois classes** : la première était celle des **chevaliers de la justice**, destinés à porter les armes et à protéger les pèlerins ; la deuxième comprenait les prêtres et les chapelains ; la troisième était formée des frères servants, qui soignaient les pèlerins malades. Raymond du Puy prit le premier le titre de **Grand-Maître**, et exigea le vœu du célibat. Les grands maîtres de Saint-Jean s'intitulaient **Gardiens des pauvres de Jésus-Christ** ; les chevaliers appelaient les pauvres et les malades **nos seigneurs**. Les chevaliers de Saint-Jean de Jérusalem portaient pour insigne, sur un vêtement noir, une **croix blanche** à huit pointes.

68. *Ordre de Saint-Lazare de Jérusalem.* — L'ordre de Saint-Lazare de Jérusalem a la même origine que celui de Saint-Jean. Lorsque Raymon du Puy, qui succéda à Gérard de Martigues, donna une nouvelle règle aux Hospitaliers, en 1120, tous ne l'embrassèrent pas. Les plus anciens, connus sous le nom de **chevaliers de Saint-Lazare**, ne voulurent rien changer à l'ancien statut qui leur permettait le mariage ; ils se consacrèrent tout entiers au traitement des lépreux. Le grand maître de l'ordre devait avoir été **lépreux** lui-même, afin d'être plus compatissant pour le mal de ces infortunés. Les chevaliers de Saint-Lazare portaient une **croix verte** à huit pointes, avec écharpe ou ruban vert. Aux vœux de charité et d'obéissance, ils ajoutèrent celui d'être toujours prêts à combattre pour la foi[1].

69. *Ordre des Templiers.* — Les fondateurs de l'ordre des Templiers furent (1118), entre autres, **Hugues de Payens** et **Geoffroy de Saint-Adhémar**, gentilshommes français. Le pape Honoré II leur donna, en 1127, une constitution. Leur costume consistait en un habit blanc, sur lequel le pape Eugène III ajouta une **croix rouge** à huit pointes. Ces chevaliers étaient particulièrement chargés de tenir les passages et les chemins libres aux pèlerins qui allaient en Terre-Sainte ou qui en revenaient. Baudouin II leur ayant assigné un logement dans son palais, sur l'emplacement de l'ancien temple de Salomon, ils furent appelés **chevaliers du Temple** ou **Templiers.**

70. *Ordres des chevaliers Teutoniques.* — L'ordre des chevaliers Teutoniques dut son origine à plusieurs gentilshommes allemands qui firent bâtir à Jérusalem un hôpital pour les pèlerins pauvres ou malades de leur nation, au service desquels ils se vouèrent par des vœux solennels; à ces vœux ils ajoutèrent celui de combattre les infidèles, et adoptèrent presque en tout la règle des Templiers. Leur costume consistait en un habit blanc, sur lequel était une **croix noire.**

[1] Témoin de leurs services en Orient, Louis VII emmena en France un grand nombre de ces chevaliers, et il les établit (1154) à Boigny, près d'Orléans. Il les chargea de l'intendance et de l'administration des *maladreries* et *léproseries* du royaume. Cet ordre s'y étant affaibli par la suite des temps, le pape Grégoire XIII l'unit, pour le relever, à l'ordre de Saint-Maurice en Savoie, et en nomma grands maîtres perpétuels les ducs de Savoie. Ainsi fut réunie la croix verte à huit pointes de Saint-Lazare à la croix blanche et tréflée de Saint-Maurice, patron de ce duché.

Cet ordre, d'abord connu sous le nom de : **Ordre des Teutoniques de Sainte-Marie de Jérusalem,** ne commença à se faire remarquer qu'au siége de Saint-Jean-d'Acre ou Ptolémaïs, en 1190. Le pape Célestin III confirma cet ordre en 1192. En 1230, les chevaliers Teutoniques passèrent en Prusse, dont nous les verrons faire la conquête sur les naturels du pays, encore plongés dans les ténèbres de l'idolâtrie.

XII. — ÉGLISE.

71. *Conciles généraux qui se tinrent au* XIIe *siècle.* — Il y eut, au XIIe siècle, trois conciles généraux, et ce furent les premiers qui se tinrent en Occident. Ils se réunirent dans la basilique de Saint-Jean de Latran, que l'on regarde comme la plus ancienne de Rome : d'où leur nom de **conciles de Latran.** Le premier (1123), sous le pape Calixte II, s'occupa de réformer la discipline ecclésiastique et de mettre un frein à la simonie. Le deuxième (1139), sous le pontificat d'Innocent II, condamna les erreurs d'**Arnaud de Brescia.** Le troisième (1179) fut réuni par le pape Alexandre III. Il confirma aux cardinaux le droit exclusif d'élire le pape[1], et condamna les **Vaudois,** et les **Albigeois.**

72. *Diverses hérésies.* — Entre autres erreurs, **Arnaud de Brescia** rejetait le baptême des enfants, la messe, la prière pour les morts. — Les **Vaudois,** dont le chef fut un marchand de Lyon, nommé **Pierre de Vaux**[2], soutenaient que la pauvreté absolue, conseillée par l'Évangile comme moyen de perfection, est indispensable au salut, et dénaturaient ainsi sur plusieurs points, par une interprétation exagérée et fausse,

---

[1] V. XIe siècle, n° 73. — [2] Du nom de son village natal, Vaux, au N.-E. de Lyon ; on le nomme aussi Pierre *Valdo*.

la doctrine évangélique. Bientôt, à ces premières erreurs ils en ajoutèrent une foule d'autres sur l'Eucharistie, la confession, etc. Cette secte, connue encore sous le nom de **Cathares**[1] ou plus particulièrement sous celui de **pauvres de Lyon**, se propagea surtout dans le Dauphiné, puis dans certaines vallées du Piémont. — Le fond de la doctrine des **Albigeois** était la doctrine manichéenne, qui admettait deux principes, l'un bon, l'autre mauvais. Ces hérétiques proscrivaient l'usage des sacrements, le culte et la hiérarchie de l'Église ; ils tirent leur nom de la ville d'**Alby**, où ils se multiplièrent, ainsi que dans tous les environs de cette ville.

73. *Autres mesures importantes prises par Alexandre III.* — **Alexandre III**, qui avait réuni le 3ᵉ concile de Latran, signala en outre son pontificat par deux mesures importantes : il **abolit l'esclavage**, et réserva au Saint-Siége seul la **canonisation** des saints, à laquelle procédaient encore certains évêques métropolitains.

74. *La servitude disparaît peu à peu de l'Europe.* — Sous l'influence du christianisme, la **servitude** tendit graduellement à disparaître de l'Europe. Outre les affranchissements faits en faveur des individus, et ceux qui étaient accordés collectivement, soit aux habitants de tout un bourg, soit aux personnes qui exerçaient certaines professions, il y eut les **affranchissements généraux** de toute une classe d'hommes ou de tous les serfs d'un même pays. Dès le commencement du XIVᵉ siècle, il n'y a plus de serfs dans toute l'étendue du domaine royal, en France.

75. *Ordres religieux fondés dans le XIIᵉ siècle.* — Parmi les nouveaux ordres religieux qui prennent

---

[1] *Cathares*, du grec, purs.

naissance pendant le xiie siècle, il faut citer : 1° Celui des **Trinitaires**, fondé par le Provençal **saint Jean de Matha**, et érigé en institut par Innocent III. Cet ordre, appelé aussi des **Mathurins**, du nom d'une église qui lui fut donnée à Paris, était destiné à racheter, au moyen d'aumônes, les chrétiens prisonniers des infidèles ; 2° celui des **Prémontrés**, chanoines réguliers, institués par **saint Norbert**, qui donnèrent au clergé l'exemple de leur vie austère et de leur actif dévoûment.

76. *Grand ascendant qu'exerça saint Bernard.* — Dans ce siècle, l'ordre naissant de Cîteaux fut illustré par un des plus grands saints du moyen âge, **saint Bernard**. Né en 1091, d'une famille noble de la Bourgogne, ce jeune homme entraîna avec lui, dans la vie religieuse, tous ses frères, moins le plus jeune qu'il laissa pour soigner son père. Plus tard, celui-ci vint lui-même rejoindre sa famille dans le cloître. **Cîteaux**, où Bernard était entré en 1113, se peupla si rapidement, que la création de nouvelles abbayes devint indispensable. Saint Bernard alla, dans la **vallée d'absinthe**[1], fonder le monastère de **Clairvaux**[2], le premier des soixante-douze qu'il devait établir pendant sa vie. Ce grand homme, que distingua l'ardeur de sa piété envers la sainte Vierge, et qui nous a laissé des traités et des sermons remarquables par leur onction et par la douceur de leur style, joua un rôle de la plus grande importance dans les affaires de son temps. Ce fut à lui qu'on s'adressa pour rédiger la règle des Templiers, pour décider qu'il devait porter la tiare, d'Innocent II ou d'Anaclet. Il fit condamner les propositions erronées d'**Abailard**, fut chargé par

---

[1] Ainsi nommée, parce que l'absinthe y croissait en abondance. — [2] Au S. E. de Bar-sur-Aube.

son propre disciple, le pape Eugène III, de **prêcher
la deuxième croisade**, combattit le fanatisme du
moine Raoul, qui excitait les chrétiens au massacre
des Juifs, et consacra à la défense et au triomphe
de la vérité l'immense ascendant que, pendant plus
d'un quart de siècle, il exerça sur tous les esprits.

77. *Frères pontifes.* — Vers l'an 1177, un petit pâtre
du Vivarais, **saint Bénezet**, se dit, à l'âge de douze
ans, inspiré de Dieu pour bâtir le **pont d'Avignon,**
ouvrage devant lequel avaient reculé les Romains ; on
le crut ; il trouva des coopérateurs qui se dévouèrent
avec lui à cette œuvre, et, en douze ans, fut construit
ce pont, dont la longueur est de 447 mètres. Ainsi
commença une association religieuse, dite des **frères
pontifes**[1]. L'art de construire des ponts en pierres
s'était presque perdu depuis l'invasion des barbares.
Les frères pontifes s'établissaient près des fleuves et
des rivières, transportaient gratis les voyageurs sur
l'autre rive et s'occupaient de construire de nouveaux
ponts. Ils en firent de non moins remarquables que
celui d'Avignon, celui de **Pont-Saint-Esprit**, entre
autres, au xiii° siècle. Ce fut ainsi à d'humbles religieux que l'Europe dut, sur plusieurs points importants de son territoire, des moyens plus prompts et
plus sûrs de communication.

XIII. — LETTRES.

78. *Philosophie scholastique.* — La philosophie **scholastique**[2] avait pour objet la démonstration ration-
nelle, par la dialectique, des vérités révélées qu'enseignait la théologie. Née au ix° siècle, dans les écoles

[1] Du latin *pons,* et *facere.* Littéralement, faiseurs de ponts.
[2] De *schola,* école. Enseignée dans les *écoles.*

qu'avait fondées Charlemagne, développée par le génie de saint Anselme, au xie siècle, elle a, pendant le cours du xiie, pour principaux représentants **Abailard** et **Pierre Lombard**.

79. *Comment Abailard s'est rendu célèbre.* — Abailard se rendit célèbre par l'éclat avec lequel il enseigna la rhétorique et la philosophie à Paris ; il y attirait autour de lui, sur la montagne Sainte-Geneviève, plus de 3,000 auditeurs. Deux systèmes philosophiques se disputaient alors les écoles : celui des **réalistes** qui regardaient les idées générales[1] comme ayant une existence réelle, et celui des **nominaux** qui ne leur attribuaient aucune réalité hors de l'esprit humain qui les a formées, au moyen de l'abstraction, et qui leur a donné l'existence en leur donnant un nom. Se rapprochant de cette dernière opinion, que venait d'enseigner **Roscelin**, Abailard combattit **Guillaume de Champeaux**, qui enseignait le réalisme. Mais il eut le tort de mêler à cette doctrine, toute philosophique, des erreurs sur le mystère de la Trinité, qui le firent attaquer par saint Bernard, et condamner au **concile de Sens**. Il se retira dans le monastère de Cluny, dont l'abbé, **Pierre le Vénérable**, devenu son ami, le réconcilia avec l'Église ; et ce fut dans la paix du cloître qu'expira cet homme célèbre par son savoir, par son éloquence, mais qu'avaient rendu malheureux la passion et l'amour-propre. **Héloïse**, qu'il avait aimée pendant sa jeunesse, mourut quelques années plus tard au **Paraclet**[2], dont elle

---

[1] Ou *universaux*, comme on les nommait dans le style de l'école. *Vérité, Justice*, etc., sont des idées générales ou des universaux. — [2] Cette abbaye était ainsi appelée du mot grec *Paraclet* (consolateur, nom donné au S. Esprit), parce que la Pentecôte était sa fête, et que, ce jour-là, on y chan-

était abbesse, et un même tombeau les réunit après leur vie.

80. *Ouvrage qu'a laissé Pierre Lombard.* — **Pierre Lombard** enseigna la théologie à Paris et y fut évêque. Il a laissé un livre où il a réuni les solutions données à chaque question par les divers docteurs de l'Église. Ce recueil a valu à son auteur le nom de **maître des sentences.**

81. *Historiens au XIIe siècle.* — Il faut, dans ce siècle, citer parmi les historiens: l'abbé de Saint-Denis, l'illustre ministre **Suger,** qui écrivit la vie de Louis VI, des mémoires sur sa propre administration, et à qui on doit la fondation des **grandes choniques de Saint-Denis,** vaste recueil où les actes de chaque règne étaient consignés jour par jour ; **Guillaume de Tyr,** qui nous a laissé l'histoire des croisades ; et une femme née dans le palais impérial de Constantinople, **Anne Comnène,** qui a écrit la vie de son père Alexis.

82. *Renaissance du droit romain en Occident.* — La législation romaine, délaissée et mise en oubli pendant les siècles précédents, est étudiée avec ardeur à partir du XIIe siècle. **Irnerius,** dans la célèbre **école de Bologne,** dont la grande comtesse Mathilde fut la protectrice (1111), commente les **Pandectes,** au milieu d'un grand concours de disciples. C'est dans les constitutions des empereurs de l'ancienne Rome que les empereurs de cette époque font chercher des arguments, pour soutenir leurs prétentions à la souveraineté universelle.

83 *Averrhoès.* — Vers la moitié de ce siècle naquit à Cordoue, dans l'Espagne musulmane, **Averrhoès,**

tait la messe en grec. Le Paraclet était au S.-E. de Nogent-sur-Seine.

médecin et philosophe ; le premier, il traduisit du grec en arabe et commenta les œuvres **d'Aristote**. Cette traduction est célèbre parce qu'elle servit elle-même à composer les traductions latines qui, seules pendant longtemps, firent connaître dans l'Occident les écrits du philosophe de Stagyre.

84. *Les Sagas et les Niebelungen.* — C'est encore au xiiᵉ siècle que furent composés, dans la langue scandinave, les **Sagas**, récits en prose des légendes historiques du Nord ; et c'est vers la fin de ce même siècle que fut rédigé, dans le midi de l'Allemagne, le poëme épique des **Niebelungen**. Ce poëme n'est pas sans analogie avec celui de l'Edda ; mais, écrit par un de ces troubadours nommés **minnesingers** ou chantres d'amour, il laisse percer, parmi les scènes sauvages de la lutte entre les Burgundes et les Huns, quelques sentiments de christianisme et de chevalerie.

XIV. — FRANCE.

SOMMAIRE.

1108. Louis IV, dit le Gros. — Guerres contre plusieurs vassaux excités par Henri Iᵉʳ, roi d'Angleterre, — Louis VI est battu à Brenneville. — Menacé d'une invasion par l'empereur Henri V, il convoque les grands vassaux et prend l'oriflamme. — Commencements des communes. — Il fait de son vivant sacrer son fils Louis VII, le Jeune. — 1137. Louis VII, le Jeune. — Guerre contre Thibaut, comte de Champagne ; incendie de Vitry. — 1147. 2ᵉ Croisade, prêchée par saint Bernard ; l'abbé Suger s'y oppose. Louis VII, cependant, y prend part. — Il répudie Eléonore de Guyenne sa femme. — 1180. Philippe-Auguste. — Il rend un édit contre les Juifs. — 1189. 3ᵉ Croisade. — Établissement de la dîme saladine. — Guerre contre Richard Cœur de Lion ; invasion de la Normandie. — Trêve de 5 ans. — Philippe-Auguste répudie Ingelburge, et la reprend, après avoir renvoyé Agnès de Méranie.

TREIZIÈME SIÈCLE

(1101-1200).

I. — ILES BRITANNIQUES.

1. *Usurpation de Jean sans Terre, meurtre d'Arthur.*
— Après la mort de Richard Cœur de Lion, le trône
d'Angleterre devait appartenir, par **droit de représentation**[1], à Arthur de Bretage, fils de Geoffroy,
troisième fils de Henri II. Mais ce fut **Jean sans
Terre**, quatrième fils de ce souverain, qui usurpa la
couronne au détriment de son neveu, comme il l'a-
vait usurpée au détriment de son frère·Richard. Philippe Auguste, roi de France, se déclare en faveur
d'Arthur ; mais Jean fait prisonnier ce jeune prince et
l'égorge de ses propres mains, à Rouen, dans le ca-
chot où il l'a enfermé.

2. *Jean perd la moitié de ses provinces de France.* —
L'indignation publique sert le roi de France. Il cite
devant la **cour des pairs**, le meurtrier qui est son
vassal. Jean refuse de comparaître, et il est condamné
par défaut. Ses fiefs de Touraine, du Maine, de l'Anjou, de la Normandie, du Poitou, sont saisis ; le duché
de Bretagne passe à une sœur d'Arthur qui épouse
Pierre de Dreux. La **Guyenne** seule, en France, reste
au roi d'Angleterre, naguère maître de la moitié occidentale du royaume.

3. *L'Angleterre fief du Saint-Siége. Bataille de Bou-*

---

[1] Droit en vertu duquel on exerce, dans la succession
d'une personne, les droits d'une autre personne morte avant
la première, et qu'on *représente.*

vines. — Le meurtrier est bien près de perdre même cette couronne d'Angleterre qu'il n'avait pas craint d'acquérir par un crime. Il fait saisir le temporel de l'église de Cantorbéry, à la suite de contestations avec le pape Innocent III pour la nomination à cet archevêché. Excommunié par le pape, menacé par le roi de France et par ses propres sujets révoltés, il ne se maintient sur le trône qu'en donnant au Saint-Siége les couronnes d'Angleterre et d'Irlande et en les reprenant comme fief moyennant un tribut annuel. Puis il se ligue avec l'empereur **Othon IV** et le **comte de Flandre** contre Philippe Auguste. Cette coalition est formidable ; mais la bataille de **Bouvines** (1214) sauve la France.

4. *Grande charte*. — La tyrannie de Jean excite, l'année suivante, en Angleterre une révolte presque générale. Assiégé dans la tour de Londres, le roi est obligé, pour sauver sa couronne, de signer (1215) la **grande charte** et la **charte des forêts** qu'ont rédigées les barons. La première, encore appelée **charte des libertés**, réglait les droits de tous les ordres du royaume, clergé, noblesse, peuple. Les articles les plus importants de cet acte, qui devint la pierre fondamentale de la liberté anglaise, sont ceux qui ne permettent d'assujettir la nation à aucun **impôt** sans le consentement du grand conseil de cette même nation, et celui qui défend d'**arrêter** aucun homme libre si ce n'est en vertu du jugement légal de ses pairs. De plus, les **amendes** doivent être proportionnées à la faute et à la fortune du coupable, de manière à ne jamais entraîner sa ruine complète ; la justice doit être rendue gratuitement. Un autre article de cette même charte décrète l'uniformité de **poids** et de **mesures** dans tout le royaume.

5. *Charte des forêts*. — La **charte des forêts** règle

les points relatifs aux délits qui pouvaient être commis dans les forêts royales et détermine la juridiction
qui devait en connaître. Elle rendit à la **culture** des
espaces considérables compris dans l'étendue de ces
vastes forêts.

6. *Accord des barons et du peuple anglais.* — Nous
avons déjà remarqué dans quelle subordination réelle
se trouvait la féodalité anglaise vis-à-vis de la royauté,
du bon plaisir de laquelle elle avait tenu tous ses fiefs
après la conquête. Aussi, quand le pouvoir royal devint tyrannique, pesa-t-il en même temps sur les seigneurs et sur le peuple, et les intérêts de ces deux
classes se trouvant identiques, les barons sentirent
qu'ils devaient s'appuyer sur leurs inférieurs et ne pas
les oublier quand ils réclamaient la justice, afin de
l'obtenir pour eux-mêmes.

7. *Louis de France appelé, puis abandonné par les barons anglais.* — Après avoir signé ces chartes et juré
de les observer, Jean avait violé ses serments. Une
nouvelle révolte lui arrache la couronne. Louis, fils
de Philippe Auguste, à qui elle est offerte, va la prendre. Mais Jean meurt (1216). Les Anglais se réunissent
autour de son fils **Henri III**, auquel Louis cède bientôt le trône, pour retourner en France, dont il devient
roi sous le nom de Louis VIII.

8. *Henri III. Guerre avec la France; revers.* —
Henri III n'a que neuf ans (1216), et le **comte de
Pembrocke** gouverne en son nom avec fermeté. Sept
ans plus tard (1223), quand Louis VIII est sacré roi de
France, Henri III, au lieu d'assister à cette cérémonie,
comme il le devait, envoie demander à son suzerain
la restitution de la Normandie. Louis refuse, rassemble
une armée pour chasser les Anglais de son royaume,
et leur enlève le Poitou, l'Aunis, le Périgord, le Limousin. Il n'a plus que la Gascogne à soumettre, quand

il tourne ses armes contre les Albigeois. En 1242, Henri III essaye de recouvrer ses domaines sur le continent. Saint Louis, qui avait succédé à son père, bat deux fois les armées anglaises à **Taillebourg** et à **Saintes** (1242). La **trêve de Bordeaux** ne laisse à Henri que la **Guyenne**, au delà de la Garonne. Dix-sept ans plus tard (1259), saint Louis, dans un esprit scrupuleux de justice et pour s'assurer la possession incontestée des provinces sur lesquelles les rois d'Angleterre prétendaient avoir des droits, rend à Henri III, par un traité, mais sous la condition de l'hommage, le Limousin, le Périgord, l'Agénois, le Quercy et une partie de la Saintonge.

9. *Soulèvement contre Henri III. Statuts d'Oxford. Saint Louis choisi pour arbitre.* — Haï à cause de se prodigalités envers ses favoris, et des exactions qui en sont la suite, Henri voit l'Angleterre se soulever contre lui. A la tête des barons, **Simon de Montfort, comte de Leicester**, impose au roi les **statuts provisoires d'Oxford** (1258), qui ordonnent la réunion du parlement trois fois par an et qui établissent vingt-quatre barons pour administrer le royaume. Ces statuts annihilaient la puissance royale et préparaient bien des troubles; aussi le parlement qui les avait votés fut-il plus tard désigné sous le nom de **parlement insensé**. Henri rétracte des promesses extorquées par la force. La guerre civile s'allume. **Saint Louis** est choisi pour **arbitre** par ceux qui avaient été ses ennemis; mais la sentence équitable qu'il prononce ne peut arrêter le mouvement violent qui a commencé.

10. *Fin du règne et mort de Henri III.* — Henri III et son fils Édouard sont faits prisonniers par Montfort qui les a battus à **Lewes** [1] (1264). L'année suivante,

[1] Au N.-E. de Brighton.

Édouard s'échappe et rétablit son père sur le trône par la victoire d'**Evesham**[1], qui coûte la vie à Montfort. La paix se rétablit bientôt ; les villes et les bourgs envoient des députés au parlement pour voter l'impôt ; et Henri meurt (1272), après un règne de 55 ans, qui a été presque tout entier rempli d'agitations.

11. *Commencement du règne d'Édouard Ier. Importance de la chambre des communes.* — Son successeur est le jeune vainqueur d'Evesham, **Edouard Ier**, qui venait encore de signaler sa valeur contre les infidèles en Palestine. Il inaugure son règne par de sages réformes, par une administration à la fois juste et ferme. La **chambre des communes** commence à avoir plus de part aux affaires de l'État ; son consentement devient nécessaire pour l'imposition des taxes publiques.

12. *Conquête du pays de Galles. Intervention d'Édouard en Écosse.* — Édouard tourne alors ses pensées vers de nouvelles conquêtes ; il aspire à devenir maître de toute la Grande-Bretagne. Le **pays de Galles**, encore indépendant de fait, est conquis (1283) ; mais Édouard souille ses victoires par sa cruauté envers David, le dernier prince gallois, qu'il fait écarteler, et par le massacre des **bardes**, dont les chants guerriers inspiraient l'amour de la liberté. En 1286, les Écossais choisissent le roi d'Angleterre pour arbitre entre les prétentions de douze compétiteurs qui se disputent la couronne d'Écosse après la mort d'**Alexandre III**. Édouard se prononce en faveur de **Bailleul**, qui reconnaît sa suzeraineté. Mais le nouveau suzerain rend le joug trop pesant. Bailleul refuse de le porter ; il est battu et fait prisonnier à **Dunbar**[2] (1297).

13. *Wallace et Robert Bruce.* — Un jeune Écossais,

---

[1] Au S. E. de Worchester. — [2] A l'E. d'Edimbourg.

l'héroïque **Guillaume Wallace**, appelle alors aux armes les Outlaws et les montagnards des Highlands, chasse les Anglais de l'Écosse, est nommé régent de ce pays et envahit à son tour le nord de l'Angleterre. La jalousie de la noblesse écossaise l'arrête au milieu de ses succès. Vaincu dans la sanglante bataille de **Falkirk** [1] (1298), Wallabe est livré à Édouard, qui le fait mourir à Londres comme traître et rebelle. Mais l'Écosse opprimée trouve bientôt un vengeur. **Robert Bruce**, dont le père avait été un des compétiteurs de Bailleul, et qui vivait lui-même à la cour d'Édouard, forme le projet d'affranchir son pays. Il s'échappe de Londres sur un cheval qu'il a fait ferrer à rebours, pour dépister ceux qui voudraient le poursuivre, rassemble ses partisans, enlève plusieurs places aux Anglais et se fait couronner roi (1306). Édouard meurt à Carlisle en allant le combattre.

14. *Guerres d'Édouard sur le continent.* — Édouard Iᵉʳ avait eu à combattre, sur le continent, Philippe le Bel, contre qui il s'était ligué avec les Flamands. Mais la **Guyenne**, qui convoquait le roi de France, resta, après quelques hostilités, aux Anglais, en vertu du **traité de Paris** (1298).

II. — DANEMARK ET NORVÉGE.

15. *Valdemar II le victorieux.* — Les commencements du règne de **Valdemar II** (1202), en Danemark, sont des plus brillants. Il force la Norwége à lui rendre hommage, soumet le Holstein, la Poméranie orientale, l'Esthonie, fonde **Revel** et **Narva**, et organise une nombreuse marine. Mais la fin ne répond pas à ces heureux débuts. Fait prisonnier, avec son fils, par

[1] A l'O. d'Édimbourg.

le comte de Schwerin qu'il a offensé, et obligé de se racheter des mains de ce seigneur au prix d'une forte rançon, il voit ses États se diviser. Il est battu par le duc de Saxe ; le Mecklembourg, le Holstein, Hambourg, Lubeck lui échappent, et la **Norvége** recouvre son indépendance.

16. *Le Danemark après Valdemar II jusqu'à la fin du* XIIIe *siècle*. — Après la mort de Valdemar II, qui avait régné trente-neuf ans (1202-1241), l'histoire du Danemark, jusqu'à la fin de ce siècle, n'offre qu'une suite de dissensions intestines, d'assassinats, de luttes des rois avec les évêques. Au milieu de tout ce désordre, il faut remarquer la première **charte**, que la noblesse fait signer au roi **Eric V**, en 1282.

III. — SUÈDE.

17. *La Suède au* XIIIe *siècle*. — Déchirée de son côté par des luttes sans cesse renaissantes entre divers compétiteurs qui se disputent le trône, la Suède offre cependant quelques événements dignes de mention. Le comte du palais, **Birger**, qui fut, au milieu du XIIIe siècle, régent du royaume, soumit la **Finlande** au christianisme, et fonda **Stockholm** qui devint, quatre siècles plus tard, la capitale de la Suède. Le roi **Magnus Ier** réunit définitivement, pour n'en former qu'un seul État, la **Gothie** à la Suède (1278). Il assura si bien le respect des propriétés qu'on le surnomma **Ladulaäs** (serrure des granges), et il laissa à sa mort (1291) la Suède dans un état de prospérité remarquable.

IV. — RUSSIE.

18. *La Russie envahie par les Tartares Mongols*. — En

1224, les **Tartares Mongols** envahissent la Russie méridionale et y fondent, sous **Touschi**, fils de **Gengis-Khan**, l'empire de la **Horde d'or**, encore appelé **empire du Kaptchak**. En 1237, **Batou**, fils de Touschi, envahit le nord de la Russie, s'empare successivement des **deux grands-duchés de Vladimir** et de **Kiev**. Pendant plus d'un siècle et demi, la Russie reste sous la domination de ces barbares. Ses princes sont leurs vassaux, et sous le joug pesant qui les écrase, ils usent ce qui leur reste de force à se combattre les uns aux autres.

19. *Alexandre Newski.* — **Alexandre Neswki** doit être distingué dans cette période si désastreuse de l'histoire de Russie. Dès 1241, il gagne près des bords de la **Neva** une grande victoire sur les Suédois et les chevaliers Teutoniques. **Grand-duc de Vladimir** après la mort de son père (1245), il se rend de nouveau redoutable à ses ennemis, gouverne ses sujets avec sagesse, et embrasse, avant de mourir (1263), la vie monastique. Son nom est resté en grande vénération parmi les Russes [1].

20. *La Lithuanie.* — La **Lithuanie**, primitivement habitée par les **Lettes** ou **Lettons**, et tributaire des Russes, profite de l'affaiblissement de la Russie pour s'en rendre indépendante vers le milieu du XIIIe siècle. **Hingold** prend le premier le titre de **grand-duc de Lithuanie**. Son successeur se fait baptiser, puis retourne au paganisme. Ce nouvel état, qui peu à peu s'étend depuis la principauté de Smolensk jusqu'au delà de Grodno sur le Niémen, soutient des guerres continuelles contre la Pologne et les chevaliers Teutoniques.

---

[1] L'Église russe l'a canonisé ; c'est pour perpétuer sa mémoire qu'a été créé l'*ordre* de chevalerie de *Saint-Alexandre.*

V. — PRUSSE ET POLOGNE.

21. *Les Chevaliers Porte-Glaives et les chevaliers Teutoniques. La Prusse civilisée.* — Les **Prussiens**, encore idolâtres, ravageaient les pays voisins du leur. En 1202, Albert, troisième évêque de Livonie, fonda, pour défendre contre eux cette province, un ordre de **chevaliers**, appelés **Porte-Glaives**, parce qu'ils avaient pour insigne un glaive avec une croix rouge sur leur manteau blanc. Vingt-huit ans plus tard, Conrad, duc de **Mazovie**[1], pour se mettre à l'abri des mêmes incursions, eut recours à l'ordre Teutonique[2] auquel il donna le territoire de **Culm** et tous les pays qui seraient conquis par ses chevaliers sur les infidèles. Les deux ordres se fondirent bientôt en un seul. En moins de cinquante ans, la Prusse est subjuguée, ses habitants consentent à recevoir le baptême ; les forêts sont défrichées par des colonies allemandes ; des villes importantes s'élèvent dans ces contrées naguère sauvages. A la fin du xiiie siècle, les **chevaliers Teutoniques**, obligés de quitter pour toujours la Terre-Sainte, viennent établir à **Mariembourg** le siége de leur ordre.

22. *Invasion de la Pologne par les Tartares Mongols.* — Sous **Boleslas V le Chaste** (1237-1289), la Pologne fut envahie deux fois par les terribles **Tartares Mongols**, qui ruinèrent tout le pays, s'emparèrent de Cracovie, la brûlèrent, et forcèrent le roi à prendre la fuite. Ils revinrent recommencer leurs ravages sous le règne de son successeur. Lors de cette dernière irruption, ils emmenèrent 21,000 Polonaises en captivité.

---

[1] Partie de la Pologne, située au N. de la Vistule. —
[2] V. xiie siècle, n° 70.

VI. — HONGRIE ET BOHÊME.

28. *Principaux rois de Hongrie au* xiiie *siècle.* — **André II**, roi de Hongrie (1205-1235), est un des chefs de la cinquième croisade. Mais il est rappelé de la Terre-Sainte par de grands troubles qui éclatent dans son royaume. Pour les apaiser, il confirme aux **Magnats**[1] hongrois, par une charte ou **bulle d'or**[2], les droits qu'ils se sont arrogés, et va jusqu'à déclarer que, si lui ou un de ses successeurs violait ces priviléges, ce ne serait pas un crime de rébellion que de lui résister à force ouverte. Sous son fils **Béla IV** (1235-1270), la Hongrie est ravagée d'une manière horrible par les **Tartares Mongols. Ladislas IV** (1272-1290), après avoir donné à l'empereur Rodolphe ses secours contre Ottocar, roi de Bohême, n'en reçoit pas de lui, à son tour, contre les Mongols. Son fils **André III**, a pour compétiteur le prince héréditaire de Naples, et est obligé de lutter contre lui pendant tout son règne. Il meurt en 1301. En lui finit la dynastie des **Arpades**, qui gouvernait la Hongrie depuis la fin du xie siècle.

24. *La Bohême au* xiiie *siècle.* — La Bohême n'échappe pas à l'invasion ni aux ravages des Tartares. Ces barbares pénètrent en Moravie sous le règne de **Venceslas Ier.** Nous verrons ce roi et son fils **Ottocar II** figurer dans les guerres de l'empire. Enfin **Venceslas II**, après avoir succédé à son père Ottocar II, en Bohême, est élu, en 1300, roi de Pologne. Il pourrait, un an après, ajouter à ses deux couronnes celle de Hongrie qui lui est offerte; mais il aime mieux la céder à son fils Venceslas.

[1] De *Magnus*, grand. — [2] Ainsi nommée de l'espèce de *boule d'or*, employée comme sceau et attachée à l'acte.

VII. — EMPIRE GERMANIQUE.

25. *Othon IV.* — A Philippe de Souabe succéda son ancien compétiteur, le fils de Henri le Lion, **Othon IV de Brunswick** (1208). C'était un Guelfe qui, après quatre Hohenstauffen, montait sur le trône d'Allemagne. Il s'engage envers Innocent III, qui l'a couronné empereur à Rome, à restituer au Saint-Siége les **domaines de la comtesse Mathilde** et à respecter toutes les possessions de son jeune neveu, Frédéric II, roi de Sicile et de Naples ; mais il viole bientôt ses promesses. Excommunié alors par le souverain pontife, il retourne précipitamment en Allemagne, s'allie avec Jean sans Terre contre Philippe Auguste et va se faire battre à **Bouvines**[1] (1214). Il renonce à l'empire et meurt obscurément, en 1218.

26. *Avénement de Frédéric II.* — A la place d'Othon IV excommunié, Innocent III avait présenté aux Allemands, pour être empereur, Frédéric II, le fils de Henri VI, le jeune roi des Deux-Siciles, qu'il avait couvert de sa protection. Frédéric était alors âgé de dix-neuf ans et déjà marié. Il s'engage à remettre le Saint-Siége en possession de la **succession de la comtesse Mathilde**, à laquelle il renonce, et fait vœu de **prendre la croix** et d'aller reconquérir Jérusalem. Le pape, qui craint de voir sous un même sceptre l'Allemagne et le midi de l'Italie, stipule en outre que Frédéric résidera en Allemagne, qu'il donnera la couronne des Deux-Siciles au fils qui vient de lui naître, et que jamais ce dernier royaume ne sera incorporé à l'empire germanique. Couronné roi de Germanie et des Romains par Innocent III à Aix-la-

---

[1] Au S. E. de Lille.

Chapelle (1214), Frédéric reçoit, en 1220, la **couronne impériale** des mains d'**Honorius III**, successeur de ce grand pape. Dans cette circonstance solennelle, il renouvelle tous les engagements qu'il a pris envers le Saint-Siége.

27. *Mauvaise foi de Frédéric II. Sa courte apparition en Terre-Sainte*. — Maître du pouvoir, **Frédéric II** oublie ses promesses. Il veut garder le royaume des Deux-Siciles; c'est là qu'il a été élevé, qu'il se plaît, qu'il veut résider. Il refuse de partir pour la croisade. **Grégoire IX**, vieillard énergique, lui rappelle en vain ses engagements, et il est obligé d'avoir recours à l'excommunication. L'empereur part enfin pour la Terre-Sainte, mais il revient presque aussitôt sans avoir combattu les infidèles.

28. *Seconde ligue lombarde. Frédéric II déposé*. — Frédéric II trouve l'Italie révoltée contre lui. Une **seconde ligue lombarde** avait été formée. Son propre fils **Henri** et le pape en font partie. Un premier essai de pacification échoue. A la demande de Frédéric, la diète de Mayence dégrade le rebelle Henri, qui finira ses jours (1242) prisonnier dans un château de la Pouille, et élit à sa place son frère Conrad, **roi des Romains** [1]. **Eccelin le Féroce**, chef des Gibelins, podestat de **Vérone**, s'empare de **Padoue** et fait massacrer douze mille des citoyens de cette ville dans l'amphithéâtre de Vérone. Frédéric but (1237) les Milanais à **Corte-Nova** [2] et leur enlève leur **caroccio** [3].

[1] C'est le nom que les Allemands donnaient au futur empereur. — [2] Au S.-E. de Bergame. — [3] *Caroccio*, grand char traîné par quatre paires de bœufs, et au-dessus duquel flottait l'étendard de la ville. C'était alors, en Italie, le palladium des cités républicaines; les plus braves soldats l'entouraient pour le défendre; le perdre était un déshonneur qui aggravait la défaite.

Le sang guelfe coule à flots, les villes sont saccagées, les temples dévastés et souillés. D'horribles cruautés sont commises, surtout contre le clergé. Les Guelfes, cependant, reprennent courage à la voix du vieux pape **Grégoire IX**, qui veut faire assembler un concile pour juger l'empereur, accusé des plus révoltantes impiétés. Frédéric II, excommunié de nouveau, est déposé, en 1245, par le pape **Innocent IV**, dans le concile de Lyon, où il a refusé de comparaître.

29. *Suite et fin du règne de Frédéric II.* — **Saint Louis**, qui a tenté de prévenir cette sentence, essaye en vain, quand elle a été rendue, de s'interposer comme médiateur. En Allemagne, deux prétendants s'élèvent : **Henri de Thuringe** et **Guillaume de Hollande**. En Italie, la guerre entre les Guelfes et les Gibelins continue avec acharnement. Mais on se lasse des cruautés de Frédéric ; on l'abandonne ; les armes impériales éprouvent des revers multipliés, et l'ingrat Frédéric va, dans ces mêmes États de Naples où le Saint-Siége l'avait soutenu aux jours de son enfance, mourir (1250) de chagrin, ou du poison que lui fait prendre son fils naturel Manfred.

30. *Jugement qu'on peut porter sur ce prince.* — Dissolu dans ses mœurs, emporté et barbare dans ses vengeances, ce prince, qui s'entourait d'un sérail et d'une **garde musulmane** [1], fit douter, pendant presque toute sa vie, s'il était chrétien ou infidèle. Mais on ne peut lui refuser du courage, de l'intelligence, un vif amour des lettres et des sciences. Il créa l'**Université de Naples**, en encouragea plusieurs autres et fut lui-même un des meilleurs troubadours

---

[1] Il avait dans ses troupes un corps nombreux de Sarrasins, et avait établi à *Lucera* (N.-O. de Foggia) une colonie militaire musulmane, ayant ses mosquées.

de son siècle. Il eut des qualités brillantes ; mais, comme le disait son contemporain saint Louis, il fit la guerre à Dieu avec les propres dons qu'il en avait reçus, et, suivant un chroniqueur, il eût été sans égal sur la terre « s'il se fût soucié de son âme. »

31. *Grand interrègne.* — Après la mort de Frédéric II, il y eut en Allemagne une période d'anarchie qui dura vingt-trois ans, et qui fut connue sous le nom de **grand interrègne. Guillaume de Hollande** et **Conrad IV,** fils de Frédéric, règnent ou essayent de régner ; puis **Alphonse de Castille, Richard de Cornouailles** et Ottocar, roi de Bohême, cherchent à se faire élire. Duchés, seigneuries laïques ou ecclésiastiques, villes même, se donnent une existence indépendante. Le Danemark, la Pologne, la Hongrie, échappent à la suzeraineté de l'empire. L'Allemagne est menacée d'une **dissolution presque complète.**

32. *Ligue hanséatique et confédération des villes Rhénanes.* — Au milieu de ce désordre, deux principales confédérations se forment : la **ligue hanséatique**[1] entre les villes commerçantes du Nord, Lubeck, Hambourg, Cologne, Brême, etc., pour protéger leur commerce et défendre leurs priviléges ; la **confédération des villes Rhénanes,** pour assurer à ces villes la libre navigation du Rhin.

33. *Fixation du nombre des électeurs de l'empire.* — Le nombre des électeurs n'avait pas eu jusqu'alors de limite déterminée ; les **sept électeurs** les plus puissants s'arrogent le droit exclusif de nommer les empereurs : ce sont les archevêques de Mayence, de Trèves, de Cologne, le roi de Bohême, les ducs de Bavière et de Saxe, et le margrave de Brandebourg.

---

[1] *Hanse,* association.

34. *Fin du grand interrègne.* — Le grand interrègne finit, en 1273, par l'élection de **Rodolphe, comte de Habsbourg**[1]. Le chef de cette illustre maison qui devait donner, un siècle et demi plus tard, une longue série d'empereurs à l'Allemagne, fut choisi parce que sa puissance ne pouvait pas, au milieu du XIIIe siècle, porter ombrage aux grands vassaux. Il allait fonder la puissance de l'Autriche, et son énergie et son courage allaient relever l'Allemagne.

35. *Luttes qu'eut à soutenir Rodolphe de Habsbourg.* — Il eut un adversaire redoutable dans **Ottocar**, roi de Bohême, qui avait joint à ses États l'Autriche, la Styrie et plusieurs autres provinces. Ottocar refuse l'hommage et se ligue avec Henri, duc de Bavière, contre l'empereur, qui met le pape dans ses intérêts. Dans une première guerre, Rodolphe force le duc de Bavière à se soumettre, et enlève l'Autriche au roi de Bohême, qui reprend bientôt les armes et périt à la bataille dite de **Markfeld**[2] (1278). Son fils **Wenceslas** renonce à l'Autriche et aux autres provinces, pour se contenter de la Bohême et de la Moravie. L'empereur confère et assure à son fils aîné, **Albert**, qu'il destine à l'empire, l'Autriche, la Styrie, la Carniole, et la **maison de Habsbourg** devient ainsi **maison d'Autriche**.

[1] *Habsbourg* (par contraction de *Habitsch-burg*), château des autours. Cette antique famille, dont on fait remonter l'origine au VIIe siècle, tirait son nom de ce château, bâti au XIe siècle, en Suisse, au N.-E. d'Aarau, près du confluent de l'Aar et de la Reuss. Les comtes de Habsbourg, faibles alors vis-à-vis des grands vassaux allemands, n'étaient même pas les plus puissants seigneurs de l'Helvétie : le premier rang parmi ceux-ci appartenait aux ducs de Zæhringen, de qui descend la dynastie actuelle de Bade. — [2] Pays entre Brunn et Vienne, traversé par la Thaya.

36. *Fin du règne de Rodolphe de Habsbourg.* — Après la défaite d'Ottocar, Rodolphe s'applique à rendre à l'Allemagne la **sécurité.** Il la purge des petits tyrans qui l'oppriment, détruit leurs châteaux-forts, soumet plusieurs vassaux, entre autres les **comtes de Bourgogne** et **de Savoie.** La jalousie des grands vassaux s'éveille ; et, peu de temps avant sa mort (1291), cet empereur, qui a rendu à l'empire tant de services, se voit refuser pour son fils Albert, duc d'Autriche, le titre de roi des Romains, qui lui eût assuré le trône impérial.

37. *Adolphe de Nassau et Albert Ier d'Autriche.* — Les électeurs nomment pour lui succéder **Adolphe de Nassau,** dont le règne ne dure que trois ans. Il révolte l'Allemagne par l'iniquité avec laquelle il cherche à étendre ses domaines. Le fils de Rodolphe, Albert, élu par la diète de Mayence (1298), bat son rival et le tue de sa main à la bataille de **Rosenthal** [1]. **Albert Ier** se fait couronner à Aix-la-Chapelle et il parvient, après une vive opposition, à se faire reconnaître par le pape Boniface VIII.

VIII. — ITALIE DU NORD ET DU CENTRE.

38. *Puissance de Venise au* XIIIe *siècle.* — Le commencement du XIIIe siècle vit la puissance de Venise en Orient à son apogée. Le succès de la quatrième croisade assure dans les pays levantins la prépondérance de cette république. **Candie, Négrepont,** une partie de la **Morée** et les îles de l'**Archipel,** une partie même de la ville de Constantinople, lui appartiennent. Mais, après la chute de l'empire latin, après la reprise de Tyr et de Ptolémaïs par les musulmans, son

---

[1] Au S.-O. de Mayence.

commerce éprouve dans ces contrées un coup fatal. Gênes lui dispute la mer Noire, et, par deux victoires successives, exclut (1299) sa rivale de cette mer, ainsi que des côtes de la Syrie.

39. *Modification dans le gouvernement de Venise.* — Le pouvoir devient de plus en plus **aristocratique** à Venise. Après la mort du doge **Jean Dandolo** (1289), le peuple essaye en vain de reprendre le droit d'élection du doge, qu'au milieu du dernier siècle, nous avons vu enlevé à l'assemblée générale des citoyens, pour être attribué au **grand-conseil** composé de quatre cent cinquante membres. Par des mesures habiles, le doge **Gradenigo** assure la domination de ce corps des nobles. D'autre part, l'autorité des doges a été diminuée par la création du **conseil des pregadi**[1] et des **correcteurs du serment des doges.**

40. *Fin de la rivalité de Gênes et de Pise.* — La chute des Hohenstauffen amena celle de **Pise,** la ville gibeline. Après avoir perdu la Sardaigne, cette république engage avec Gênes, au sujet de la Corse, une lutte qui se termine par la bataille navale de **Meloria**[2] (1284). La marine de Pise est détruite. La ville tombe sous le pouvoir tyrannique du comte **Ugolin** de la Gherardesca. L'archevêque **Ruggieri** son ennemi, excite un soulèvement populaire contre lui, s'empare de sa personne, le fait enfermer avec ses deux fils et deux de ses petits-fils, dans une tour dont la clef est jetée dans l'Arno, et les laisse mourir d'inanition (1288). Cette tour, depuis cette affreux supplice, s'est appelée **tour de la faim.** La malheureuse Pise, déchirée par ses divisions intestines, est réduite à signer

[1] De *pregar,* prier. Ainsi nommés parce que le doge les priait de se réunir pour délibérer avec lui. — [2] Petite île près de la côte de Toscane, au S. O. de Livourne.

avec Gênes un traité qui l'oblige à **combler son port** (1290).

41. *Puissance extérieure de la république de Gênes. Ses dissensions civiles.* — Après avoir humilié la puissance de Venise dans le Levant, après avoir ruiné celle de Pise dans la mer de Toscane, **Gênes** se trouve à l'époque de sa plus **grande splendeur.** Elle possède deux faubourgs à Constantinople, Caffa en Crimée, Smyrne, Ténédos, Scio et des îles nombreuses dans l'Archipel, la Corse presque tout entière, la majeure partie de la Sardaigne ; mais en même temps elle est en proie aux dissensions civiles. Aux **podestats** étrangers elle substitue des **capitaines du peuple,** puis des **protecteurs.** Il lui manque_ encore une constitution stable.

42. *Nouvelle acception que reçoivent les mots de guelfe et de gibelin.* — Après s'être rattachées à la lutte de deux maisons allemandes, puis à celle du sacerdoce et de l'empire, les dénominations de guelfe et de gibelin changent une troisième fois d'acception. Le régime féodal s'appuyait sur l'empire ; les libertés municipales étaient soutenues par le Saint-Siége. Par suite, on nomme **guelfes** les partisans des franchises communales ; **gibelins,** ceux des priviléges féodaux.

43. *Gouvernement des principales villes du nord de l'Italie.* — Les principales villes du nord de l'Italie forment de petits États distincts les uns des autres sous le pouvoir de quelque famille noble. Ainsi l'illustre famille génoise des **Grimaldi** possède Monaco. Au milieu du xiii° siècle, les **Visconti** supplantent à Milan les **Torriani** ; l'archevêque Othon Visconti se fait nommer **seigneur perpétuel** de cette ville et transmet son pouvoir à sa famille. Les **Della Scala** remplacent à Vérone les **Eccelini da Romano,** dont ils continuent les traditions gibelines. **Florence** compte

parmi ses chefs guelfes les **Donati**, et parmi ses chefs gibelins les **Uberti** ; malgré les succès passagers obtenus par ces derniers avec l'aide de Manfred, roi de Sicile, elle reste à la tête du parti guelfe. La **maison d'Este** règne à Modène et à Ferrare. Le **Montferrat** a ses marquis issus d'Abdérame[1], qui s'illustrent dans les croisades, et dont l'un obtient (1203) en Macédoine une royauté éphémère. Les **comtes de Savoie**, travaillant à fonder une puissance durable, ont acquis par succession Turin et ils s'étendent dans le pays de Vaud, le Bugey et la Bresse.

44. *Patriotisme de Farinata degli Uberti.* — En 1260, le chef des Gibelins florentins, **Farinata degli Uberti**, avec l'aide des habitants de Sienne et celle de Manfred, fils naturel de l'empereur Frédéric II, gagna sur le parti guelfe, maître alors de Florence, la bataille de **Monte-Aperto**[2] (1260). Dans leur soif de vengeance, les vainqueurs proposèrent de détruire Florence. Farinata degli Uberti combattit ce dessein avec une énergique fermeté, et cette ville ne dut son salut qu'au citoyen qu'elle avait proscrit avec toute sa famille.

45. *Constitution de Florence à la fin du* XIIIe *siècle.* — Florence se donne à la fin du XIIIe siècle, une constitution **démocratique**. Les six **prieurs des arts et de la liberté** qui gouvernent la république, sont nommés par le peuple. En 1292, on établit pour chef suprême un **Gonfalonier de justice**[3].

---

[1] V. Xe siècle n° 33. — [2] *Monte-Aperto* (mont découvert), entre Sienne et Florence. — [3] Gonfalonier signifiait porteur du *gonfalon* ou *gonfanon* (espèce de bannière). Ce titre a été donné à des officiers de diverses sortes, et a servi à désigner les chefs du gouvernement de plusieurs villes d'Italie, entre autres de Florence.

IX. — ÉTATS DE L'ÉGLISE.

46. *Innocent III.* — Depuis 1198 jusqu'en 1216, le siége de Saint-Pierre fut occupé par **Innocent III.** Élu à l'âge de 37 ans, et malgré lui, ce pape illustre fut, de tous les successeurs de Grégoire VII, celui qui réalisa le plus, au moyen âge, le plan d'après lequel la chrétienté devait former une confédération de peuples unis dans une même croyance et ayant le vicaire de Jésus-Christ pour arbitre suprême. Innocent III commence par affermir son **pouvoir dans Rome,** où la souveraineté des papes était souvent moins acceptée que ne l'était leur autorité dans les contrées lointaines. Il revendique les provinces léguées au saint-siége par la grande comtesse Mathilde, mais jusqu'alors occupées par les empereurs, et agrandit les États de l'Église. Comme chef suprême de la chrétienté, il en surveille avec zèle tous les intérêts. Il soutient les droits de la morale chrétienne en excommuniant, en France **Philippe Auguste,** qui a répudié sa femme Ingelburge, et, en Angleterre, **Jean sans Terre,** assassin et persécuteur. Il étend la foi, en envoyant des missionnaires en **Prusse** et dans les autres provinces voisines, appelle à plusieurs reprises l'Europe aux armes contre les infidèles d'Orient, et réprime la dangereuse hérésie des **Albigeois.**

47. *Grégoire IX.* — Élu pape à près de quatre-vingt-cinq ans (1227), Grégoire IX atteignit presque sa centième année sur le siége de Saint-Pierre. Malgré ce grand âge, il lutta énergiquement contre Frédéric II ; il fit, en outre, publier sous le nom de **décrétales,** les décisions des papes, ses prédécesseurs, qui orment une partie importante du **Droit canon** [1].

48. *Grégoire X.* — **Grégoire X** tenta, dans le con-
ile général de Lyon (1274), d'opérer la réunion entre
es deux **Églises latine et grecque** ; ce concile éta-
lit des règles de discipline pour le clergé. C'est ce
ontife qui, pour mettre un obstacle aux intrigues qui
ouvaient se produire dans l'élection des papes, or-
onna qu'après le décès du souverain pontife, les car-
inaux s'assembleraient dans son palais, en **con-
clave** [2], sans communication avec le dehors et qu'ils y
eraient enfermés jusqu'à ce que l'élection fût faite.
'est également sous son pontificat que le **Comtat-
Venaissin** devint, par une cession de Philippe le
Hardi, propriété du Saint-Siége.

49. *Boniface VIII.* — Au Pontificat de **Boniface
VIII** (1294-1303) se rattachent le souvenir d'une lutte
le la papauté avec la puissante famille gibeline des
Colonna et surtout celui d'une querelle ardente avec
e roi de France, **Philippe le Bel**, à propos de la
nomination de l'évêque de Pamiers et des impôts que
e roi voulait lever sur les biens du clergé. Boniface
met la France en interdit. Philippe ose le faire saisir
par **Nogaret,** qui laisse Colonna frapper, en sa présence, de son gantelet de fer, le père commun des
fidèles. Délivré des mains des Français par les habitants d'Anagni, Boniface meurt de douleur, un mois
après cette scène violente et sacrilége (1303). Ce pape,
qui excommunia le petit-fils, fut celui qui canonisa
e grand-père, le pieux roi **saint Louis**.

---

[1] *Canon,* règle. Le *droit canon* est le recueil des lois et des
règles de l'Église. — [2] *Con-clave, ensemble* sous une même
clef.

X. — ROYAUME DES DEUX-SICILES.

50. *Vicissitudes, au* XIIIe *siècle, du royaume des Deux-Siciles.* — Le royaume des Deux-Siciles, qui, de la domination des Normands, vient de tomber sous celle de la maison allemande des **Hohenstauffen**, passera, pendant ce siècle, à deux nouvelles maisons étrangères, qui se le partageront : la **maison** française **d'Anjou** régnera à Naples ; la **maison d'Aragon** en Sicile.

51. *Royaume des Deux-Siciles sous les Hohenstauffen.* — Après son père **Henri VI, Frédéric II** avait été roi de Sicile. Élu empereur, il ne voulut pas, comme nous l'avons vu [1], se dessaisir du royaume de Sicile, et c'est dans ce pays, son séjour de prédilection, qu'il mourut en 1250. Son fils **Conrad IV**, à qui treize ans auparavant, il avait fait donner le titre de roi des Romains, mais qui avait peine à se faire accepter pour son successeur en Allemagne, traverse les Alpes et tente de s'assurer la possession du royaume de Naples, malgré l'opposition du pape Innocent IV. Mais, comme son père, il meurt (1254) dans ce pays, et, dit-on, de la même main, empoisonné par son frère naturel Manfred. Conrad IV ne laissait qu'un héritier âgé de trois ans, **Conradin**. **Manfred**, nommé tuteur du jeune prince et régent, se fait, au détriment de son neveu, couronner (1258) roi à Palerme.

52. *Charles d'Anjou à Naples.* — **Urbain IV**, sans cesse exposé aux incursions de ce tyran qui, dans ses propres États, s'est rendu odieux, appelle à son secours le frère de saint Louis, **Charles** comte **d'Anjou**

____

[1] V. ci-dessus n°s 27-29.

et de Provence, et lui donne l'investiture des Deux-Siciles. Charles, vainqueur près de **Bénévent** (1266), dans une bataille où Manfred perd la vie, a bientôt à combattre un autre compétiteur, l'héritier légitime, Conradin. Cet infortuné prince, âgé de seize ans à peine, est, malgré l'appui des Gibelins, battu à **Tagliacozzo** [1] (1268), et le dernier rejeton de la maison de Souabe va porter sa tête sur l'échafaud que, sans pitié pour sa jeunesse, Charles lui fait dresser à Naples. Avant de se livrer au bourreau, Conradin jette son **gant** au milieu de la foule, comme pour appeler un vengeur.

53. *Ambition de Charles d'Anjou.* — Après cette victoire qui lui assure les **Deux-Siciles**, Charles veut dominer dans toute l'Italie et devenir en Lombardie maître du parti guelfe qui a été son allié. Mais il échoue dans ses desseins ambitieux, se tourne vers le midi, rend, dans la huitième croisade, le **roi de Tunis** son tributaire, et il se prépare à aller conquérir sur les Paléologues le trône de **Constantinople**, lorsqu'une épouvantable catastrophe lui enlève la Sicile et le retient en Italie.

54. *Vêpres siciliennes.* — La conduite hautaine et tyrannique de Charles d'Anjou et de ses officiers avait excité contre eux, en Sicile, une haine générale. **Jean de Procida,** qui avait été le médecin favori des derniers souverains de la maison de Souabe et celui de Manfred, et que Charles d'Ajou avait dépouillé de tous ses biens, profite de ces dispositions et ourdit une vaste conspiration. L'insolence d'un soldat français la fait éclater tout à coup, le lundi de Pâques 1282, à **Palerme.** Au son de la cloche qui appelle les fidèles à vêpres, tous les Français sont égorgés, sauf un seul

[1] A l'O. du lac Celano.

chevalier que sauve la réputation de ses vertus. Ce massacre est connu sous le nom de **Vêpres siciliennes**. L'exemple donné par la capitale est suivi dans toute l'île. Messine, révoltée comme Palerme, est en vain assiégée par Charles d'Anjou. Le roi **Pierre III d'Aragon** avait, comme gendre de Manfred, des droits sur la Sicile ; il les fait valoir, et sa flotte oblige le prince français à se retirer.

55. *Naples à la maison d'Anjou, la Sicile à la maison d'Aragon.* — Les deux compétiteurs meurent (1285), au milieu d'une guerre qui dure déjà depuis trois ans et que termine, sous leurs successeurs, le **traité d'Anagni (1295)**. **Jacques II d'Aragon** épouse une fille de **Charles II d'Anjou**, et lui cède ses prétentions sur la Sicile, en échange de l'investiture de la Corse et de la Sardaigne, qu'il reçoit du pape. Mais les Siciliens se donnent à **Frédéric**, frère de Jacques, qui reste maître de cette île. Ses descendants y règnent pendant près de deux siècles. De l'autre côté du détroit, Charles II règne à **Naples**, et a pour successeur, en 1309, son fils **Robert**.

XI. — ESPAGNE. CASTILLE ET LÉON.

56. *Conséquences de la bataille de Navas de Tolosa.* — La bataille de **Navas de Tolosa**, gagnée (1212) sur les infidèles par les rois d'Aragon, de Navarre et de Castille, eut les résultats les plus décisifs pour l'Espagne. Elle marqua la fin de ces désastreuses invasions du dehors ; et, au dedans, la Péninsule vit tomber rapidement la puissance musulmane. La domination des **Almohades** s'écroule au milieu des révoltes de diverses tribus africaines. Les rois chrétiens profitent de ces divisions pour reprendre aux infidèles des provinces et des royaumes entiers, et, avant le milieu du xiiie siècle (1238), il n'y aura plus qu'un royaume musulman, au sud de l'Espagne, celui de **Grenade**, qui doit subsister encore deux siècles et demi.

57. *Ferdinand III roi de Castille et de Léon.* — Fils d'Alphonse IX, roi de **Léon**, et de la reine Bérengère de **Castille, Ferdinand III** réunit sur sa tête ces deux couronnes qui ne devaient plus être séparées. Il illustre son règne (1217-1252) par ses conquêtes sur les infidèles ; il leur enlève successivement l'ancienne capitale du califat, **Cordoue**, dont la magnifique mosquée devient une cathédrale, le royaume de **Murcie, Jaen,** et, avec l'aide du roi de Grenade, dont il a fait son vassal, **Séville** et **Cadix.** Au moment où ce grand roi meurt, il projette la conquête du Maroc. Il avait fait réunir en un **code** les lois de ses prédécesseurs, réprimé la tyrannie des grands et procuré à ses États la sécurité et la gloire. Ses vertus rappelèrent celles de son cousin germain, saint Louis, et le firent mettre aussi par l'Église **au nombre des saints.**

58. *Alphonse X.* — Saint Ferdinand eut pour successeur (1252) son fils **Alphonse X.** Ce prince s'empara sur les infidèles de **Xérès** et de **Niébla**[1]. Mais il devint un des compétiteurs au trône impérial, et pendant que son attention se détournait vers l'Allemagne, les **Mérinides**[2], qui, en Afrique, avaient enlevé le Maroc aux Almohades, passèrent le détroit. Ils furent arrêtés dans leurs premiers succès par l'infant **don Sanche,** surnommé **le Brave,** second fils d'Alphonse X. Sanche veut obtenir, malgré le droit des enfants de **Ferdinand de la Cerda,** son frère aîné, la succession à ce trône qu'il vient d'affermir. Il se révolte contre son père, qui meurt (1284), après avoir appelé

---

[1] A l'O. de Séville. — [2] Ainsi nommés parce que le premier de cette dynastie était chef de la tribu des Ebn-Merinis.

les Africains à son secours contre ce fils rebelle. Les connaissances étendues d'Alphonse lui ont fait donner le nom de **savant.** Il s'occupa surtout d'astronomie; il fit dresser des tables astronomiques, dites **tables Alphonsines**, et publia un recueil de bonnes lois, préparé par son père et connu sous le nom de **Siete-Partidas**[1]. Mais son administration fut mauvaise ; l'altération des monnaies, son système oppressif, la misère qui en résulta, occasionnèrent plusieurs fois des soulèvements en Castille.

59. *Sanche IV. Ferdinand IV.* — Après la mort de son père, **Sanche IV le Brave** (1284) battit les Maures et leur enleva **Tarifa**[2]. Son règne fut agité par la lutte qu'il eut à soutenir contre les partisans des La Cerda. Il mourut (1295), laissant pour successeur son fils **Ferdinand IV**, âgé de dix ans seulement. Deux oncles de ce prince se font proclamer, l'un, don Juan, roi de Léon, l'autre, don Alphonse de La Cerda, roi de Castille. Le Portugal et l'Aragon soutiennent ces deux compétiteurs. Mais **Maria de Molina**, mère du jeune souverain et régente du royaume, parvient par son habileté à conserver à Ferdinand IV ses deux couronnes. Les chrétiens s'emparent (1309) de **Gibraltar** qui ne doit pas leur rester.

XII. — ARAGON. NAVARRE.

60. *Rois d'Aragon au* XIIIe *siècle*. — **Jacques**[3] **I**^{er} qui régnait en Aragon (1213-1276), pendant que saint Ferdinand régnait en Castille, fut surnommé **le Conquérant** à cause de l'extension qu'il sut donner à ses États, après la bataille de Tolosa. Il y ajouta les **îles**

[1] Livres des *sept parties*, ainsi nommé du nombre de ses divisions. — [2] Au S.-E. de Cadix. — [3] Ou *Jayme.*

Baléares, tout le **royaume de Valence**, et partagea celui de Murcie avec le roi de Castille. Son fils **Pierre III** joignit à sa couronne celle de Sicile. Le fils aîné de Pierre III, **Alphonse III**, lui succéda en Aragon (1285); son second fils **Jacques II**, en Sicile d'abord (1285), puis en Aragon (1291), après la mort de ce premier frère, et nous avons vu [1] comment la Sicile resta à son frère puîné Frédéric.

61. *Pertes que fait le royaume de Navarre.* — Distinct de l'Aragon depuis le siècle dernier, le royaume de **Navarre** perd, sous **Sanche VII**, la **Biscaye** et les provinces limitrophes de **Guipuscoa** et d'**Alava**, qui se rangent sous l'autorité des rois de Castille.

62. *Union de la Navarre à la Champagne, puis à la France.* — Sanche VII avait pour héritière sa sœur, Blanche. Cette princesse transporta (1234), ses droits à son fils **Thibaut IV, comte de Champagne**, célèbre déjà par sa lutte contre la reine Blanche de Castille et par son talent comme troubadour. Par suite du mariage de **Jeanne I**[re], petite-fille de Thibaut, avec Philippe le Bel, la couronne de Navarre se trouve unie à celle de France, et l'histoire de ces deux pays se confond jusqu'à l'avénement de Philippe de Valois (1328).

XIII. — PORTUGAL.

63. *Les rois de Portugal Alphonse III et Denys.* — **Alphonse III** (1248-1279), conquiert les **Algarves**, et ainsi le Portugal s'étend au sud jusqu'à la mer. Son fils **Denys** (1279-1325) assure la prospérité de ce royaume et mérite les surnoms de **roi-laboureur** et de **père de la patrie**. Il est protecteur des arts, de

---

[1] V. ci-dessus, n° 55.

l'agriculture ; le peuple est mis par ses chartes à l'abri de l'oppression des grands. Après la destruction de l'Ordre des Templiers, il en réunit les débris dans **l'Ordre du Christ** (1318) destiné à défendre les Algarves contre les incursions des infidèles. C'est à Denys que le Portugal doit son **Université de Lisbonne,** transférée par lui-même à **Coïmbre.** Il lui doit aussi les premiers éléments de sa puissance maritime.

XIV. — ORIENT. EMPIRE LATIN DE CONSTANTINOPLE.

64. *Partage que firent entre eux les Croisés, maîtres de Constantinople.* — Une fois maîtres de Constantinople, les Croisés se partagent les fruits de la victoire. Beaucoup des richesses accumulées dans cette grande cité se disséminent dans différentes villes de l'Europe occidentale [1]. **Baudoin IX, comte de Flandre,** est nommé empereur d'Orient ; le doge **Dandolo** a le titre de **maître** [2] **de Romanie,** et les Vénitiens obtiennent le faubourg de **Péra** à Constantinople, une partie de l'île de Négrepont et du Péloponèse, Candie, Corfou et une quantité d'autres points importants. **Boniface,** marquis de Montferrat, est obligé de conquérir son **royaume de Macédoine** ; **Geoffroy de Villehardouin** devient prince d'Achaïe. On crée encore un **duché de Thèbes et d'Athènes,** un **duché de Naxos,** un **grand-duché de Lemmos** ; enfin l'empire conquis est morcelé à l'exemple des

---

[1] Ainsi les Vénitiens, entre autres objets précieux, prirent, pour décorer la place de Saint Marc, quatre chevaux de bronze doré qui ornaient les barrières de l'hippodrome, et qu'on attribue à quelque sculpteur du temps d'Alexandre le Grand. — [2] Ou *despote* (du grec *despotés*), maître.

royaumes où le système féodal était alors en vigueur.

65. *Possessions qui restèrent aux Grecs.* — Les Grecs, de leur côté, s'établissaient dans plusieurs possessions qui leur restaient : **Théodore Lascaris**, gendre de l'empereur Isaac l'Ange, dans **l'empire de Nicée**, qu'il défendit contre le sultan d'Iconium ; **Alexis Comnène**, dans celui de **Trébizonde** ; d'autres, en **Albanie**, à **Argos**, et sur d'autres points.

66. *Courte durée de l'empire latin de Constantinople.* — En trente ans, six empereurs latins, **Baudouin Ier**, **Henri de Flandre**, **Pierre**, et puis **Robert de Courtenai**, **Baudoin II**, **Jean de Brienne**, se succèdent sur le trône de Constantinople. En butte aux attaques incessantes des Bulgares, des Serviens, des Grecs de l'Albanie et de ceux de Nicée, cet empire succombe.

67. *Rétablissement de l'empire grec. Les deux premiers Paléologues.* — Constantinople revient (1261) par un coup de main, sous la domination de **Michel Paléologue** qui avait usurpé, à Nicée, le trône sur son pupille **Jean Lascaris**. Cet empereur fait alliance avec les Génois, qui supplantent leurs rivaux les Vénitiens ; il essaye de mettre un terme au schisme d'Orient ; mais son fils **Andronic II Paléologue** détruit à cet égard l'œuvre du concile de Lyon. Les deux Églises restent séparées.

XV. — CROISADES. ORIENT INFIDÈLE.

68. *Cinquième croisade.* — Pendant que les chefs de la quatrième croisade ne songeaient qu'à se partager l'empire d'Orient, les chrétiens de la Palestine ne possédaient plus que quelques villes situées sur le littoral et entourées par les conquêtes des **soudans**

d'Égypte [1]. Innocent III fait décider au concile de Latran (1215) une nouvelle croisade; mais elle n'a lieu (1217) que sous son succcesseur **Honorius III**. **Frédéric II**, qui a juré d'en être le chef, refuse d'accomplir son serment. **André II**, roi de Hongrie, le remplace. Il se réunit devant **Saint-Jean d'Acre**, au roi de Jérusalem, **Jean de Brienne** [2], et au roi de Chypre, **Guy de Lusignan**. Mais André, que rappellent en Hongrie les troubles qui y avaient éclaté, part sans avoir rien fait pour la délivrance des Lieux-Saints. Lusignan meurt. Jean de Brienne, resté seul, attaque courageusement l'ennemi au cœur même de son empire, et porte la guerre en Égypte pour conquérir sûrement la Palestine. Il prend **Damiette**. Le fils de Malek-Adhel lui offre de lui rendre Jérusalem ; mais le légat du pape ne veut pas qu'on traite avec les ennemis du nom chrétien. Le Nil déborde ; les Croisés implorent la paix, et se retirent (1221), emportant la **vraie croix** qu'on leur rend en échange de Damiette.

69. *Sixième croisade.* — L'empereur **Frédéric II**, qui s'était croisé depuis quinze ans, étant devenu roi de Jérusalem, par son mariage avec **Yolande**, fille de Jean de Brienne, se décide à partir à la tête de 600 chevaliers ; il va, non conquérir la ville sainte, mais se la faire complaisamment céder par son ami le soudan d'Égypte, «afin de conserver, dit-il, l'estime des Francs. » Au lieu de cette estime, il n'obtient que

---

[1] *Soudan*, altération de *sultan*. — [2] Isabelle, seconde fille d'*Amaury* Ier (V. xiie siècle, n° 57) et héritière du royaume de Jérusalem, épousa *Conrad, marquis de Tyr*, puis *Henri de Champagne* (1192), puis, veuve pour la seconde fois, *Amaury II de Lusignan* (1198). *Jean de Brienne*, seigneur français, était, à son tour, devenu (1209) roi titulaire de Jérusalem, par son mariage avec Marie, fille d'Isabelle et de Conrad.

leur mépris et leur indignation. Ce prince, qui laissait la mosquée d'Omar subsister devant le tombeau du Fils de Dieu, inspire une répulsion si générale qu'aucun évêque ne consent à lui poser la couronne de Jérusalem sur la tête, et qu'il est obligé de l'y placer lui-même. Enfin, après avoir marqué par des scandales son séjour en Palestine, Frédéric II se hâte de revenir en Europe où il est menacé de perdre ses possessions italiennes.

70. *Grande invasion de Gendis-Khan.* — La Terre-Sainte ne tarda pas à ressentir le contre-coup d'une terrible invasion qui venait de bouleverser l'Asie. Témudgyn, chef d'une tribu de **Mongols**, avait su réunir sous ses lois tous les barbares habitants de la Mongolie et de la Tartarie, et, à leur tête, il avait rendu fameux son surnom de **Gengis-Khan**[1]. Des extrémités de l'Orient, où il avait soumis le nord de la **Chine** et la **Corée**, il était revenu vers l'Asie centrale et occidentale, en conquérant et en ravageant tout. Quand il mourut (1227), il avait partagé à ses quatre fils, dont l'un devait faire craindre à l'Europe le sort de l'Asie, le vaste territoire de plus de 5,000 kilomètres qui s'étend de **Pékin à la mer Caspienne**.

71. *Jérusalem prise par le soudan d'Égypte avec l'aide des Kharismiens. Vœu de saint Louis.* — Parmi les peuples refoulés par cet irrésistible torrent, se trouvaient les **Kharismiens**, qui, des bords de la mer d'Aral et de la mer Caspienne, étaient venus s'établir près de la Palestine. Avec leur aide, le soudan d'Égypte prend en deux ans **Jérusalem** (1244) et **Damas**. D'horribles profanations sont commises. Saint Louis, pour témoigner sa reconnaissance à Dieu qui l'a guéri d'une manière inespérée, fait vœu de reconquérir le saint sépulcre.

[1] Le grand khan.

72. *Septième croisade; son début.* — Le saint roi laisse la régence du royaume à sa mère **Blanche de Castille**, dont les larmes n'ont pu l'arrêter ; il est accompagné de deux de ses frères, les **comtes d'Artois et d'Anjou**, de sa femme, **Marguerite de Provence**, et d'une foule de seigneurs français, parmi lesquels il faut remarquer le **sire de Joinville**, qui deviendra l'historien de cette mémorable expédition. Saint Louis s'embarque à **Aigues-Mortes (1248)** avec une partie des Croisés; les autres, à Marseille. C'est encore en Égypte, comme l'avait fait avec raison Jean de Brienne, qu'on va chercher les maîtres des Lieux-Saints. Les dix-huit cents navires qui portent l'armée arrivent devant **Damiette**. La ville est prise sans coup férir et mise en état de défense; mais on y attend trop longtemps le troisième frère de saint Louis, **Alphonse de Poitiers**. A son arrivée, on se met en marche; la flotte, chargée de vivres et de machines, remonte le Nil. On rencontre l'ennemi près de **Mansourah**.

73. *Bataille de Mansourah et ses suites.* — Après de nombreux combats pour traverser le canal du Nil, on parvient à le passer; un corps de Sarrasins prend la fuite. **Robert, comte d'Artois**, se laisse entraîner à leur poursuite avec une troupe trop peu nombreuse; il se défend pendant cinq heures, et périt dans la lutte avec le grand maître des Hospitaliers[1]. D'un autre côté, **Fakreddin**, lieutenant du soudan **Almohadan**, est tué, le camp des infidèles, pris; saint Louis a fait des prodiges de valeur. Mais bientôt l'inondation du Nil surprend l'armée chrétienne; une **maladie contagieuse** l'envahit; le roi tombe malade et ne peut

---

[1] C'est un des noms qu'on donnait aux chevaliers de Saint-Jean de Jérusalem.

plus porter son armure ni quitter sa tente. Les communications avec Damiette sont rompues. On manque de vivres, on cherche à traiter avec l'ennemi.

74. *Fin de la septième croisade, les Mameluks.* — Après des pourparlers inutiles et une tentative de retraite que rend impossible l'affaiblissement des combattants, **saint Louis** est fait **prisonnier**, ainsi que les deux frères qui lui restent et plus de vingt mille Français. Le soudan essaye en vain, par promesses, par menaces, par le massacre journalier de quelques prisonniers, de faire fléchir la fermeté du saint roi : elle est inébranlable, il refuse constamment de rendre les villes de la Terre-Sainte. Un traité va enfin être signé, quand une révolte des **Mamelucks** vient tout remettre en question. Cette milice, composée d'esclaves circassiens chargés de la garde des soudans d'Egypte, massacrent Almohadan, et, après avoir ainsi mis un terme à la domination des Ayoubites, élèvent au pouvoir **Ibegh**, un des leurs. C'est avec lui que le traité est conclu. « Le plus fier chrétien qu'on eût vu en Orient » donne 800,000 **besants d'or** [2] pour la rançon des siens, et **Damiette** pour la sienne propre. Il promet de ne rien entreprendre contre Jérusalem, et va passer quatre ans dans la Palestine, visitant et fortifiant les dernières villes qui restent aux chrétiens, Saint-Jean d'Acre, Sidon, Césarée, Jaffa. Le **vieux de la Montagne** [3], vers qui est allé le bruit de son courage et de ses héroïques vertus, sollicite son amitié. Saint Louis est rappelé en France (1254) par la mort de sa mère.

75. *Fin du califat de Bagdad; le Mongol Houlagou et le mameluk Bibars; massacre des chrétiens.* — L'invasion

---

[1] *Mameluks*, achetés. — [2] 7,000,000 francs, environ. — [3] V. xie siècle, n° 60.

des Mongols ne s'était pas arrêtée après la mort de Gengis-Khan. Sous la conduite d'**Houlagou,** ces barbares mettent **fin au califat de Bagdad,** détruisent cette ville célèbre et arrivent en Syrie. Mais ce pays leur est repris par le sultan mameluk d'Égypte, **Bibars.** Animé d'une haine violente contre les chrétiens, Bibars tourne contre ceux-ci ses armes victorieuses. Césarée, Jaffa, Antioche, sont prises; tous les chrétiens qui restent fidèles à leur foi sont égorgés. En apprenant ces désastres, saint Louis reprend les armes.

76. *Huitième et dernière csoisade; mort de saint Louis.* — Le découragement avait gagné tous les esprits; le souverain pontife lui-même, **Clément IV,** s'opposa à cette nouvelle expédition; le fidèle Joinville crut devoir refuser, dans l'intérêt de ses vassaux, de suivre son maître bien-aimé. Malgré ces tristes présages, saint Louis s'embarque encore à **Aigues-Mortes** (1270). Il a avec lui son fils, **Philippe le Hardi.** L'armée est presque toute française. Saint Louis doit être suivi par son frère, **Charles d'Anjou,** roi des Deux-Siciles. On se dirige, non plus vers la Palestine, non plus même vers l'Égypte, mais vers **Tunis.** Saint Louis espère convertir **Mostancer,** qui vient de s'y former un royaume au milieu des débris de la domination des Almohades, et le roi des Deux-Siciles désire conquérir des côtes si voisines de ses États. On débarque sur une plage aride, près des ruines de **Carthage.** En vain publie-t-on « le ban[1] de Notre-Seigneur Jésus-Christ et de Louis, roi de France, son sergent; » Mostancer refuse de se faire chrétien. Une violente dyssenterie décime l'armée des Croisés, qui attend

[1] *Ban, publication* de l'édit qui appelait aux armes ceux qui devaient le service militaire.

Charles d'Anjou. Au milieu des soins qu'il prodigue aux malades, le roi de France est lui-même atteint mortellement de la **contagoin** ; il donne à son fils ses dernières instructions, se fait coucher sur la cendre et expire avec le courage d'un chevalier et l'humilité d'un chrétien, le 25 août 1270. La deuxième croisade de saint Louis devait être la dernière de toutes. Charles d'Anjou arrive et trouve son frère mort. Quelques combats ont lieu. Le roi de Tunis demande la paix aux princes chrétiens, et l'obtient en payant les frais de la guerre et en permettant l'exercice du culte chrétien dans ses États.

77. *Perte des dernières possessions des chrétiens en Orient.* — Les dernières possessions des chrétiens en Orient ne pouvaient pas tarder de tomber au pouvoir des infidèles. Les sultans d'Égypte s'emparent de **Tripoli** (1288) et de **Saint-Jean d'Acre** (1291), après une lutte formidable soutenue contre deux cent mille Sarrasins par les ordres militaires, qui ne quittèrent leur dernier rempart que lorsqu'il fut devenu une ruine.

78. *Ce que deviennent les ordres religieux.* — Obligés de quitter la Terre-Sainte, que, sans assistance, ils n'avaient pu défendre, les Templiers, les Hospitaliers, les chevaliers Teutoniques prirent pour premier asile cette île de **Chypre**, où régnait depuis un siècle et où devait régner deux siècles encore la famille des **Lusignan.** Puis, les chevaliers Teutoniques allèrent s'établir aux bords de la mer Baltique; les Hospitaliers dans l'île de **Rhodes** que, pendant plus de deux siècles, ils disputèrent au croissant; les Templiers furent supprimés au commencement du xive siècle.

79. *Résultats des Croisades.* — Les Croisés ne répandirent pas en vain leur sang dans ces lointaines expéditions. Ce sang, versé pour défendre dans la Pales-

tine les **opprimés**, préserva l'Europe elle-même du **débordement de l'islamisme** fanatique et guerrier. Les résultats des Croisades furent, en outre, nombreux et importants. La communauté des périls supportés sur une terre infidèle, au nom du Christ, par les divers peuples chrétiens, et, chez chacun de ces peuples, par les faibles et les vilains, aussi bien que par les puissants et les nobles, fit connaître d'une manière sensible aux nations le lien de **fraternité** qui doit les unir, et aux diverses classes de la société **l'égalité chrétienne** qu'aucune hiérarchie ne doit faire oublier. L'**autorité royale** et la **liberté des communes**[1] profitent de l'affaiblissement de la féodalité, obligée d'aliéner ses domaines ou de vendre des priviléges pour payer les dépenses de ces coûteuses expéditions. Les fiefs français, devenus vacants par l'extinction des familles, retournent à la couronne. La **noblesse** fondée sur l'**illustration personnelle** s'élève au-dessus de celle qui se fonde sur la possession du territoire.

80. *Origine des armoiries.* — C'est à l'époque des Croisades que se rapporte l'origine des **armoiries**. Ce furent des signes mis sur les armures, et nécessaires pour faire reconnaître chaque chef au milieu de cette foule de guerriers appartenant à tant de peuples divers. Ces insignes furent ensuite soigneusement conservés comme un glorieux souvenir par les descendants de ceux qui les avaient portés sur les champs de bataille de la Palestine.

81. *Résultats des Croisades par rapport à l'industrie et au commerce.* — Les résultats des Croisades pour le commerce et pour l'industrie de l'Europe ne sauraient

---

[1] Voir, pour l'établissement des communes en France, *Histoire de France*, nos 190-194.

être passés sous silence. Nous avons vu la **puissance maritime** des cités italiennes se développer pendant ces expéditions guerrières, et leur **commerce** profiter des nouveaux débouchés que lui ouvrait l'épée des Croisés. Les villes maritimes de France, puis celles du nord de l'Allemagne suivent cet exemple. Les magnifiques **étoffes de l'Orient** sont rapportées en Europe ; des industries nouvelles y sont fondées pour obtenir des produits semblables. Le **blé** de **Turquie**, la **canne à sucre**, le **mûrier**, y sont aussi importés et commencent à être cultivés.

XVI. — CHEVALERIE.

82. *Origine et but de la chevalerie.* — Ce sont les Croisades qui ont donné toute sa gloire à la **chevalerie** ; mais déjà elle avait pris naissance vers le milieu du xe siècle. Elle fut, dans le principe, une association de seigneurs faibles et pauvres contre l'oppression féodale. Elle se régularisa peu à peu, devint la dignité militaire la plus enviée, et, développant merveilleusement les sentiments d'**honneur**, de fidélité, de **protection** due à la faiblesse, de **respect dû à la femme**, que le christianisme était venu enseigner, elle fut la plus brillante expression du dévouement et du courage.

83. *Conditions pour entrer dans l'ordre de la chevalerie, et priviléges qu'il conférait.* — Pour être chevalier, il fallait être **noble**, avoir atteint l'âge de **vingt et un ans**, et avoir passé par certaines **épreuves**. La chevalerie donnait le droit exclusif de porter un collier et des éperons d'or, des vêtements de soie et de damas, des armures dorées, de jouter dans les **tournois**, d'avoir des armoiries, et de poser une girouette au-dessus du **manoir**. Tout chevalier était l'égal d'un

autre chevalier; tout chevalier était digne de s'asseoir à la table d'un souverain. Ce fut un titre qu'ambitionnèrent bientôt les plus puissants feudataires.

84. *Épreuves préparatoires, et comment se conférait l'ordre de la chevalerie.* — Ceux qu'on destinait à être chevaliers étaient, de sept à quatorze ans, **pages, varlets** ou **damoiseaux.** A quatorze ans, passant **hors de page,** ils devenaient **écuyers.** Ils étaient présentés alors à l'autel par leur père et leur mère, et le prêtre leur ceignait une épée bénite. L'écuyer ne combattait pas lui-même, mais il secondait son maître, parait les coups qu'on lui portait dans la mêlée, lui donnait de nouvelles armes, un autre cheval. A vingt et un ans, il pouvait être reçu chevalier. Après des jeûnes, de longues prières, des instructions répétées sur les principaux points de la foi et de la morale chrétienne, après la réception des sacrements de pénitence et d'eucharistie, la cérémonie solennelle avait lieu dans l'église, ordinairement un jour de grande fête. L'écuyer faisait bénir par le prêtre l'épée qu'il portait en écharpe, puis allait s'agenouiller devant celui qui devait le recevoir en lui disant : « Sire, je vous demande l'ordre de chevalerie, laquelle je veux garder et maintenir, ainsi qu'il appartient à l'ordre. » Puis il prêtait serment et recevait des chevaliers présents, ou des dames, les **éperons,** le **haubert,** les **brassards** et les **gantelets.** Ensuite, celui qui était chargé de la réception lui donnait un léger coup de main, appelé la **paumée,** et, sur l'épaule, trois coups du plat de son épée nue, en disant : « Puisque c'est votre volonté de recevoir l'ordre de chevalerie, chevalier soyez, au nom de Dieu, de Notre-Dame et de Nos Seigneurs saint Michel et saint Georges. » Il ajoutait parfois : « Soyez pieux, hardi et loyal. » Ensuite, il lui **ceignait l'épée,** lui donnait l'**accolade ;** et on finissait d'armer le nou-

veau chevalier en lui donnant le **heaume** ou casque,
l'**écu** ou bouclier, la **lance** et le **cheval**. Le jeune chevalier s'élançait en selle, brandissait sa lance, faisait
flamboyer son épée, et, ainsi armé de toutes pièces,
se mettait à caracoler. Souvent, au lieu de toutes ces
solennités, c'était sur le champ de bataille témoin de
ses exploits, que le guerrier intrépide recevait l'ordre
de la chevalerie.

85. *Plusieurs espéces de chevaliers*. — Suivant le
nombre de gens de guerre dont ils pouvaient se faire
accompagner, on distingua les chevaliers en **bacheliers** ou bas chevaliers, qui se rangeaient sous la bannière d'un autre et qui composaient la noblesse
moyenne, et en **chevaliers bannerets**, ayant droit
d'avoir une bannière, et qui composaient la haute noblesse. Enfin, de cette **chevalerie militaire** on distinguait encore la **chevalerie régulière**, qui ne conférait pas les mêmes droits et priviléges, et dans laquelle
on entrait en faisant profession de porter un certain
habit et de suivre une règle déterminée. Celle-ci se composait de ces ordres religieux que nous avons vus se
consacrer au soulagement de la douleur aussi bien
qu'à la défense des pèlerins et des Saints-Lieux.

XVII. — LETTRES. ARTS.

86. *Influence des Croisades sur la littérature*. —
Ces expéditions merveilleuses dans des contrées si
propres à frapper l'imagination, la connaissance qu'on
y acquit des récits fantastiques et de la poésie des
Arabes, donnèrent un nouveau caractère à la littérature de l'Occident. C'est alors que sont composés les
romans de chevalerie, c'est alors que les **troubadours** et les **trouvères** font entendre leurs chants.

87. *Chansons de gestes.* — Il y eut en particulier une sorte de poëme guerrier, destiné à être chanté et à rappeler les exploits des héros : on l'appelait **chanson de gestes** [1]. Les plus anciennes chansons de gestes en français dont on fasse mention, sont celle de **Garin le Loherain** (le Lorrain), et la **chanson de Roland**, que chantaient les Normands de Guillaume le Conquérant à la bataille d'Hastings (1066).

88. *Romans de chevalerie.* — Les **romans de chevalerie** furent des épopées, toutes en vers, prêtant à des héros imaginaires les sentiments et leur attribuant les prouesses de la chevalerie. Ils datent, en effet, de l'époque où la chevalerie était florissante, du XIIe et du XIIIe siècle. La chevalerie avait commencé et s'était développée en France ; les Français avaient figuré au premier rang dans les Croisades ; seuls ils avaient fait les deux dernières. C'est dans le **midi de la France** que naquit le roman chevaleresque, pour se répandre de là chez les autres peuples.

89. *Grande division des romans chevaleresques.* — Les héros créés par l'imagination des poëtes se groupent autour de deux grandes figures historiques, dénaturées elles-mêmes par les ornements étranges que leur prêtent cette imagination et la naïve ignorance des temps. Aussi les romans de chevalerie se divisent-ils en deux grandes classes : les **romans de Charlemagne** et les **romans de la Table-Ronde**. Les premiers ont pour noyau les entreprises vraies ou supposées de Charlemagne, le grand empereur d'Occident, avec ses paladins, ou celles des autres chefs de sa race, depuis Charles Martel jusqu'à Charles le Chauve. Les seconds se rapportent aux exploits d'**Arthur**, le dernier roi des Bretons insulaires, qui s'était

---

[1] *Gestes,* du latin *gesta,* actions.

immortalisé par ses efforts pour défendre, de 517 à 542, la Grande-Bretagne contre les Saxons. Par un anachronisme de plusieurs siècles, les romanciers nous le représentent entouré, à cette époque barbare, de preux et courtois chevaliers.

90. *Troubadours.* — Ce fut dans le midi de la France, dans ce pays de la **langue d'oc**, où prit naissance le roman de chevalerie, que naquit la **gaie science**, colorée du reflet brillant du génie des Maures. Ceux qui s'adonnaient à ce genre de poésie s'appelaient **troubadours**[1]; c'étaient ou d'obscurs vassaux qu'ennoblissait leur talent, ou de nobles seigneurs, ou même des princes souverains. Le troubadour de profession allait, de manoir en manoir, chanter ses vers, qui roulaient presque exclusivement sur la chevalerie et sur l'amour. Il était souvent accompagné d'un joueur d'instrument ou **jongleur**. Les mélodies étaient ordinairement composées par le **ménestrel**.

91. *Principales compositions des troubadours.* — Les compositions des troubadours étaient presque toutes du genre lyrique et de peu d'étendue ; c'étaient entre autres : la **chanson**, le **planh** ou **complainte**, le **tenson**, pièce dialoguée, le **sirvente**, pièce satirique divisée en couplets, la **sixtine**, formée de six couplets de six vers chacun, le **descort**, où une plus grande latitude était laissée pour la rime et pour la mesure du vers, la **pastorelle**, la **ballade**, la **ronde**.

92. *Principaux troubadours.* — Il faut citer, parmi les troubadours du xiie siècle : **Guillaume IX de Poitiers, Alphonse II d'Aragon, Richard Cœur de Lion, Bertrand de Ventadour**; parmi ceux du xiiie, **Bertrand de Born**, aux chants hardis et guer-

---

[1] *Troubadours,* trouveurs, inventeurs.

riers, **Pierre Vidal, Blacas d'Aulps**, le dauphin **d'Auvergne** et **Sordello de Mantoue.**

93. *Trouvères et leurs genres particuliers de composition.* — Les **trouvères** furent les troubadours de la **langue d'oil.** Plus satiriques et plus conteurs que leurs confrères du Midi, c'est moins aux compositions lyriques qu'ils se livrent qu'à celle des **romans en vers** et des **fabliaux.** Ils ont fait aussi des **contes,** des **lais,** des **virelais,** des **palinods.**

94. *Principaux trouvères.* — Les trouvères les plus remarquables furent, au XIIe siècle : **Robert Wace,** auteur des romans de **Rou** (Rollon) et de **Brut** (Brutus) ; **Alexandre de Bernay,** auteur du poëme **d'Alexandre,** dont les vers de douze pieds ont fait, depuis, donner aux vers de ce rhythme le nom de vers alexandrins. Au XIIIe siècle, on trouve : **Huon de Villeneuve,** qui nous a laissé le roman des **Quatre fils Aymon** ; **Adenez le Roi** ; **Pierre de Saint-Cloud,** à qui on attribue le roman du **Renard** ; **Guillaume de Lorris** et **Jehan de Meung,** qui ont composé celui de la **Rose** ; **Marie de France,** dont les fables nous sont restées ; et enfin **Thibaut de Champagne,** qui, avant de s'asseoir sur le trône de Navarre, avait, dans ses chansons, célébré la reine de France, Blanche de Castille.

95. *Les minne-singers. Poésie italienne. Romanceros espagnols. Saadi.* — Ce genre de poésie chevaleresque et épique fut cultivé en Allemagne par les nobles troubadours de ce pays, appelés **minne-singers** ou **chantres d'amour,** que remplacèrent au XIVe siècle, les **meister-singers** ou **maîtres chanteurs,** poëtes et musiciens plébéiens, qui correspondent à nos ménestrels. Parmi les minne-singers on distingue **Henri de Weldeck, Gottfried de Strasbourg, Reimnar, Conrad de Wurtsbourg, Henri de Misnie.** Les

princes souverains, les empereurs même furent ou leurs protecteurs ou leurs émules. Hermàn de Thuringe institua (1207) à la **Wartbourg** une sorte de tournoi poétique. Pendant ce temps, la **poésie italienne** et la **poésie espagnole**, fille de la poésie provençale, commencent à éclore. Dès le XIIe siècle, la **chronique rimée**, et postérieurement les chants populaires connus sous le nom de **romanceros**, célèbrent les exploits du Cid ; et en Orient, le poëte **Saadi** se place au premier rang dans la littérature persane.

96. *Mystères. Moralités.* — Au XIIIe siècle, on trouve aussi des essais de poésie dramatique : ce sont les **Mystères**, pièces tirées des livres saints, que l'on jouait dans de vastes salles ou sur les places publiques. La représentation d'un mystère durait souvent plusieurs jours; ordinairement les acteurs étaient des clercs et formaient des confréries spéciales. Parmi ces drames, œuvre d'une piété naïve, nous citerons le **Mystère de la Passion** et le **Triomphant mystère des apôtres.** Outre les mystères, on joua aussi, surtout à partir du XIVe siècle, des **moralités**, pièces allégoriques étrangères aux saintes Écritures.

97. *Historiens, géographes, jurisconsultes, philosophes.* — Dans les autres branches de la littérature et des connaissances humaines, on ne doit pas omettre, parmi les historiens, **Villehardouin** et **Joinville,** qui nous ont laissé, l'un, l'Histoire de la conquête de Constantinople par les Croisés, l'autre, des Mémoires instructifs et attachants sur saint Louis; ni le bénédictin **Guillaume de Nangis,** auteur d'une Chronique des rois de France. Parmi les géographes, citons l'illustre voyageur vénitien **Marco-Polo,** qui, à la fin de ce siècle, parcourait toute l'Asie; parmi les jurisconsultes, le Bolonais **Accurse,** qui nous a laissé la **grande Glose** sur le droit romain ; parmi les philo-

sophes et les savants, outre les grands noms que nous allons trouver dans l'histoire de l'Église, **Albert le Grand, Roger Bacon, Duns Scot** et **Raymond Lulle.**

98. *Importante modification que subit au* xiii⁰ *siècle la philosophie scolastique.* — **Platon** avait jusqu'alors obtenu une grande autorité auprès des philosophes. Au commencement du xiii⁰ siècle, **Aristote,** qui avait été peu estimé des Pères de l'Église, et dont le souvenir s'était presque effacé, revint, par la traduction **d'Averrhoës,** entre les mains des philosophes de l'Occident. Albert le Grand, Pierre Lombard, l'immortel saint Thomas d'Aquin, se déclarèrent ses partisans, et, dès lors, les **catégories** [1] du philosophe de Stagyre, ses formules de raisonnement, furent adoptées dans les écoles, et y il régna sans rival.

99. *Duns Scot.* — **Duns Scot** se rendit fameux par sa lutte contre saint Thomas d'Aquin. Il admettait le réalisme, et combattit le système idéaliste de son savant adversaire avec une habileté de dialectique qui lui fit donner le surnom de **Docteur subtil.** L'École fut longtemps partagée en **Thomistes** et en **Scotistes.**

100. *Fondation des universités.* — C'est du xiii⁰ siècle que date la création des **universités.** Celle de **Paris** est du règne de Philippe Auguste et de l'année 1200. Puis vinrent celle **d'Oxford,** de **Toulouse,** de **Salamanque,** de **Naples,** de **Cambridge,** de **Vienne,** d'**Upsal,** de **Montpellier.** Les universités, corporations de maîtres et d'écoliers, eurent leurs priviléges, leur juridiction spéciale. On y enseignait les **sept arts libéraux,** dont nous avons vu [2] la division en tri-

[1] Classes dans lesquelles il rangeait tous les objets de nos pensées. La *substance,* la *quantité,* la *qualité,* etc., étaient des catégories. — [2] V. viii⁰ siècle, n° 41.

vium et en **quadrivium.** Les règlements de l'Université de Paris, la plus ancienne de toutes, furent imités par d'autres universités célèbres. Cette université ne tarda pas à être divisée en **quatre nations :** France, Normandie, Picardie, Angleterre ; et à ses deux premières facultés de **théologie** et des **lettres,** on en joignit deux autres, celles de **droit** et de **médecine.**

101. *Sorbonne.* — Un demi-siècle après la création de l'Université à Paris, vint celle de la Sorbonne. **Robert Sorbon,** confesseur de saint Louis, fonda, en 1252, cet illustre établissement. Ce fut d'abord simplement une société d'ecclésiastiques qui consacraient leur temps à l'étude et à l'enseignement ; mais la Sorbonne commença dès le siècle suivant à jouer un rôle très-important par les décisions de ses **docteurs.**

102. *Architecture.* — Le XIIIe siècle est pour l'architecture une époque mémorable. C'est celle du **style gothique** dans toute son élégance et dans toute sa pureté. Ce style, dont le signe caractéristique est l'**ogive,** substituée au **plein-cintre,** remplace le **style roman**[1] qui avait, pendant deux siècles, dominé en Occident. Le **style gothique pur** règne au XIIIe et au XIVe siècle ; il dégénère au XV[o] en **gothique fleuri,** qu'on retrouve aussi au commencement du XVIe et qui fait place au style de la **renaissance.** Il avait commencé à être employé dans la première moitié du XIIe siècle. Le résultat de toutes les recherches sur son origine est de placer son berceau au cœur même de notre pays, dans l'**Ile-de-France** et dans ses environs. C'est bien improprement qu'on a fait honneur aux **Goths** de ce genre d'architecture qui a couvert nos contrées de tant d'admirables monuments. Chartres,

[1] V. XIe siècle, n° 85.

Saint-Denis, Paris, Rouen, Reims, Strasbourg, West-minster, Cologne élèvent leurs grandioses cathédrales. Saint Louis fonde à Paris, pour placer la couronne d'épines du Sauveur, la **Sainte-Chapelle.** L'art arabe lutte avec l'art chrétien. C'est dans ce siècle que l'**Alhambra** déploie à Grenade ses magnificences.

103. *Peinture; Cimabué.* — Un artiste florentin, **Cimabué,** préparait, dans la seconde moitié du xiii° siècle, les progrès de la peinture et la gloire qu'au xvi° siècle cet art procura à l'Italie. Des peintres grecs avaient été ses maîtres; Cimabué les laissa bientôt derrière lui, et il mourut en 1310, après avoir formé un disciple qui devait à son tour le dépasser.

104. *Inventions qui se firent ou se propagèrent au* xiii° *siècle.* — Au commencement du xiii° siècle, on connaît, sous le nom de **marinière** et de **marinette,** la **boussole** dont l'usage se répandra à la fin de ce même siècle. Le **papier,** inventé par les Maures d'Espagne, commence à remplacer le parchemin. La connaissance de la **poudre à canon,** très-anciennement inventée en Chine, et dont les Arabes font usage du temps de saint Louis, arrive par l'Espagne en Europe. **Roger Bacon** en parle dans ses livres, mais comme d'un objet de curiosité, et ce moyen de destruction n'est encore, à ses yeux, qu'une sorte de jouet employé dans les pays lointains.

XVIII. — ÉGLISE.

105. *Conciles généraux au* xiii° *siècle, et ce qu'ils firent.* — Trois conciles généraux furent assemblés pendant le xiii° siècle : 1° Le **quatrième concile de Latran** (1215), réuni sous Innocent III, obligea tous les fidèles à la confession annuelle et à la communion pascale, employa le premier le mot **transubstantiation** pour

exprimer le changement du pain et du vin au corps et au sang de Jésus-Christ, et fixa au quatrième degré de parenté l'empêchement pour le mariage. 2° Le **premier concile de Lyon** fut convoqué (1245) sous Innocent IV. Dans ce concile, on excommunia, et le pape déposa l'empereur Frédéric II ; on s'y occupa d'un projet de croisade contre les Sarrasins et les Tartares ; c'est là aussi que les cardinaux prirent pour la première fois le **chapeau rouge**. 3° Enfin, le **deuxième concile de Lyon**, qui était le quatorzième concile œcuménique, se tint (1275) sous Grégoire X. Nous avons vu [1] qu'on y décréta la formation d'un **conclave**, après la mort de chaque pape.

106. *L'Église au* xiiie *siècle*. — Si le xe siècle avait été pour l'Église un temps de douleur et d'épreuve, le xiiie siècle fut pour elle un siècle glorieux. Il est vrai qu'elle perd alors sans retour, à l'orient, le tombeau de son divin fondateur, et qu'à l'occident, elle a à lutter contre une hérésie redoutable ; mais elle nous offre le spectacle de la sainteté assise sur le trône en la personne de **saint Louis**, roi de France, de **saint Ferdinand**, roi d'Espagne, de **sainte Élisabeth**, fille du roi de Hongrie, André II, et duchesse de Thuringe ; elle nous montre la sainteté unie au génie dans **saint Thomas d'Aquin** ; et deux grandes familles religieuses, celle de **saint Dominique** et celle de **saint François d'Assise**, naissent pour défendre la foi et enseigner la charité.

107. *Guerre sanglante causée dans le Midi par l'hérésie des Albigeois*. — La gravité des atteintes que portait à la morale l'hérésie des **Albigeois**, l'inutilité des efforts tentés pendant quarante ans pour ramener ces sectaires par la persuasion ; l'audace que leur donna la

---

[1] V. ci-dessus, n° 48.

protection des **comtes de Toulouse** ; les excès auxquels se livrèrent les Albigeois, ainsi que les **routiers cotereaux** et une foule de malfaiteurs qui vinrent grossir leurs rangs ; enfin l'assassinat commis par eux sur la personne du légat apostolique, **Pierre de Castelnau**, amenèrent une répression armée. **Deux croisades** [1] furent prêchées contre eux. La première eut pour chef le cruel **Simon de Montfort** qui exerça contre ses ennemis les plus implacables représailles. La deuxième fut dirigée par **Louis VIII**, qui s'empara d'Avignon et mourut peu après avoir obtenu ce succès. Ces guerres sanglantes se terminèrent sous la régence de Blanche de Castille (1229), par la soumission de Raymond, comte de Toulouse.

108. *Ordre des Frères prêcheurs fondé par saint Dominique.* — Ce fut pour ramener à la foi ces hérétiques que **saint Dominique** jeta à Toulouse les fondements de l'ordre religieux connu sous le nom de **Dominicains** ou de **Frères prêcheurs**, ordre approuvé en 1215 par le pape Honorius III. Saint Dominique travailla lui-même à la conversion des Albigeois avec zèle, n'employant d'autres armes que la parole, la patience, la charité, l'exemple de ses vertus. C'est à l'aide de ces moyens, dignes de la douceur évangélique le premier **inquisiteur général** fit rentrer dans le sein de l'Église un grand nombre de ces âmes égarées.

109. *Ce que c'était que l'Inquisition, et où elle fut introduite.* — L'**Inquisition** était une juridiction ecclésiastique établie par le saint-siége pour rechercher

---

[1] Ceux qui prenaient part à une croisade contre les infidèles portaient une croix grecque sur l'épaule ; dans les croisades contre les Albigeois, on porta une croix latine sur la poitrine.

l'hérésie et pour la punir. Foudée par le pape Innocent III à l'occasion de l'hérésie des Albigeois, hérésie subversive de toute morale, cette institution fut étendue à l'**Italie**, Naples excepté, par Innocent IV. La **France** et l'**Allemagne**, où l'on essaya de l'introduire, ne tardèrent pas à la repousser. L'**Espagne** et le **Portugal** la gardèrent, mais ne lui donnèrent son organisation terrible que dans la seconde moitié du xve siècle [1].

110. *Distinction importante à faire pour apprécier sainement cette institution.* — Pour apprécier sainement cette institution, il faut distinguer soigneusement entre les divers pays qui l'appliquèrent. Elle devait, dans la pensée des souverains pontifes, être un moyen de **sauvegarder la foi**; elle devint un **instrument de politique** entre les mains des rois, en Espagne, de la république, à Venise. Souvent les papes cherchèrent à ramener, dans les bornes de la justice et de l'humanité, ceux qui faussaient l'esprit de l'institution primitive par des excès odieux, qu'on ne saurait trop flétrir. Mais si leur voix ne fut point écoutée, l'**inquisition romaine**, au milieu des mœurs dures et violentes de cette époque, se distingua par un caractère tout spécial de douceur.

111. *Saint Thomas d'Aquin.* — L'ordre des Dominicains fut, dès le milieu du xiiie siècle, illustré par le génie de **saint Thomas d'Aquin** [2]. Docteur de l'Université de Paris, professeur dans cette ville et dans le royaume de Naples, sa patrie, ce grand homme, qui ne vécut que quarante-sept ans (1227-1274), trouva le temps suffisant pour écrire les dix-sept volumes infolio qui composent ses œuvres. Parmi ces dernières,

---

[1] Voir *Histoire moderne*, xve siècle, n°s 113-114. — [2] Né à Aquin, au N.-E. de Ponte-Corvo.

il faut remarquer la **Somme**[1] **contre les Gentils** et la **Somme de théologie**, qui reste un des plus beaux monuments élevés à la religion par l'intelligence humaine. Son professeur, Albert le Grand, avait prédit avec justesse que « les mugissements **de ce bœuf** rempliraient l'univers. » Thomas, esprit méditatif, que ses camarades avaient tourné en raillerie en le comparant à cet animal laborieux et pesant, reçut de la postérité les surnoms de **Docteur universel,** de **Docteur angélique** et d'**Ange de l'école.**

112. *Ordre des Frères Mineurs fondé par saint François d'Assise.* — C'est à la même époque, qu'à **la Portioncule,** près d'**Assise**[2], en Ombrie, **saint François** enseignait par son exemple la puissance de l'amour chrétien et se faisait le « **chevalier de sa dame, la Pauvreté.** » Il nomma par humilité l'ordre mendiant qu'il fonda (1208) **Frères Mineurs.** Cet ordre s'est depuis divisé en quatre branches : les **Franciscains,** les **Capucins,** les **Observantins,** les **Récollets.** Le nouvel ordre devait prêcher partout la doctrine du salut aux pécheurs et aux infidèles. Saint François alla lui-même tenter une mission parmi ces derniers en Syrie et en Égypte.

113. *Célèbres Franciscains.* — Cet ordre si humble des Frères Mineurs produisit, dans le xiii° siècle, beaucoup d'hommes remarquables. C'est de son sein que sortirent **Duns Scot** ; **Roger Bacon,** dont nous avons déjà parlé ; **saint Antoine de Padoue,** qui s'appliqua à consoler l'Italie, au milieu des luttes sanglantes des Guelfes et des Gibelins et qui ne craignit pas de reprocher énergiquement sa tyrannie à Eccelino le Féroce ; et enfin l'illustre **saint Bonaventure,** à qui la piété qui respire dans tous ses

---

[1] Somme, de *summa*, résumé. — [2] Au S.-E. de Pérouse.

ouvrages a valu le surnom de **Docteur séraphique.**

114. *Autres ordres religieux.* — On vit encore apparaître, dans ce siècle, l'ordre des **Carmes,** originaire du mont Carmel et que saint Louis introduisit en Europe; celui des **Clarisses,** fondé (1212) à Assise par sainte Claire, avec le concours de saint François; celui de **la Merci** établi (1223) par un Français, **saint Pierre Nolasque,** et dont les religieux engageaient par vœu leurs biens et leurs personnes même quand cela était nécessaire, pour délivrer les captifs des mains des infidèles; et enfin, l'ordre des **Servites,** qui honorait spécialement la Mère de Dieu et dont les religieux se distinguaient par la couleur de leurs manteaux, d'où leur est venu le nom de **Blancs-Manteaux.**

115. *Institution de la fête du Saint-Sacrement et du jubilé séculaire.* — Le pape Urbain IV, en 1264, établit la solennité du **Saint-Sacrement,** dite la **Fête-Dieu,** afin de célébrer l'institution de l'Eucharistie. Ce fut saint Thomas d'Aquin qui composa l'office de cette fête, dont les belles hymmes sont pleines d'un sens profond et d'une tendre piété. — Le **jubilé séculaire** fut institué par Boniface VIII, en 1300.

XIX. — FRANCE.

SOMMAIRE.

1208. 1re Croisade contre les Albigeois. — 1209. Prise de Béziers, par Simon de Montfort. — 1214. Bataille de Bouvines. — Achèvement de Notre-Dame de Paris. — Construction de la tour du Louvre. — 1223. Mort de Philippe Auguste. — Louis VIII, dit Cœur de Lion. — 1224. Guerre contre les Anglais. — 1226. 2e Croisade contre les Albigeois. — Prise d'Avignon. — Mort de Louis VIII. — Louis IX. — Régence de la reine Blanche de Castille, sa mère. — Révolte et soumission de quelques grands vassaux. — 1229. Fin de la guerre des Albigeois. Soumission de Raymond, comte de Toulouse. — 1234 Mariage de saint Louis avec Marguerite de Provence. — 1236. Majorité de saint Louis. — 1241. Construction de la Sainte-Chapelle. — 1242. Guerre contre les Anglais. — Batailles de Taillebourg, de Saintes. — 1248. Départ pour la 7e Croisade. — 1249. Prise de Damiette. — 1250. Combat de Mansourah. — Captivité et délivrance du roi. — 1254. Mort de Blanche de Castille. — Retour de saint Louis en France. — *Établissements* de saint Louis. — Fondation des Quinze-Vingts, de la Sorbonne. — 1259. Reddition, à Henri III d'Angleterre, des provinces du Limousin, du Périgord, de l'Agénois, du Quercy et d'une partie de la Saintonge. — Saint Louis choisi pour arbitre entre Henri III et ses barons. — 1270. 8e Croisade. — Mort de saint Louis devant Tunis. — PHILIPPE III, DIT LE HARDI, ramène d'Afrique les cercueils de sa femme, de son père et de son frère Tristan. — 1271. Réunion du comté de Toulouse à la France. — Premières lettres d'anoblissement. — 1285. PHILIPPE IV, DIT LE BEL, roi de France et de Navarre. — Guerre contre l'Angleterre et la Flandre. — 1297. Victoire de Furnes. — Traité de Montreuil. — Philippe veut réunir la Flandre à la France. — Révolte de Bruges. — 1302. Défaite de Courtrai. — 1304. Victoire de Mons-en-Puelle. — Traité avec la Flandre.

QUATORZIÈME SIÈCLE

(1301-1400).

I. — ANGLETERRE.

1. *Édouard II.* — Le successeur d'Édouard Ier fut (1307) son fils **Édouard II**, le premier qui eût, avant de monter sur le trône, porté, comme héritier présomptif, le titre de **prince de Galles**. La lâcheté et les débauches de ce prince causent plusieurs révoltes parmi les seigneurs anglais. Ses deux favoris **Gaveston** et **Hugues Spencer** sont égorgés ; lui-même, après un règne de vingt ans, est fait prisonnier par les rebelles, à la tête desquels se sont mis sa femme,

Isabelle de France, et le jeune **Roger Mortimer.**
Déposé par arrêt du parlement, condamné à la captivité, Édouard II est tué (1327) dans sa prison par deux
assassins, qui lui enfoncent un fer rouge dans les en-
trailles.

2. *Guerre contre l'Écosse.* — Édouard II avait en vain
essayé de continuer les entreprises de son père contre
l'Écosse. Robert Bruce répondit à ses prétentions par
la victoire de **Bannokburn** [1].

3. *Premiers actes d'Édouard III.* — **Édouard III,**
fils et successeur d'Édouard II, après trois ans passés
sous la tutelle de sa mère Isabelle de France, et de
Mortimer, prit les rênes du gouvernement et commença par venger son père en faisant pendre ce même
Mortimer et enfermer sa mère dans le château de Ri-
sing [2], où elle mourut après de longues années de captivité.

4. *Ce que c'est que la guerre de Cent ans.* — Le règne
d'Édouard III fut marqué par le commencement d'une
grande lutte, connue sous le nom de **guerre de Cent
ans,** qui éclata entre la France et l'Angleterre. Dans
cette lutte acharnée, que les précédentes n'ont fait
que préparer, l'existence de la France comme nation
sera mise en question, et une série de défaites désastreuses placera ce royaume à deux doigts de sa perte ;
mais cette France si abaissée relèvera tout à coup sa
fortune par les plus merveilleux succès.

5. *Origine de cette guerre.* — **Charles le Bel,** le
dernier descendant direct de Hugues Capet, n'ayant
laissé qu'une fille, la couronne de France, en vertu
du principe de succession établi par la loi salique,
passa à son cousin germain **Philippe,** dit **de Valois.**
Édouard III prétendit avoir droit à cette même cou-

---

[1] Voir ci-après, n° 16. — [2] Près de Londres.

ronne, comme petit-fils de Philippe le Bel, par sa mère Isabelle, et par conséquent comme neveu du dernier roi de France. Telle fut l'origine de la guerre de Cent ans.

6. *Premiers événements de cette guerre.* — Après avoir rendu hommage à Philippe VI pour le duché de Guyenne, Édouard profite de la révolte de **Jacques Artvelt**, de Gand, déclare la guerre à Philippe de Valois (1339), et prend le titre de « roi de France [1]. » En cette qualité, il joint sur ses armoiries les **lis** au **léopard** d'Angleterre, et reçoit l'hommage de la Flandre. Les hostilités commencent par le siége de Cambrai. Édouard est obligé de le lever; mais bientôt il remporte la victoire navale de l'**Écluse** [2] (1340), puis celle de **Crécy** (1346), où les Anglais font, pour la première fois, usage du **canon**, et qui coûte à la France plus de trente mille hommes et douze cents chevaliers. Cette victoire est suivie du **siége de Calais**, à jamais mémorable par la longue résistance de ses habitants et par le dévouement d'**Eustache de Saint-Pierre** et de ses compagnons. Leur vie n'est épargnée par l'implacable vainqueur qu'à cause des prières et des larmes de la reine d'Angleterre, **Philippine de Hainaut**. Une trêve de six ans vient suspendre les hostilités.

7. *Ordre de chevalerie fondé pendant cette trêve.* — C'est pendant cette trêve, en 1349, qu'Édouard III fonda le fameux **ordre de la Jarretière**, réservé seulement à vingt-cinq membres, outre les princes. Les chevaliers de cet ordre portaient une jarretière bleue attachée à la jambe gauche. On explique la nature de cet insigne, ainsi que la devise de l'ordre, en racon-

---

[1] V. pour le récit détaillé de ces événements, *Hist. de France*, nᵒˢ 272 et suiv. — [2] Dans la Zélande.

tant qu'Édouard, dans un bal, ramassa la jarretière qu'avait laissée tomber la **comtesse de Salisbury**, et la lui rendit en disant: «**Honni soit qui mal y pense.**» Ce serait en souvenir de cette circonstance que le roi aurait créé cette distinction honorifique.

8. *Reprise des hostilités ; bataille de Poitiers ; traité de Brétigny.* — La guerre se rallume avec ardeur en 1355. **Jean le Bon** avait succédé, depuis cinq ans, à son père Philippe de Valois. L'Angleterre a, pendant cette nouvelle lutte, un vaillant champion dans **Édouard, prince de Galles**, à qui la couleur sombre de son armure avait fait donner le surnom de **prince Noir**. Ce jeune héros de vingt-six ans, qui avait fait ses premières armes sur le champ de bataille de Crécy, reçoit à **Poitiers** (1357) l'épée de Jean le Bon, vaincu à la tête de cinquante mille hommes par douze mille Anglais. Il ramène à Londres son prisonnier, qu'il entoure des égards les plus respectueux. Le besoin de repos qu'éprouvent les deux nations fait conclure, l'année suivante, une trêve, bientôt remplacée par le traité de **Brétigny**. Jean le Bon meurt (1364) peu de temps après la signature de ce traité.

9. *Glorieuse revanche que prend la France sous le règne de Charles V.* — La France, sauvée de la **Jacquerie** après le désastre de Poitiers par l'habileté de son premier **dauphin**, prend, quand ce dernier a succédé à son père sous le nom de **Charles V**, une glorieuse revanche. Le prince Noir, investi par Edouard III du duché de Guyenne, accable d'impôts ses vassaux, qui portent leurs plaintes au roi de France. Le vainqueur de Poitiers refuse de comparaître devant la cour des pairs; il est condamné; la **confiscation de la Guyenne** est prononcée, et l'arrêt sera exécuté. Le prince de Galles, atteint d'une maladie incurable à laquelle il succomba peu après, voit, dès les premières

hostilités, périr son brave connétable **Chandos**. **Duguesclin**, qui s'est déjà mesuré avec ce prince dans les plaines de la Castille, repasse les Pyrénées et signale, par une série de triomphes, sa nouvelle dignité de connétable. En vain **Robert Knolles** s'est avancé par le nord jusque près de Paris ; il est, de son côté, obligé de prendre la fuite. Les Anglais sont chassés du Poitou, de la Guyenne, de la Saintonge, du Limousin ; leur allié, **Montfort, duc de Bretagne**, est réduit par le vaillant Breton à aller chercher un asile à Londres. La flotte **du comte de Pembrocke** est battue devant la Rochelle,; la formidable armée du **duc de Lancastre** semble avoir fondu en traversant la France de Calais à Bordeaux. L'Angleterre, humiliée à son tour, est épuisée.

10. *Trève. Mort d'Édouard III et du prince de Galles.* — Grâce à la médiation du pape Grégoire XI, une **trève** est conclue à **Bruges** (1375), et, l'année suivante, Édouard III et le prince de Galles terminent une carrière dont les débuts avaient été si heureux, et à la fin de laquelle ils avaient perdu presque toutes leurs conquêtes.

11. *Constitution anglaise.* — Cette même année, le bon **parlement** achevait d'asseoir sur ses dernières bases la **constitution anglaise**. Il était reconnu que les impôts ne pouvaient être levés sans le consentement des communes, que ces dernières pouvaient ouvrir une enquête sur l'administration des ministres et les mettre en accusation, enfin que les lois ne pouvaient être changées sans le concours des **deux Chambres**: celle des hauts barons et des chefs de l'Église, et celle des communes.

12. *Hérésie de Wiclef.* — C'est sous le règne d'Édouard III que **Wiclef**, docteur de l'université d'Oxford, commença à propager ses erreurs en Angleterre.

Cet hérésiarque niait plusieurs dogmes de l'Église, entre autres l'autorité du pape, celle des évêques, et la nécessité de la confession quand on a le repentir. Cette hérésie devait être bientôt, en Allemagne, la source d'une autre plus dangereuse encore, celle de Jean Huss.

13. *Troubles pendant les premières années du règne de Richard II.* — Après Édouard III, le trône d'Angleterre est occupé par un enfant âgé de onze ans, **Richard II,** fils du prince Noir. Pendant la minorité de Richard, ses trois oncles, les **ducs d'York,** de **Lancastre** et de **Glocester,** se disputent le pouvoir et dissipent l'argent du Trésor. Bientôt le jeune souverain voit son royaume en proie aux agitations causées par les partisans de Wiclef. Une insurrection éclate à propos de l'**impôt de la capitation**[1] ; **Wat-Tyler** [2] en est le chef ; elle se propage dans plusieurs comtés et vient menacer le jeune roi lui-même dans Londres. On ne rétablit l'ordre qu'en faisant des promesses qui ne sont pas tenues ; Wat-Tyler est tué (1381).

14. *Continuation, sous Richard II, de la guerre de Cent ans. Trêve.* — Les hostilités avec la France continuent sous le règne de Richard II. La **Guyenne** avait été de nouveau envahie par le duc d'Anjou et par **Duguesclin.** Le connétable est sur le point d'achever la conquête de cette province ; il meurt (1380), au siége du **château de Randon** [3] dont les portes s'ouvrent devant son cercueil, comme celles de tant de places s'étaient ouvertes devant son épée. Les Anglais n'ont plus en France que quelques villes sur le bord de la mer, entre autres, **Calais, Brest, Cherbourg, Bor-**

---

[1] De *caput*, tête. Impôt qui pesait sur chaque tête, sur chaque personne. — [2] Gaultier le couvreur. — [3] Au N.-E. de Mende.

deaux, Bayonne. La mort de Charles V (1380) vient arrêter le dernier effort qui restait à faire pour les chasser entièrement du territoire français. Charles VI lui succède, et les désastres commencent. La flotte française, rassemblée dans le port de l'**Écluse** pour opérer une descente en Angleterre, est brûlée (1386) avant d'avoir pu agir. Une **trêve**, signée en 1395, stipule le **mariage de Richard II** avec Isabelle de France, fille de Charles V, et la restitution à la France des ports de **Brest** et de **Cherbourg**.

15. *Fin du règne de Richard II.* — En Angleterre, la tyrannie de Richard II excite de nouvelles révoltes. Son cousin, **Henri de Lancastre**, banni du royaume, revient de France où il s'était réfugié, et se rend maître de la capitale. Richard lui est livré et est renfermé dans la Tour de Londres. Il est déposé par le parlement et se reconnaît, par écrit, indigne de régner. Transféré à **Pontefract**[1], il meurt (1399) dans cette prison de faim, selon les uns, ou de mort violente, selon les autres.

II. — ÉCOSSE.

16. *Bataille de Bannokburn. Indépendance de l'Écosse.* — Monté sur le trône d'Écosse, malgré Édouard Ier, **Robert Bruce** sait s'y maintenir contre Édouard II. A la tête d'une petite armée, il bat (1314) à **Bannokburn**[2] 100,000 hommes réunis par le roi d'Angleterre, et il fait reconnaître (1328) par Edouard III, dans le traité de Northampton, l'indépendance de l'Écosse.

17. *Édouard Bailleul roi d'Écosse avec la protection d'Édouard III.* — Robert Bruce mourut (1329), laissant son fils David Bruce âgé de cinq ans seulement.

---

[1] Au S.-O. d'York. — [2] Au S. de Stirling.

Édouard Bailleul profite de cette circonstance pour renouveler les prétentions qu'avait fait valoir, au dernier siècle, son père Jean Bailleul ; Édouard III saisit également cette occasion pour recouvrer sa suprématie sur l'Écosse. Vainqueur à **Halidown-Hill**[1] (1333), avec les secours du roi d'Angleterre, Bailleul se fait couronner roi d'Écosse.

18. *Exil, rappel, défaite, captivité, délivrance et mort de David Bruce.* — David Bruce, obligé de chercher un asile en France, y reste en exil pendant plusieurs années. Mais les Écossais, jaloux de leur liberté, le rappellent (1342). Après quelques succès, le malheureux Bruce est vaincu (1346) à **Nevill's Cross**[2] et fait prisonnier. Son compétiteur, haï de ses compatriotes, finit par céder, moyennant une pension, ses droits sur l'Écosse au roi d'Angleterre, et, après une captivité de dix ans à la Tour de Londres, David Bruce reçoit la liberté, grâce aux sollicitations de sa femme Jeanne, sœur d'Édouard III. Après tant de traverses, il meurt sans laisser d'enfants.

19. *Avénement des Stuarts. Robert II et Robert III.* — Ce fut alors en 1370, que monta sur le trône d'Écosse l'illustre **maison des Stuarts.** Elle devait son nom[3] à la charge de **sénéchal,** qu'un de ses membres, nommé Walter, descendant lui-même, à ce qu'on assure, de Banquo[4], avait exercée vers le milieu du xie siècle, à la cour d'Écosse. Ce premier Stuart qui porta la couronne royale, fut **Robert II,** neveu du dernier souverain, David Bruce. Après avoir, comme allié de la France, combattu l'Angleterre, il laissa le trône à son fils **Robert III,** dont le règne fut rempli par des luttes contre les Anglais et par des malheurs

[1] Au N. de Berwick. — [2] Au S. de Durham. — [3] *Stuart* en anglais *seward*), *sénéchal.* — [4] V. xie siècle, n° 12.

domestiques. Robert III laissa son frère, le **duc d'Albany**, s'emparer des rênes du gouvernement, et mourut de chagrin en 1406, après avoir été privé de ses deux fils. L'aîné de ces princes était mort dans une prison où l'avait renfermé son oncle ambitieux ; le second, âgé de neuf ans, avait été pris par les Anglais, quand son père l'envoyait en France pour le soustraire à un sort semblable.

III. — DANEMARK, SUÈDE ET NORVÉGE.

20. *Règne important de Waldemar III, roi de Danemark.* — Le Danemark était affaibli par des luttes incessantes entre les grands, lorsque **Waldemar III**, au milieu du xivᵉ siècle, prit les rênes du gouvernement et releva ce royaume (1340-1375). Il est vrai qu'il vendit l'Esthonie à l'ordre Teutonique ; mais il sut faire un utile emploi de l'argent que lui rapporta la vente de ce territoire devenu désert. Il racheta à la Suède le **Holstein**, la **Scanie**, ajouta à ses États les îles d'**Œland** et de **Gottland**, construisit des forteresses, rétablit ses finances. Plusieurs révoltes des grands eurent lieu ; il les réprima. Les villes hanséatiques formèrent contre lui une ligue redoutable avec la Suède et la Norvége et plusieurs princes d'Allemagne. Waldemar se fit un allié du roi de Norvége en donnant en mariage à Haquin, fils de ce dernier, sa fille Marguerite ; mais il fut obligé de laisser, par un traité, à la Hanse, le commerce exclusif de la mer Baltique.

21. *Les trois couronnes de Danemark, de Suède et de Norvége réunies par Marguerite la Grande.* — En Danemark, Waldemar III mourut (1375) sans enfants mâles. Sa fille **Marguerite**, femme d'**Haquin**, roi de Nor-

vége, fit proclamer roi de Danemark son fils Olof, et elle-même régente. Quatre ans après, la mort d'Haquin donne à sa veuve la régence de la Norvége. Enfin les Suédois, se révoltant contre **Albert de Mecklembourg** qu'ils s'étaient donné pour roi, offrent (1387) la couronne à Marguerite. Cette princesse l'accepte et ratifie ce choix par la victoire de **Falkœping** [1] (1389). Albert, fait prisonnier, est contraint d'abdiquer. Marguerite a perdu son fils Olof ; c'est son petit-neveu, **Éric le Poméranien**, qu'elle fait reconnaître comme son héritier. Voulant rendre perpétuelle la réunion des trois royaumes que la fortune vient de mettre entre ses mains, la **Sémiramis du Nord** convoque à Calmar, en diète générale, les états généraux de Danemark, de Suède et de Norvége, et une loi solennelle, connue sous le nom d'**union de Calmar**, proclame (1397) la fédération des trois monachies scandinaves.

22. *Bases de l'union de Calmar.* — L'union de Calmar eut pour bases les trois clauses suivantes : 1° la couronne devait continuer d'être **élective** ; 2° le roi élu était obligé de séjourner **alternativement** dans les trois royaumes ; 3° chacun de ces royaumes devait conserver **sa constitution et ses lois particulières.**

23. *Mort de Marguerite. Sa politique, son caractère, son œuvre.* — Marguerite, après s'être fait ouvrir les portes de **Stockholm** et avoir enlevé à Albert de Mecklembourg son dernier refuge, l'île de **Gottland**, mourut en 1412. Sa politique avait été habile, parfois astucieuse ; son caractère, d'une énergie toute virile ; son règne devait rester parmi les règnes illustres ;

---

[1] A l'O. du lac Wetter.

mais l'œuvre qu'elle avait projetée ne devait pas avoir une longue durée.

IV. — RUSSIE.

24. *La Russie pendant le xive siècle.* — Les grands-princes russes continuent à être sous la dépendance de la Horde d'or. **Ivan Ier** transfère (1328) à **Moscou** le siége de son gouvernement. Novogorod s'érige à plusieurs reprises en république. A la fin du xive siècle, **Dmitry** doit son surnom de **Donski** à une victoire importante qu'il remporte (1380), près du Don, sur les Tartares, et qui affaiblit l'empire du Kaptchak. Mais ces mêmes Tartares reviennent, deux ans après; ils détruisent Moscou et y égorgent 24,000 Russes. Dmitry relève sa capitale, qui devient encore plus importante sous son successeur **Vasili II.**

V. — PRUSSE ET POLOGNE.

25. *Progrès des chevaliers Teutoniques arrêtés par Vladislas le Nain.* — Les chevaliers Teutoniques ne tardèrent pas à être pour la Pologne de redoutables voisins. Ils accrurent leur territoire en y joignant celui de **Dantzick**. Mais **Vladislas le Nain** arrêta leurs progrès à la fin de son règne. Vladislas fut un prince aussi libéral, affable et prudent, qu'actif et courageux. Il laissa à son fils Casimir un trône dont celui-ci augmenta encore l'éclat.

26. *Règne remarquable de Casimir III.* — **Casimir III**, roi en 1333, mérite le surnom de **Grand** par ses victoires et par les établissements qu'il fonde. Il conclut la paix avec les chevaliers Teutoniques, s'agrandit aux dépens de la Bohême, de la Lithuanie et de la Russie. Ses États comprennent la Russie-Rouge et la Podolie, et touchent par un point à la mer Noire. A la **diète de Vislika** [1] (1347), il donne aux Polonais leur premier **code** de lois écrites ; il crée des hôpitaux, des colléges, bâtit des églises, élève des forteresses. L'autorité absolue des rois de Pologne reçoit des restrictions ; la **noblesse** prend part à la confection des lois ; le sort des **paysans** est amélioré ; les **juifs**, entre les mains de qui est une grande partie du commerce, obtiennent des libertés qu'ils n'avaient alors en aucun autre pays. Casimir le Grand meurt en 1370, et en lui s'éteint la dynastie des **Piast** qui régnait en Pologne depuis cinq siècles.

27. *Louis de Hongrie, roi de Pologne.* — Il eut pour successeur son neveu **Louis**, déjà roi de Hongrie. Dès 1340, il avait désigné ce prince pour son héritier, avec le consentement des États. Ce fut Louis qui signa le premier de ces traités entre les rois de Pologne et les diètes, connus sous le nom de **Pacta Conventa** (conventions), et qui déterminaient les charges qu'acceptait le souverain en recevant la couronne.

28. *Avénement des Jagellons. Annexion de la Lithuanie à la Pologne.* — Après un règne agité de douze ans, Louis mourut (1382), ne laissant que deux filles, Marie et **Hedwige**. La première fut reine de la Hongrie ; la deuxième de la Pologne. En 1386, sur la demande des États, celle-ci épousa le grand-duc de Lithuanie, **Jagellon**, qui embrassa le christianisme, le fit embrasser à ses sujets encore idolâtres, et devint roi de Pologne sous le nom de **Vladislas V.** Les Jagellons vont occuper le trône pendant près de deux siècles. La **Lithuanie** devient un grand fief du royaume. Son annexion à la Pologne en double le territoire.

---

[1] Au N.-E. de Cracovie.

29. *Puissance et décadence de l'ordre Teutonique.* — Les chevaliers Teutoniques n'avaient pas cessé de s'étendre. Maîtres, par le traité de Mariembourg (1347), et l'Esthonie, ils y avaient ajouté la Samogitie, d'autres provinces encore, et possédaient toutes les côtes de la Baltique **depuis Narva jusque près de l'Oder**. Ce fut le plus haut degré de leur splendeur. Un conflit s'élève entre eux et la Pologne. Vladislas V, qui, dans le commencement de son règne, avait gagné une victoire sur ces chevaliers, les bat de nouveau (1410) à **Tannenberg** [1]. Ils laissent 50,000 hommes sur le champ de bataille ; leur grand maître Ulric de Jungingen est tué : cette défaite est fatale à la puissance de l'ordre.

VI. — HONGRIE ET BOHÊME.

30. *Rois de Hongrie après les Arpades.* — Après l'extinction (1301) de la dynastie des **Arpades**, en la personne d'André III, des princes de bien des maisons diverses occupent ou se disputent le trône de Hongrie. L'élection y porte d'abord **Wenceslas V de Bohême**, qui, quatre ans plus tard, devient roi de ce dernier pays et cède alors (1305) ses prétentions sur la Hongrie à **Othon de Bavière**. Mais la **maison d'Anjou** ne tarde pas à l'emporter, par l'influence du pape Boniface VIII. **Charles-Robert** de Naples est reconnu roi de Hongrie, en 1308, et, en 1342, il a pour successeur son fils **Louis le Grand** qui, vingt-huit ans plus tard, joindra la couronne de Pologne à celle de Hongrie. Sous ces deux princes, des expéditions heureuses étendent beaucoup le territoire de ce dernier royaume. La Dalmatie, la Transylvanie, la Moldavie,

---

[1] A l'E. de Culm.

la Russie-Rouge, entre autres s'y trouvent momentanément réunies. Mais, sous **Marie**, fille de Louis, qui règne avec son époux, **Sigismond de Brandebourg**, cet état de prospérité diminue. De nombreux compétiteurs disputent la couronne à Sigismond ; il parvient à la conserver malgré leurs efforts ; mais, moins heureux contre les Turcs, il est battu par eux dans la sanglante bataille de **Nicopolis** (1396).

31. *Extinction en Bohême de la famille des Przémysl.* — L'antique famille des **Przémysl**, qui gouvernait en Bohême depuis six siècles, s'éteignit dans les premières années du XIVe siècle, comme en Hongrie, celle des Arpades. Le dernier rejeton des Przémysl fut ce **Wenceslas V** que nous venons de voir élu roi de Hongrie en 1301. Il fut roi de Bohême en 1305, et mourut assassiné, l'année suivante, au moment où il se préparait à disputer la Pologne à Vladislas le Nain. Peu après, la couronne de Bohême se réunit, dans la **maison de Luxembourg**, à la couronne impériale. L'histoire de ce pays se mêle donc, durant cette période, d'une manière plus intime avec celle de l'Empire.

VII. — EMPIRE GERMANIQUE.

32. *L'empereur Albert d'Autriche et le duc de Carinthie se disputent la Bohême.* — **Albert Ier** essaye vainement, après la mort de Wenceslas V (1306), de placer un de ses fils sur le trône de Bohême. Le beau-frère de Wenceslas, **Henri de Carinthie**, est élu par les états de ce royaume.

33. *Insurrection des Suisses. Mort d'Albert d'Autriche.* — L'événement le plus mémorable du règne d'Albert est la révolte de la **Suisse**, qui va former un État in-

dépendant [1]. L'empereur se met en marche pour la réprimer. Mais son jeune neveu, **Jean de Souabe,** dont il était le tuteur et dont il détenait injustement l'héritage, l'assassine au passage de la **Reuss** [2], de concert avec trois barons qu'il avait associés à son projet. Ainsi périt (1308), non loin de ce château d'Habsbourg dont sa famille était originaire, ce prince qu'avaient fait généralement haïr sa dureté et son gouvernement oppressif.

34. *Dans quelles nouvelles maisons passe la couronne impériale.* — Le fils aîné d'Albert, **Frédéric le Bel,** éprouva le contre-coup de ce sentiment de répulsion. Il ne put se faire élire. La couronne impériale passa, pour y rester pendant plus d'un siècle (1308-1437), dans les maisons de Luxembourg et de Bavière. Le premier qui la reçut (1308), fut **Henri de Luxembourg** ou Henri VII.

35. *Règne de l'empereur Henri VII. Exploits chevaleresques de son fils Jean.* — La couronne impériale ne fut pas la seule qui entra alors dans la maison de Luxembourg : celle de Bohême fut déférée (1310) à **Jean,** fils de Henri VII et beau-frère de Wenceslas V. Ce prince intrépide, épris de la gloire chevaleresque, et qui passa une grande partie de sa vie à accomplir les exploits de la chevalerie errante, augmenta la puissance des rois de Bohême en se faisant céder la **Lusace,** en obtenant le droit de suzeraineté sur la **Silésie** et en conquérant la **Moravie.** Après avoir guerroyé en Allemagne, en Italie, en Lithuanie, en Pologne, en Hongrie, il va, bien que devenu aveugle, combattre les Anglais, à Crécy, et il meurt (1346), porté au plus fort de la mêlée par son cheval, qu'il avait fait attacher par la bride à ceux de deux de ses chevaliers les

---

[1] V. ci-après, nᵒˢ 47-54. — [2] Affluent de l'Aar.

plus vaillants. De son côté, Henri VII voulut faire revivre les prétentions de l'empire sur l'Italie. Appelé dans la Péninsule par le parti gibelin : il y lutta contre les Guelfes, dont le chef était Robert d'Anjou, roi de Naples. Cet empereur châtia avec cruauté les villes qui lui résistaient, et mourut à Sienne, en 1313.

36. *Rivalité de Louis V de Bavière et de Frédéric le Bel, duc d'Autriche.* — Après sa mort, les électeurs se divisent : les uns nomment empereur **Louis V de Bavière**; les autres choisissent le fils d'Albert Ier, ce Frédéric le Bel, duc d'Autriche, qui avait été le compétiteur de Henri VII. La guerre s'engage entre les deux rivaux, dont le premier a pour alliés les Suisses. Battu (1315) par la confédération helvétique dans le défilé de **Morgarten**[1], battu de nouveau par Louis V (1322) à **Mulhdoff**[2] et fait prisonnier, Frédéric n'obtient la liberté qu'à condition qu'il partagera l'empire avec son vainqueur. Mais le pape Jean XXII, qui résidait à Avignon, intervient contre celui-ci, lui ordonne de soumettre à la décision du saint-siége l'exercice de ses droits et déclare l'empire vacant. Frédéric le Bel étant mort, le pape veut opposer à Louis V un nouveau compétiteur, Charles le Bel, roi de France. Mais celui-ci ne peut gagner les électeurs.

37. *Louis de Bavière en Italie ; il est excommunié. Pragmatique-Sanction de Francfort.* — Louis de Bavière franchit les Alpes pour relever le parti gibelin, se fait couronner à Rome par le préfet **Sciarra-Colonna**, fait élire un antipape et condamne à être brûlés vifs Jean XXII et son auxiliaire Robert II, roi de Naples. Excommunié par le premier, obligé de se retirer devant l'armée du second, il veut abdiquer. Mais la diète germanique s'y oppose, et par la **prag-**

[1] Entre Schwitz et Zug. — [2] Au N.-E. de Munich.

matique-sanction[1] **de Francfort**, déclare (1338) que l'autorité impériale est conférée par la seule élection des princes électeurs, que le prince nommé par eux roi des Romains doit être considéré comme le futur empereur légitime, sans qu'il soit besoin du consentement ou de la confirmation du souverain pontife, et qu'il peut recevoir la couronne impériale d'un évêque quelconque, à défaut du pape.

38. *Charles IV de Luxembourg.* — La tranquillité ne se rétablit point. Le fils de Jean de Bohême, le petit-fils de Henri VII, **Charles IX de Luxembourg**, un mois avant de devenir roi de Bohême, est nommé empereur par cinq électeurs. Mais Louis ne reste pas longtemps aux prises avec ce troisième rival. Il meurt d'une chute de cheval, à la chasse, en 1347.

39. *Mesure fâcheuse pour l'unité de son gouvernement que prit Louis V.* — Louis V prit une mesure fâcheuse pour l'unité du gouvernement impérial, déjà si compromise, en statuant que la justice serait rendue, dans chaque province, suivant les **lois particulières** à cette même province.

40. *Modification des armoiries de l'Empire.* — Ce fut ce même empereur qui mit le premier **deux aigles** dans les armes du sceau de l'Empire. Sous Wenceslas, on remplacera ces deux aigles par **une seule**, mais elle aura **deux têtes**.

41. *Abaissement de la puissance impériale.* — Par sa faiblesse et par les moyens qu'il emploie afin de se procurer l'argent dont il a besoin pour gouverner, Charles IV **avilit le pouvoir** qu'il a reçu. Il arrache, comme disent les Allemands, bien des plumes à l'aigle germanique : il a acheté les suffrages de la diète,

---

[1] Du latin *sanctio* et du grec *pragma*, *ordonnance* sur les *affaires* de l'État.

il vend les fiefs et les domaines impériaux ; il renonce à toute prétention sur les provinces du **territoire pontifical**, confirme la cession au saint-siége du **Comtat-Venaissin**, et celle qui a été faite au roi de France du **Dauphiné** par Humbert ; enfin il vend aux cités de la Lombardie les droits que les empereurs prétendaient avoir conservés sur elles, et il n'a, comme empereur, aucune autorité en Italie.

42. *Bulle d'or.* — Ce fut aussi sous son règne que furent sanctionnés par le pouvoir impérial les priviléges que s'étaient arrogés les sept électeurs. On décréta dans ce but, à la diète de **Nuremberg** (1356), la fameuse **Bulle d'or**, rédigée par le jurisconsulte Barthole. Cette loi, qui est restée la loi fondamentale de l'empire, fixe le nombre des électeurs à sept, attribue à chacun d'eux une des grandes charges de la couronne, règle le lieu, le mode, le cérémonial de l'élection et du couronnement, déclare indivisibles les électorats qui doivent rester dans chaque famille l'apanage des aînés, enfin confirme aux électeurs tous les droits de la souveraineté. Leur dignité devient presque l'égale de la dignité impériale. La promulgation de cette loi, écrite sur du vélin et scellée d'un grand sceau au **Bulle d'or**, fut suivie d'une cour plenière où Charles sembla vouloir faire oublier, par la pompe extérieure dont il s'environna, tout ce qu'il avait en réalité fait perdre à la dignité souveraine.

43. *Composition du collége électoral.* — Le collége électoral se composa de **trois électeurs ecclésiastiques** : les archevêques de Mayence, de Trèves et de Cologne, et de **quatre électeurs laïques**, à la tête desquels était le roi de Bohême, et qui étaient ensuite le comte palatin du Rhin, le duc de Saxe et le margrave de Brandebourg.

44. *Impuissance de la Bulle d'or à maintenir la paix*

publique. — La Bulle d'or renfermait encore d'autres dispositions relatives à la **paix publique.** Mais chacun des États, jaloux de constater son indépendance vis-à-vis de l'empereur, continua à chercher dans les **guerres privées** le moyen de venger ses querelles ou d'étendre son territoire, et l'orgueil des grands vassaux qui n'admettaient point d'arbitre perpétua le désordre.

45. *Sainte-Vehme. Époque de sa plus grande autorité.* — C'est au milieu des troubles du xive siècle et du xve que la **Sainte-Vehme** [1] a exercé son pouvoir avec le plus d'autorité. La Sainte-Vehme était un tribunal secret, dont le siége principal était à **Dortmund** [2], et dont les membres s'appelaient les **Francs-juges.** Elle citait devant elle les individus accusés de certains crimes ou délits contre la religion, le souverain, les personnes ou les propriétés, et les francs-juges exécutaient eux-mêmes leurs sentences. Des empereurs d'Allemagne se firent recevoir membres de la Sainte-Vehme, et alors ils en étaient les grands-maîtres; mais, dès le commencement du xve siècle, plusieurs empereurs essayèrent de restreindre l'action de ces tribunaux, contre laquelle, d'autre part, des États de l'Empire et des villes libres formèrent souvent ensemble des traités d'alliance.

46. *Charles IV, roi de Bohême.* — S'il fut mauvais empereur, **Charles IV** fut un **roi de Bohême** habile et attentif à ses intérêts, et on a pu dire de lui qu'il ruina l'Allemagne pour acquérir l'empire, puis l'empire pour rendre sa maison puissante. C'est en Bohême qu'il fit transporter le trésor impérial. A la Bohême il incorpora la **Silésie,** la **Lusace,** la **Moravie.** Aimant et cultivant lui-même les lettres, élevé

---

[1] *Vehme,* de *fehmen,* condamner. — [2] En Westphalie.

en France, pays pour lequel il avait conservé une prédilection toute particulière, il donna à ses États héréditaires de sages règlements, il fonda dans sa capitale **l'université de Prague**, pour laquelle il emprunta les constitutions de celle de Paris.

47. *Déplorable règne de Wenceslas.* — Charles VI eut pour successeur (1378) à l'empire et en Bohême, son fils **Wenceslas**, alors âgé de dix-huit ans. Les débauches et les cruautés de ce prince furent monstrueuses, son indolence et son apathie pour les affaires publiques étaient révoltantes. La noblesse forme contre la bourgeoisie, surtout dans la Souabe et la Franconie, des associations connues sous les noms de **Confréries de Saint-Georges**, du **Lion d'or**. La bourgeoisie se ligue pour se défendre contre la noblesse. Les troupes des villes sont battues par celles des princes. L'anarchie et la lutte sont partout. Indifférent aux mots de l'Allemagne, Wenceslas reste en Bohême, d'où il publie deux fois, main en vain, la **paix publique**. Lui-même se signalait par des actes de fureur ; il avait fait torturer et jeter dans la Moldau **saint Jean Népomucène**, son aumônier, qui avait refusé de lui révéler la confession de l'impératrice ; il faisait égorger quiconque lui déplaisait. Indignés de ses cruautés, ses sujets de Bohême l'enfermèrent dans une prison (1394). Il s'échappa deux fois et fut enfin déposé (1400) par les électeurs de l'empire, comme « inutile, dissipateur et indigne. » Il mourut dix-neuf ans après, n'ayant plus conservé que son royaume de Bohême.

VIII. — SUISSE.

48. *La Suisse au commencement du XIVe siècle.* — Après avoir fait partie du royaume des Deux-Bour-

gognes, l'**Helvétie** ou **Suisse** avait été divisée en **fiefs**, relevant pour la plupart de la maison de Habsbourg. Mais plusieurs villes, entre autres Bâle, Zurich, Saint-Gall, Soleure, furent déclarées **villes impériales.** D'autre part, les **Waldstettes** [1] ou cantons forestiers de Schwitz, d'Uri et d'Unterwald, reçurent des empereurs et notamment de Frédéric II, des priviléges qui assurèrent leur **liberté**, sous la protection immédiate de l'empire.

49. *A quelle occasion la Suisse entreprend de se rendre indépendante.* — Le fils de Rodolphe de Habsbourg, **Albert**, voulut agrandir son domaine aux dépens de ses voisins. Les montagnards refusent de renoncer à leurs prérogatives et de se placer sous la dépendance directe de l'Autriche. Devenu empereur, Albert nomme, pour exercer en son nom la justice criminelle, dans les Waldstettes, des **baillis** dont la tyrannie se fait l'instrument de la colère et des vengeances du maître. Ils s'établissent dans les châteauxforts. L'oppression devient intolérable ; les réclamations portées au pied du trône ne sont point écoutées. Les Suisses ne demandent plus leur délivrance qu'à leur courage.

50. *Révolte des cantons suisses ; mort de Gessler.* — **Walter Furst**, du canton d'Uri, **Werner Stauffacher**, du canton de Schwitz, et **Arnold Melchtal**, de celui d'Unterwald, s'unissent pour briser le joug. Accompagnés chacun de dix amis sûrs, ils se rendent, la nuit, dans la plaine solitaire du **Grutli** [2]. Ils jurent devant Dieu de tout sacrifier pour maintenir leurs droits, tout en respectant ceux des comtes de Habsbourg. Le signal ne devait pas tarder à être donné. Un

---

[1] *Wald-stettes*, États des forêts. — [2] Dans le canton d'Uri, entre le lac de Lucerne et les montagnes d'Unterwald.

des baillis les plus détestés, **Gessler**, pour braver ses administrés, fait dresser un poteau sur la place publique d'**Altorf**, et ordonne que tout passant salue le chapeau dont il a fait surmonter ce poteau. **Guillaume Tell**, du canton d'Uri et gendre de Walter Furst, passe plusieurs fois et refuse d'obéir. Selon la tradition, il est condamné à mort, lui et son jeune fils, et la sentence porte qu'il n'échappera au supplice que s'il parvient à abattre d'un coup de flèche une pomme placée sur la tête de cet enfant. L'habile archer réussit dans cette cruelle épreuve. Mais une seconde flèche, qu'il réservait au tyran en cas d'insuccès, est découverte sous ses vêtements. Guillaume est chargé de fers, et Gessler veut le conduire lui-même au château de **Kussnacht** [1] pour y savourer une lente vengeance. La barque qui les porte sur le **lac de Lucerne** n'échappe à la tempête que grâce à l'adresse du prisonnier dont le tyran a réclamé le secours au moment du danger. Mais, en atteignant le rivage, Guillaume, d'un coup de pied, repousse la barque au milieu des flots, et lorsqu'elle parvient de nouveau à aborder, le montagnard qui s'est embusqué pour attendre son ennemi, lui perce le cœur d'une de ses flèches (1307).

51. *Succès des conjurés. Mort d'Albert*. — Des feux allumés sur les montagnes indiquent à tous que le moment de prendre les armes est venu. Les châteauxforts occupés par les oppresseurs des Waldstettes sont pris et démolis. En apprenant cette révolte et ces succès, **Albert** marche contre les confédérés; mais il est, comme nous l'avons vu [2], assassiné au passage de la **Reuss**, par son neveu Jean de Souabe.

52. *Les Suisses après la mort d'Albert*. — Henri VII,

[1] Sur la rive N. du lac de Lucerne, et au N.-O. du Righi. — [2] V. ci-dessus, n° 33.

de Luxembourg, qui lui succède, se montre bienveillant envers les Suisses restés fidèles à l'empire. Après lui, quand la lutte s'engage au sujet de la couronne impériale, entre Louis de Bavière et Frédéric d'Autriche, les montagnards prennent parti en faveur du premier. Frédéric, irrité, confie le soin de sa vengeance à son frère **Léopold**.

53. *Défaite de Léopold à Morgarten. Confédération suisse.* — Ce prince rassemble une armée pour « écraser sous ses pieds ces paysans orgueilleux. » Mais ces derniers, au nombre de 1,300, l'attendent dans le défilé **de Morgarten**[1]. Écrasée par les rochers qu'on roule sur elle, culbutée par le choc impétueux des montagnards, l'armée de Léopold d'Autriche est taillée en pièces (1315), et les vainqueurs, après la bataille, dressent à **Brunnen**[2] le traité d'une ligue perpétuelle, qui reçoit l'approbation de l'empereur, Louis de Bavière. La confédération s'appelle **Suisse**, du nom du canton de **Schwitz** sur les confins duquel a été gagnée la bataille qui vient de consacrer l'indépendance commune. Les progrès de cette confédération sont rapides : avant la fin du siècle, elle se compose de huit cantons, par l'accession successive de ceux de **Lucerne**, de **Zurich**, de **Glaris**, de **Zug** et de **Berne** aux trois cantons d'**Uri**, de **Schwitz** et d'**Unterwald**.

54. *Nouvelle lutte des Suisses contre un autre Léopold. Bataille de Sempach.* — La maison d'Autriche n'oubliait cependant pas ses anciennes prétentions. De nouvelles vexations, entre autres l'établissement d'un péage à Rothenbourg, près de Lucerne, amènent une nouvelle guerre. Un autre **Léopold, neveu du pré-**

---

[1] Au N. de Schwitz, et près du canton de Zug. — [2] Au S.-O. de Schwitz.

cédent, se ligue avec des seigneurs et fond sur la Suisse à la tête d'un corps de troupes de 1,400 hommes de pied et de 4,000 cavaliers. Les Suisses, au nombre de 1,400 fantassins, mal armés, attendent leur ennemi à **Sempach** (1386)[1]. Le terrain étant défavorable pour la cavalerie, les cavaliers ont mis pied à terre et se sont disposés sur quatre rangs, en abaissant leurs lances, si longues que celles du quatrième rang dépassaient les hommes du premier. Les montagnards, malgré tous leurs efforts, ne peuvent rompre cette muraille de fer. **Arnold de Winckelried**, de canton d'Unterwald, recommande aux siens sa femme et ses enfants, s'élance, saisit autant de piques qu'il peut en rassembler dans ses bras, les appuie sur sa poitrine et les entraîne en tombant. Les Suisses se précipitent, pénètrent dans la brèche qui leur est faite. La déroute devient générale; Léopold périt, en voulant sauver la grande bannière d'Autriche. La journée de Sempach coûta aux Autrichiens 2,000 hommes. Deux ans après, ils perdent encore 2,500 hommes dans la bataille de **Næfels**[2] que gagnent 350 habitants de Glaris. De si terribles leçons apprennent aux ducs d'Autriche qu'ils doivent renoncer à devenir les maîtres de la Suisse. Une **trêve** de sept ans est conclue à Zurich (1389) entre Albert III et la Confédération helvétique. Cette trêve reconnaît leurs droits respectifs, et on la renouvelle pour de longues périodes de temps.

IX. — ITALIE. VENISE ET GÊNES.

55. *Guerres entre Venise et Gênes, au* XIVe *siècle.* — Le Commerce de l'Orient restait toujours, entre

[1] Au N.-O. de Lucerne. — [2] Au N. de Glaris.

Gênes et Venise, la cause d'une ardente rivalité. Si Gênes, depuis que l'empire latin avait pris fin à Constantinople, dominait dans la mer Noire, Venise était prépondérante dans l'Archipel. De là, deux guerres qui éclatent, dans le xive siècle, entre les deux républiques : la **guerre de Caffa**[1], au milieu du siècle, et, en 1378, celle de **Chiozza**[2].

56. *Principaux événements et résultats de ces deux guerres.* — La **guerre de Caffa**, dont l'origine avait été l'exclusion des Vénitiens de la mer d'Azof, fut signalée par trois batailles, dont deux furent gagnées par les Génois. Les Vénitiens s'engagèrent à ne conserver, dans la mer Noire, qu'un port, celui de Caffa. La **guerre de Chiozza** faillit anéantir Venise. Cette république avait pris parti pour Lusignan, dépouillé de l'île de Chypre par les Génois. Ceux-ci, qui ont de nombreux alliés, viennent, après la victoire de **Pola**[3], s'emparer de **Chiozza**, à six lieues de Venise. Leur flotte se montre devant les lagunes. Pierre Doria rejette toutes les propositions des vaincus, et prétend aller « mettre un frein aux chevaux de bronze de la place Saint-Marc. » Venise songe à aller chercher un refuge dans l'île de Crète. Grâce à **Victor Pisani**, elle reste dans l'Adriatique. Cet amiral bloque dans le port de Chiozza la flotte de Gênes et l'oblige à se rendre. La **paix de Turin** met en 1381 un terme à cette lutte. Venise perd toutes ses possessions sur la terre ferme ; mais elle regagne peu après la marche de Trévise et Padoue.

57. *Nouvelles modifications de la constitution de Venise.* — Le gouvernement de Venise était, au commencement du siècle, devenu de plus en plus aristocratique. Un décret, appelé **clôture du grand Conseil**, avait

---

[1] En Crimée. — [2] Au S. de Venise. — [3] Au S. de Trieste.

arrêté que ce conseil ne se composerait plus désormais que des familles sénatoriales alors en exercice. La dignité de conseiller avait été rendue héréditaire, et on avait consigné dans le **livre d'or** les noms des familles nobles dont les membres, à l'âge de vingt-cinq ans, devaient en faire partie. Des conjurations, dont triompha le parti aristocratique, lui firent prendre, pour sa sûreté, une mesure qui devait profondément altérer la constitution de l'État. Le **Conseil des dix** fut créé, avec un pouvoir dictatorial. D'abord temporaire, ce conseil redoutable devint bientôt perpétuel, et son despotisme ne devait laisser subsister de la liberté que le nom.

58. *Conjuration du doge Marino Faliero.* — Quand finissait la guerre de Caffa, le doge **Marino Faliero,** voulant se venger sur toute la noblesse d'une mortelle injure qu'il avait reçue du jeune patricien **Steno** et qu'avait laissée presque impunie le Conseil des dix, forma une conjuration dont le but était le massacre et l'anéantissement de l'aristocratie. Le complot fut découvert, la veille du jour où il devait éclater. Faliero eut la **tête tranchée** (1355) sur l'escalier de son palais; seize de ses complices, qui avaient été arrêtés avec lui, furent pendus; quatre cents autres périrent par divers supplices. Dans la salle du grand conseil, où sont réunis les portraits des doges, on mit, au lieu de celui de Marino Faliero, une toile sur laquelle était peint un voile noir avec cette inscription : Place de Marino Faliero, décapité pour ses crimes. »

59. *Situation intérieure de Gênes, au* XIVe *siècle.* — Tout en luttant contre Venise, Gênes continue à être livrée à des déchirements intérieurs. En butte à la rivalité des **Doria** et des **Spinola,** elle élit pour la première fois un **doge,** en 1339 ; mais bientôt elle se jette, pour trouver une tranquillité que ses propres

chefs ne peuvent lui procurer, tantôt entre les bras des Milanais, tantôt entre ceux des Français. A la fin du XIVᵉ siècle, elle vient de se donner pour gouverneur un des héros de Nicopolis [1], le sire de **Boucicaut**, maréchal de France.

X. — SAVOIE. LOMBARDIE.

60. *Les comtes de Savoie au* XIVᵉ *siècle.* — Les **comtes de Savoie** continuent avec persévérance à fonder la grandeur de leur maison. **Amédée V le Grand** (1285-1323) joint à ses États Asti, Ivrée et le territoire qui avoisine Genève; **Amédée VI** (1343-1383), surnommé le **comte Vert**, le pays de Vaud, celui de Gex, le Faucigny, plusieurs seigneuries dans le Piémont; **Amédée VII** (1383-1391), ou le **comte Rouge**, Nice et Vintimille.

61. *Le comte Vert.* — **Amédée VI** reçut le surnom de **comte Vert**, parce qu'il avait adopté pour sa livrée et pour son armure, dans un tournoi donné à Chambéry, la couleur vert-obscur, réservée autrefois aux chevaliers errants. Le caractère guerrier de ce prince chevaleresque lui fit prendre une part active à bien des expéditions. Il alla notamment en Grèce secourir, contre les Turcs et les Bulgares, Jean Paléologue, arracha cet empereur des mains du roi de Bulgarie et le replaça sur son trône. Il se fit donner par l'empereur d'Allemagne, pour lui et ses descendants à perpétuité, le titre de **vicaire de l'empire en Italie**. Il mourut enfin de la peste, à Naples, où il avait accompagné Louis d'Anjou dans son expédition.

62. *Principales familles régnantes dans le nord de l'Ita-*

---

[1] V. ci-après n° 112.

ie. — Dans le marquisat de **Montferrat**, l'antique
amille issue d'Abdérame est remplacée, en 1306, par
ine branche des Paléologues, dont le chef est Théo-
lore, fils de l'empereur Andronic et d'Yolande de
Montferrat; la famille d'**Este** gouverne Este, Ferrare,
Modène, Reggio; celle **della Scala**, Vérone; celle de
Carrare, Padoue; celle des **Pics**, la Mirandole [1]; celle
es **Malaspina**, Massa; celle de **Correggio**, Parme
t Plaisance, qui tombent au pouvoir de Milan vers le
milieu du XIVe siècle; celle de **Gonzague** règne à
antoue depuis 1328; enfin les **Visconti**, après avoir
ontribué depuis plus d'un siècle à l'extension de la
uissance de Milan, sont les maîtres de la Lombardie.

63. *Les Condottieri.* — Dans les nombreuses guerres
u'ils se font les uns aux autres, les seigneurs des
lles italiennes emploient des bandes mercenaires
nt les chefs, nommés **Condottieri**, mettent leur
ée à la solde du plus offrant. La guerre était pour
s condottieri une industrie dans laquelle ils se li-
aient à toutes leur avidité, soit envers ceux dont
 se faisaient les auxiliaires, soit à l'égard de leurs
nemis; mais, dans les rangs de ceux-ci, ils savaient
stinguer ceux qui exerçaient le même métier, et ils
manquaient pas de les épargner.

34. *Intervention des étrangers dans les querelles ita-
nes. Nouvelle acceptation des mots Guelfe et Gibelin.*
Les grandes familes font intervenir dans leurs
erelles, outre ces mercenaires, des nations étran-
es. Les Allemands, les Français, les Aragonais se
ncontrent, sur les champs de bataille, mêlés aux
upes italiennes. Charles d'Anjou, nommé capitaine
l'Église romaine par le Pape, et qui avait vaincu
dernier représentant de la famille des Wiblingen,

Au N.-E. de Modène.

était devenu, au xiii° siècle, un des chefs du parti guelfe. Par suite de cette circonstance, on nomma **Guelfes** tous les partisans des Français, **Gibelins,** tous leurs ennemis.

65. *La famille della Scala à Vérone.* — Après que la famille des **Eccelini** eut succombé, au milieu du xiii° siècle, sous les coups des Guelfes dirigés par le marquis d'Este, une autre famille gibeline, celle **della Scala** [1], avait, à Vérone, pris et conservé le pouvoir. Cette maison jeta surtout un grand éclat dans la première moitié du xiv° siècle, sous le grand **Cane,** illustre guerrier que Henri VII choisit pour vicaire impérial, et qui donna asile à l'illustre proscrit de de Florence, Dante, dont il était l'ami. Son neveu et son successeur, **Mastino della Scala,** accrut encore beaucoup ses États ; mais son ambition donna l'alarme à Florence et à Venise, qui se coalisèrent pour en arrêter les effets. A la fin du siècle, la maison della Scala fut dépouillée de ses possessions, et Vérone tomba un instant au pouvoir de Milan, puis, pour y rester, sous celui de Venise.

66. *Les Carrare à Padoue.* — La famille de Carrare eut une fin semblable. Sa souveraineté sur Padoue, moins ancienne que celle de la maison della Scala à Vérone, n'avait commencé qu'en 1318. Dans la deuxième moitié du siècle, les Carrare firent contre Venise une guerre plusieurs fois renouvelée, et dans laquelle ils obtinrent, un instant, de grands succès ; mais enfin, **François Carrare,** vaincu, fu conduit à Venise, et étranglé dans sa prison avec deu de ses fils. Les deux survivants ne purent empêche Padoue de rester une ville vénitienne.

---

[1] Littéralement *de l'échelle.* Ils avaient dans leurs armoirie une aigle portant dans ses serres une échelle.

67. *Les Visconti à Milan* — La famille des Visconti qui, dans la deuxième moitié du XIIIᵉ siècle, supplanta, à Milan, la puissante maison guelfe **della Torre,** ne fut pas une famille guerrière comme presque toutes celles qui dominèrent alors dans les cités italiennes, et qui devaient aux armes leur illustration. Tour à tour Guelfes ou Gibelins, suivant l'intérêt du moment, les **Visconti** durent leur élévation, moins à leur courage qu'à leurs remarquables talents pour l'administration, souvent à leur **souplesse** et à leurs intrigues. Ils avaient dans leurs armoires une **couleuvre** et disaient qu'il faut, comme elle, tour à tour ramper et se redresser, et être toujours prêts à sacrifier la queue pour sauver la tête : maxime qui peut servir pour obtenir le succès, mais non pour constituer la véritable grandeur.

68. *Puissance des Visconti.* — C'est au commencement du XIVᵉ siècle que cette famille domine d'une manière exclusive à Milan. **Mathieu Visconti,** qui s'est fait nommer vicaire impérial en Italie, fait ériger en sa faveur le Milanais en **comté.** Ses successeurs étendent leur puissance dans la Lombardie. Plusieurs villes, Venise entre autres, et les papes, forment, à plusieurs reprises, des ligues contre eux ; ils en triomphent. Enfin, **Jean Galéas Visconti,** après s'être emparé par trahison de la personne et du pouvoir de son oncle, achète (1395) de l'empereur Wenceslas le titre de **duc** pour lui et pour ses descendants. Ambitieux aussi bien que perfide, il ne songe à rien moins qu'à devenir roi d'Italie. S'il échoue dans ce projet, il réunit du moins sous ses lois toute la Lombardie, depuis le Tessin jusqu'à la Brenta, et ses États comprennent au sud les territoires de Sienne, de Pérouse et de Spolète.

XI. — TOSCANE.

69. *Importance de Florence au XIVe siècle.* — Le premier rang que **Pise** avait tenu en Toscane pendant le XIe et le XIIe siècle, et que lui avait disputé **Florence** au XIIIe, appartient entièrement à cette dernière ville pendant le XIVe. Elle domine sur toute la contrée. **Lucques** et **Sienne** conservent seules leur indépendance.

70. *Lucques et Castruccio Castracani.* — **Lucques** était aux mains du parti guelfe dans le commencement du XIXe siècle. Bientôt après, un chef gibelin **Castruccio Castracani**, qui y rentra et s'y fit nommer (1320) **capitaine du peuple**, joua, pendant quelques années, un rôle assez important dans ces luttes continuelles. Ce guerrier, que Louis de Bavière créa **duc de Lucques** en récompense de ses services, fit de concert avec les Milanais, la guerre à Florence battit (1325), à **Alto Pascio** [1], avec 20,000 hommes l'armée double en nombre de cette république, et mourut après cette victoire.

71. *Nouveaux noms que prennent à Florence les Guelfes et les Gibelins.* — Dans la démocratique **Florence** les partis se livrent toujours à des luttes acharnées et reçoivent des noms nouveaux empruntés à deux factions de Pistoie. Les Guelfes, dont les chefs sont toujours les Donati, et qui ont pour auxiliaire Charles de Valois, frère de Philippe le Bel, s'appellent les **Noirs**. Les Gibelins se nomment les **Blancs**. Un peu plus tard, les dominations changeront encore : le parti des nobles recevra le nom d'**Arts majeurs**

[1] Près de Pistoie.

celui du peuple, le nom d'**Arts mineurs**; et une faction prolétaire aura celui de **Ciompi** [1].

72. *Peste de Florence ou peste noire.* — L'année 1348 fut cruellement mémorable pour Florence. Une **peste** terrible, appelée aussi **peste noire**, qui avait été apportée en Italie par des galères de Gênes, fit périr dans la seule ville de Florence cent mille personnes. Elle s'étendit, pendant deux ans, sur différentes parties de l'Europe; ce fut en Italie, en France et en Angleterre qu'elle sévit avec le plus d'intensité; mais elle n'interrompit ni les tournois, ni les danses, ni aucun des frivoles plaisirs.

73. *Famille des Médicis.* — C'est en 1378 que la famille des Médicis, qui s'illustra au siècle suivant, commence à jouer un rôle important dans l'histoire de Florence. Un des membres de cette famille, enrichie par le commerce, **Sylvestre de Médicis**, gonfalonier de la republique, contribue à établir, pour quelques années, un gouvernement de démocratie mitoyenne et tempérée, que remplace, à la fin du siècle, la domination aristocratique des **Albizzi**.

XII. — ÉTATS DE L'ÉGLISE.

74. *Mémorables événements qui ont marqué le pontificat de Clément V.* — Le pontificat de Clément V est fameux par deux grands faits : la translation du Saint-Siége à Avignon, la suppression de l'ordre des Templiers.

75. *Translation du Saint-Siége à Avignon.* — Quand mourut Benoît XI, qui avait succédé sur le siége de saint Pierre à Boniface VIII, le choix du sacré collége se porta, par l'influence de Philippe le Bel,

______

[1] Hommes de rien, gueux.

sur un prélat français, **Bertrand de Goth,** archevêque de Bordeaux. En échange de l'appui que lui avait donné son souverain, le nouveau pape, qui avait pris le nom de **Clément V,** consentit à venir habiter la France. Il s'établit, en 1309, près du comtat Venaissin, propriété du Saint-Siége, dans la ville d'**Avignon,** qui devait être achetée, quarante ans plus tard, par un de ses successeurs, à une comtesse de Provence [1]. Les papes prolongèrent pendant près de soixante-dix ans cette résidence, que les Italiens ont appelée la **captivité de Babylone.** Dans les siècles précédents, l'influence de la papauté sur les affaires de l'Europe a été immense; mais si l'autorité spirituelle des papes reste la même, leur influence politique s'amoindrit considérablement quand ils abandonnent la ville éternelle pour les États d'un prince étranger.

76. *Abolition de l'ordre des Templiers.* — Les **Templiers,** en devenant puissants, s'étaient corrompus. On leur reprochait des crimes odieux. Leur orgueil excita la colère, et surtout leurs richesses tentèrent la cupidité de Philippe le Bel. Résolu à les détruire, le roi de France se concerta avec Clément V, et ce pontife, dans un consistoire secret tenu pendant la réunion d'un concile à **Vienne, en Dauphiné,** prononça (1311) un décret provisoire pour la suppression de cet ordre fameux. **Jacques Molay,** grand maître de l'ordre et qui combattait alors vaillamment dans l'île de Chypre contre les Turcs, rappelé en France pour se justifier, avait été arrêté, ainsi que tous les chevaliers qui l'avaient accompagné. Le procès des chevaliers fut instruit; « ils avouèrent dans les tortures, mais ils nièrent dans les supplices. » La plupart périrent sur des bûchers. Les biens de l'ordre furent confisqués. Jac-

---

[1] V. ci-après, n° 83.

ques Molay lui-même, après avoir été d'abord condamné à une prison perpétuelle, fut brûlé vif, à Paris, à la pointe de l'île de la Cité [1] (1314). Il mourut avec courage, ajournant, dit-on, au tribunal de Dieu, le pape dans quarante jours, le roi dans l'année. Par une coïncidence singulière, le pape et le roi moururent aux deux termes fixés.

77. *Anarchie à Rome. Le tribun Rienzi.* — Rome, dont les souverains habitaient ainsi une autre ville située au delà des monts, était livrée à l'anarchie. Les factions ennemies des **Colonna** et des **Orsini** la remplissaient de luttes incessantes, tandis que des légats apostoliques, qui résidaient à Pérouse, gouvernaient le reste des États pontificaux. **Nicolas Rienzi** profite de ces circonstances pour essayer de faire revivre l'ancienne république. Épris des grandeurs de la Rome antique, orateur ardent, cet homme du peuple communique au peuple son enthousiasme. La république est proclamée (1347), sous le nom de **Bon État**; lui-même reçoit les titres de tribun et de libérateur de la patrie. Il oblige les barons romains à quitter la ville, et ceux des environs à venir prêter serment à l'ordre de choses qu'il établit. Le brigandage est énergiquement réprimé. La tranquillité a remplacé dans Rome le désordre auquel cette ville était en proie.

78. *Projets insensés, fuite et captivité de Rienzi.* — Ce succès inespéré donne le vertige au tribun. Il s'égare dans les projets les plus insensés ; ce n'est plus seulement la république qu'il veut à Rome, c'est la formation d'une **république universelle**, d'une république qui comprendra toute l'Italie, toute l'Europe, et dont Rome sera le centre. « Nicolas le sévère et le

____

[1] A l'endroit où est le terre-plein du Pont-Neuf.

16

clément, libérateur de Rome, zélateur pour le bien de l'Italie, ami du monde, tribun auguste, » ose citer à son tribunal le pape et les souverains. Sa folle vanité excite le mépris. Sa tyrannie le rend odieux. Les nobles de la campagne viennent l'attaquer; le peuple refuse de le défendre. Rienzi s'enfuit (1348) et est livré au pape Clément VI, qui le fait enfermer dans les prisons d'Avignon.

79. *Retour à Rome et mort de Rienzi. L'autorité pontificale rétablie à Rome.* — Six ans plus tard, Innocent VI, successeur de Clément VI, veut se servir de l'influence du proscrit pour se concilier à lui-même les Romains séduits par d'autres démagogues. Revêtu par le pape de la dignité de sénateur, l'ancien tribun est reçu à Rome comme en triomphe et y rétablit de nouveau le repos par son énergie. Mais la demande d'une contribution lui aliène encore les esprits mobiles des Romains, et, au milieu d'une sédition excitée par les Colonna, il est massacré (1354) au pied de l'escalier du Capitole. Après sa mort, le cardinal **Albornoz**, guerrier vaillant et politique habile, soumet les rebelles et fait reconnaître dans Rome l'autorité pontificale.

80. *Les six papes français successeurs de Clément. V.* — Le six successeurs de Clément V, tous Français[1], continuèrent à siéger à Avignon (1316-1377). Le cinquième, **Urbain V**, essaya de soustraire la papauté à la sorte de tutelle qu'exerçait sur elle la France, et de faire cesser les maux causés en Italie par la longue absence des papes. Cédant aux vœux des Romains, il vint à Rome, y passa trois ans et revint mourir à Avignon. C'était à son successeur **Grégoire XI** qu'il était réservé de reporter dans la ville éternelle le siége

---

[1] Jean XXII, Benoît XII, Clément VI, Innocent VI, Urbain V, Grégoire XI.

apostolique. Il fut reçu comme en triomphe par son peuple (1377). Urbain V avait le premier ceint la la **triple couronne**[1]. Grégoire XI, le premier, prit pour demeure le **Vatican** [2].

81. *Origine et durée du schisme d'Occident.* — Grégoire XI étant mort à Rome, l'année suivante, le peuple de cette ville, jaloux de conserver chez lui le souverain pontife, veut un pape italien et le signifie avec menace au conclave. L'archevêque de Bari est élu et prend le nom d'**Urbain VI**. Mais, cinq mois après, les mêmes cardinaux, réunis dans le royaume de Naples, annulent l'élection d'Urbain VI, comme entachée de violence, et proclament à sa place le cardinal Robert de Genève, qui prend le nom de **Clément VII**. Ce dernier s'établit à Avignon et est reconnu par la France, l'Ecosse, l'Espagne, la Sicile et le petit royaume de Chypre. Urbain reste à Rome et est reconnu par les autres États catholiques. Ainsi commença (1378) le **schisme d'Occident**, qui mit le trouble dans l'Eglise pendant près de quarante ans et qui fut une conséquence indirecte de la translation momentanée de la papauté hors de la ville éternelle. Urbain VI et Clément VII eurent pour successeurs, l'un Boniface IX, l'autre Benoît XIII.

XIII. — ROYAUMES DE NAPLES ET DE SICILE.

82. *Règne de Robert. le Sage, roi de Naples.* — **Robert**, surnommé **le Sage**, à cause de son amour pour la science, monte (1309) sur le trône de Naples, après

---

[1] Cette triple couronne, qui entoure la *tiare*, est l'emblème du pouvoir qu'a, dans l'Église, le pape comme sacrificateur souverain, comme juge suprême, comme législateur unique. — [2] Colline de Rome, au N. du mont Janicule.

la mort de son père Charles le Boiteux et au détriment de **Charobert**, roi de Hongrie, son neveu, qui était appelé à la couronne, par droit de représentation. Il essaye en vain de reprendre la Sicile à Frédéric Ier d'Aragon. Il joue en Italie le rôle de chef du parti guelfe et lutte avec succès contre l'empereur Henri VII de Luxembourg. Pour faire entrer dans sa famille les droits de la branche d'Anjou qui règne en Hongrie, il marie sa petite-fille **Jeanne** à **André**, fils de Charobert.

83. *Règne de Jeanne.* — Jeanne succéda à son aïeul, en 1343. Son long règne de quarante ans fut rempli de scandaleux désordres. André de Hongrie meurt bientôt assassiné. Jeanne épouse un de ses meurtriers, **Louis de Tarente**. Louis de Hongrie s'avance à la tête d'une armée pour venger son frère André. Jeanne fuit dans la Provence dont elle est comtesse; c'est alors qu'elle vend Avignon au pape Clément VI. Revenue à Naples, elle perd son second mari, puis Jacques II, roi de Majorque, qu'elle lui avait donné pour successeur, et elle épouse, en quatrièmes noces, un prince de la maison de Brunswick.

84. *Comment se compliqua alors la succession au trône de Naples.* — Ces quatre mariages n'avaient pas donné d'enfants à la reine Jeanne. Elle adopta d'abord un de ses cousins, **Charles de Duras**. Puis elle transféra son adoption à **Louis d'Anjou**, fils de Jean, roi de France. Charles de Duras, irrité, prit les armes, battit les troupes de Jeanne, s'empara de Naples et fit étouffer la reine entre deux matelas (1382). Ainsi périt, par un crime, cette Jeanne qui s'était livrée à tous les déréglements et qui n'avait pas reculé elle-même devant le crime.

85. *Branche de Duras à Naples.* — Après cette princesse, Charles de Duras ou **Charles III** monta sur le

trône de Naples qu'il eut à disputer à Louis d'Anjou, et il le laissa (1386) à son fils **Ladislas.** Celui-ci continua cette lutte et ne fut le seul maître à Naples qu'en 1399.

86. *Rois aragonais en Sicile.* — Pendant que la maison d'Anjou était à la tête du parti guelfe, **Frédéric d'Aragon** se maintenait en Sicile, avec l'appui des Gibelins et de l'empereur, contre les forces du roi de France, du roi de Naples et de son propre frère Jacques d'Aragon, et il régnait sous le titre de **roi de Trinacrie** [1]. Frédéric transmit la couronne à son fils, puis aux autres membres de sa famille.

XIV. — ESPAGNE. CASTILLE.

87. *Régne glorieux d'Alphonse XI. Bataille de Tarifa.* — **Alphonse XI** succéda, en 1312, à son père Ferdinand IV, sur le trône de Castille. Après une minorité de douze ans, troublée par la rivalité de deux oncles qui périrent ensemble en combattant le roi musulman de Grenade, puis par celle d'autres compétiteurs à la régence, il régna lui-même avec une grande fermeté. De sévères exécutions réprimèrent l'insubordination générale de ses sujets. Il obtint des **La Cerda** la renonciation à leurs droits, en échange de la royauté des îles Canaries ; il se ligua avec les rois d'Aragon et de Portugal, contre les Maures qui avaient repris Gibraltar et assiégeaient **Tarifa** [2]. Les infidèles furent vaincus (1340) dans une grande bataille près de cette ville, sur les bords du Rio Salado, et 60,000 des leurs restèrent sur le champ de bataille. Le butin fut si

[1] Trinacrie (du grec), île aux *trois promontoires*. Ancien nom de la Sicile. — [2] A l'O. de Gibra.

grand que le prix de l'or baissa, dit-on, d'un sixième. Le Miramolin de Maroc, qui s'était joint au roi de Grenade, s'enfuit au delà du détroit. Alphonse poursuit ses succès; il assiége et prend **Algésiras** vaillamment défendue, mais il meurt (1350) de la peste, au siége de Gibraltar qu'il veut enlever de nouveau aux musulmans, et il a la gloire d'être pleuré paa le roi de Grenade, qui prend le deuil d'un si vaillant ennemi.

88. *Pierre le Cruel et Henri de Transtamare.* — Le vainqueur de Tarifa avait reçu le surnom de **Vengeur**; au nom de son fils et successeur, **Pierre**, l'histoire a attaché le surnom de **Cruel**. Livré sans frein à toutes ses passions, aimant à faire couler le sang dans des supplices recherchés, meurtrier de sa femme, de son cousin don Juan d'Aragon, de trois de ses frères, d'Albuquerque, grand maître de Calatrava, du roi de Grenade, qui lui demandait l'hospitalité, d'une foule de nobles, il excite l'indignation générale. **Henri de Transtamare**, son frère naturel, fils d'Alphonse XI et d'**Éléonore de Guzman** qui avait été la première victime du tyran, échappe au sort qui l'attend, et va, au delà des Pyrénées, chercher des auxiliaires.

89. *Lutte entre les deux frères. Mort de Pierre le Cruel.* — Chargé de délivrer la France des **grandes compagnies**, Duguesclin emploie (1366) le courage de ces bandes indiciplinées à soutenir dans ses projets Henri de Transtamare. On franchit les Pyrénées; la Castille acclame Henri, qui est couronné roi à Burgos. Pierre le Cruel va chercher à son tour un appui au delà des monts. Les Anglais, commandés par le prince Noir et par Chandos, le rétablissent dans ses états par la victoire de **Navarette** [1] qui coûte la liberté à

----

[1] A l'O. de Logrono.

Duguesclin. Mais le triomphe du tyran dure un an à peine. Avec l'aide du vaillant chevalier breton redevenu libre, Henri engage de nouveau la lutte. Pierre, à son tour, est vaincu (1638) à **Montiel**[1] et il est fait prisonnier. On l'amène dans la tente de Duguesclin. A peine les deux frères se sont-ils aperçus, que, saisis d'un même mouvement de fureur, ils se précipitent l'un sur l'autre. Dans cette lutte corps à corps, Pierre est tué, et avec lui finit la descendance légitime de Raymond de Bourgogne.

90. *Premiers rois de la branche bâtarde de Transtamare : Henri II; Jean Ier; Henri III.* — Le trône sur lequel Henri de Transtamare venait de s'asseoir (1369), lui fut disputé par les rois de Portugal, d'Aragon, de Navarre, et par le duc de Glocester, qui prétendaient y avoir des droits par les femmes. Il le conserva contre tous ces concurrents et régna avec sagesse jusqu'en 1379. Son fils **Jean Ier**, que son amour pour la justice et son bon gouvernement font surnommer **Père de la patrie**, essaye en vain de faire valoir ses droits sur le Portugal, dont la couronne reste à Jean le Grand. **Henri III** n'avait que onze ans (1390) quand il changea le titre de **prince des Asturies**, qu'il avait porté le premier comme hérier présomptif, contre celui de roi. Indigné de l'insolence des grands qui se disputaient autour de lui le pouvoir et accaparaient les richesses de l'Etat, il saisit, quoique très-jeune encore, avec une grande fermeté, les rênes du gouvernement et fait rentrer dans le devoir cette noblesse hautaine. Il continue la lutte contre les musulmans. Sa flottte traverse le détroit, et les Espagnols vont s'emparer (1400) de **Tétouan**[2] sur la rive africaine. Mais, en Espagne même, sur le ter-

______

[1] A l'E. de Calatrava. — [2] Au S.-E. de Tanger.

ritoire de Grenade, ils sont repoussés, et Henri III meurt (1406) à vingt-sept ans, laissant un fils à peine sorti du berceau.

XV. — ARAGON. NAVARRE.

91. *Luttes des rois d'Aragon pour avoir la possession de la Sardaigne.* — Après avoir reçu (1297) du pape Boniface VIII, qui s'en prétendait suzerain, l'investiture de la **Sardaigne**, Jacques II avait essayé de faire valoir ses droits. Mais les républiques de Pise et de Gênes, qui avaient la possession effective de presque toute cette île, se coalisèrent pour empêcher le roi d'Aragon de la leur enlever. Un complot la lui donna. Un seigneur de l'île, ennemi des Pisans, se concerte avec Jacques II : celui-ci envoie une flotte. Les soldats pisans sont égorgés, à un jour convenu, et les défaites qu'éprouve Pise l'obligent à évacuer cette île (1326). Mais peu après, une autre révolte, favorisée par les Génois, réduit les Aragonais à la seule ville de Cagliari. **Pierre le Cérémonieux**[1] bat les Génois sur mer (1353) et traite (1386) avec eux au sujet de cette île ; mais elle n'est définitivement incorporée au royaume d'Aragon que dans la seconde moitié du XVe siècle.

92. *Pays joints à l'Aragon au commencement du XIVe siècle.* — Les États de Tarragone (1319) prononcent la réunion perpétuelle à l'Aragon de la **Catalogne** et de **Valence**. Le **royaume de Majorque**, formé du comté de Roussillon et des îles Baléares, était, depuis son premier roi, fils cadet de Jacques Ier, une cause de guerres continuelles avec l'Aragon.

___

[1] Ainsi surnommé parce qu'il était strict observateur du cérémonial.

Pierre le Cérémonieux l'enleva (1343) à Jacques II de Majorque et le réunit à ses autres possessions. Celles-ci sur la terre ferme s'étendaient ainsi depuis Perpignan jusque près de Murcie, et comprenaient, outre les îles Baléares, les grandes îles de la Sicile et de la Sardaigne.

93. *Autres événements du règne de Pierre le Cérémonieux.* — Après avoir aidé Henri de Transtamare à se faire proclamer roi, Pierre le Cérémonieux s'allie contre lui avec le Portugal et veut avoir en partage une grande partie de la Castille; mais il est obligé de renoncer à ses prétentions par le traité d'**Almazan** [1] (1375), et il meurt en 1387; son règne d'un demi-siècle n'avait pas été inutile à la puissance de l'Aragon.

94. *Successeurs de Pierre le Cérémonieux.* — Il eut pour successeurs son fils **Jean I**er (1387), puis son autre fils **Martin** (1395), en qui s'éteignit, au commencement du siècle suivant (1410), la **maison de Barcelone.**

95. *La Navarre séparée de la France.* — La Navarre, réunie à la France, en 1284, par le mariage de Jeanne Ire avec Philippe le Bel, s'en sépara en 1328. **Jeanne II**, fille de Louis X, avait été exclue du trône de France par la loi salique; mais elle occupe celui de Navarre avec son époux **Philippe d'Évreux.** Leur fils **Charles le Mauvais** y monte en 1349.

96. *Règne de Charles le Mauvais.* — Pendant de longues années, ce prince ne cesse de prendre part aux troubles qui agitent la France et de les fomenter. Petit-fils, par son père, du cinquième fils de Philippe III le Hardi, petit-fils, par sa mère, de Louis X le Hutin, il aspire à devenir roi de France. Poignard, poison, trahison, tous les moyens lui sont bons pour

—————

[1] Au S. de Soria.

réussir. Il débute par faire assassiner **de La Cerda,** connétable de Jean le Bon ; il essaye d'armer contre ce roi son fils, le dauphin Charles ; il n'y peut parvenir et est arrêté. Rendu à la liberté, il soulève Paris contre le dauphin, pendant la captivité de Jean en Angleterre, et se fait proclamer roi par le prévôt Marcel. Il ne renonce pas à ses projets, quand Charles V est monté sur le trône. Mais son général, le Gascon Jean de Grailly, **captal de Buch,** est battu (1364) à **Cocherel** près d'Evreux, par Duguesclin. Cette défaite ruine le parti du Navarrais, qui est obligé de conclure un traité avec Charles V. Puis il intervient dans les affaires de Pierre le Cruel et de Henri de Transtamare et livre au prince Noir le passage des Pyrénées. Enfin, puni de ses trahisons par la perte d'une partie de ses États, il vit en paix pendant ses dernières années, et laisse en 1387 le trône à son fils, **Charles III.**

XVI. — PORTUGAL.

97. *Alphonse IV, roi de Portugal.* — Quand Denys fut mort, en 1325, après avoir régné quarante-six ans sur le Portugal, il eut pour successeur son fils **Alphonse IV.** Après une longue guerre contre son gendre Alphonse XI, roi de Castille, Alphonse IV réunit ces soldats portugais aux troupes castillanes pour combattre les Maures, et contribue à la mémorable victoire remportée près de Tarifa. Son règne est marqué en outre par la mort d'**Inès de Castro.**

98. *Mariage secret et mort tragique d'Inès de Castro.* — **Inès de Castro,** d'une illustre famille espagnole fixée en Portugal, avait inspiré à l'infant don Pèdre, fils aîné d'Alphonse IV, une violente passion. Le jeune

jeune prince, craignant un refus de son père, épousa secrètement Inès. Des courtisans, jaloux des Castro, instruisirent Alphonse de cette union. Pressé par lui, son fils n'ose avouer son mariage et refuse cependant d'en contracter un autre. Le roi irrité fait assassiner (1355) la jeune mère qui était à Coïmbre avec ses deux enfants. Trois gentilshommes s'étaient chargés de cette mission. Après avoir poignardé Inès dans sa chambre, ils s'enfuient en pays étranger, afin d'échapper au ressentiment de don Pèdre. Trouvant sa jeune épouse morte, et connaissant les noms des meurtriers, celui-ci comprend que le roi, son père, a permis l'assassinat. Il se révolte, et les instances et les larmes de sa mère peuvent seules l'apaiser. Alphonse meurt peu de temps après sa victime.

99. *Vengeance de don Pèdre. Honneurs rendus à Inès de Castro.* — A peine monté sur le trône (1357), don Pèdre songe à la venger. Un des meurtriers était mort en France. Les deux autres lui sont livrés; ils expirent au milieu des plus cruels supplices et leurs cendres sont jetées au vent. Les états du royaume sont rassemblés ; don Pèdre y fait reconnaître comme légitimes les enfants d'Inès. Les restes de cette malheureuse princesse, tirés du tombeau, reçoivent les insignes de la royauté. Don Pèdre ordonne à sa cour de rendre foi et hommage à ce cadavre couronné, et le fait ensuite reporter, au milieu de la plus grande pompe, dans un monument magnifique élevé dans le monastère d'**Alcobaça**[2]. Cette justice exercée avec une si inflexible sévérité fit donner à **Pierre I**[er][2] les deux surnoms de **Cruel** et de **Justicier**. Pierre mourut (1367) douze ans après la mort d'Inès, sans s'être remarié.

---

[1] Dans l'Estramadure. — [2] *Pierre*, en portugais *Pedro*.

100. *Fin de la branche directe, de la maison de Bourgogne en Portugal.* — **Ferdinand I**ᵉʳ, qui succéda à son père Pierre le Justicier, fit sans succès deux guerres contre la Castille, sur laquelle il éleva des prétentions à la mort de Pierre le Cruel, roi de ce pays. Il donna à Jean, fils de Henri de Transtamare, la main de sa fille Béatrix, héritière de la couronne de Portugal. Mais à la mort (1383) de Ferdinand Iᵉʳ, dernier représentant mâle de la maison directe de Bourgogne, le Portugal voulut conserver sa nationalité et ne pas devenir un annexe de la Castille. Les cortès de Coïmbre repoussèrent donc le mari de Béatrix et se donnèrent pour roi (1385) un fils naturel de Pierre le Justicier, **Jean I**ᵉʳ.

101. *Branche bâtarde d'Avis.* — Jean était grand maître de l'ordre d'**Avis** avant son avénement au trône, et ce nom d'Avis resta celui de la nouvelle branche des rois de Portugal. Jean Iᵉʳ de Castile veut soutenir ses prétentions ; il s'avance à la tête d'une armée, assiége Lisbonne et prend Braga. Mais il est battu à **Abjubarotta**[1]. Le duché de **Bragance** est donné au connétable **Alvarès de Pereyra**, qui a grandement contribué à la victoire par son courage. D'autres succès obtenus par les Portugais obligent le roi de Castille à renoncer à son entreprise.

XVII. — EMPIRE D'ORIENT. TURCS OTTOMANS.

102. *Auxiliaires qu'Andronic II prit à sa solde pour repousser les musulmans.* — Les Comnènes avaient déjà loué les services de troupes étrangères, russes, anglaises, normandes. Manquant, comme ses prédécesseurs, de soldats pour repousser les Turcs, **An-**

---

[1] Dans l'Estramadure.

dronic II, le deuxième empereur de la maison des Paléologues, prit à sa solde (1301) un corps de 8,000 Alains chassés de la Tartarie, et une troupe de 7,000 aventuriers **catalans** qui avaient guerroyé dans l'Italie méridionale, pendant la lutte entre les maisons d'Anjou et d'Aragon. Après avoir arrêté les pillages des Turcs, les Catalans se mettent à piller pour leur propre compte. La cour de Byzance, obérée par les exigences des Génois, paye les Catalans avec de la fausse monnaie, et fait assassiner leur chef par les Alains. Justement irrités, les Catalans signalent d'une manière terrible leur vengeance à Gallipoli, tiennent pendant cinq ans Constantinople en échec, et finissent par se diriger vers la Grèce. Ils battent Gaultier de Brienne et s'emparent (1312) du **duché d'Athènes.**

103. *L'île de Rhodes prise par les chevaliers des Saint-Jean.* — C'est sous le règne de ce même Andronic II, que les chevaliers de Saint-Jean enlèvent (1309) à l'empire d'Orient l'**île de Rhodes**, dont les ports s'ouvraient comme lieux de refuge aux corsaires musulmans. Ces chevaliers font de Rhodes un boulevard contre les infidèles et s'établissent également dans quelques petites îles voisines, entre autres dans celle de Cos.

104. *Fin du règne d'Andronic II.* — Andronic II fut détrôné (1328) par son petit-fils, **Andronic III** ou Andronic le Jeune qui, depuis trois ans, partageait avec lui le pouvoir. Pendant les dissensions domestiques entre ces deux Paléologues, les Turcs font de rapides progrès dans l'Asie-Mineure.

105. *Fin de l'empire des Seldjoucides. Conquêtes d'Othman et d'Orkan; fondation de l'empire Ottoman.* — Ces Turcs n'étaient plus Seldjoucides. L'empire de ces derniers, après être tombé sous la domination des Tartares Mongols, avait fini, en 1294, au milieu de la

17

révolte des émirs turcs eux-mêmes. Un de ceux-ci, émir de Bithynie, **Othman**, se fit surtout remarquer à la tête de la peuplade guerrière dont il était le chef et qui lui donna le surnom de **el Ghazi** (le victorieux); il enleva (1299) aux Mongols **Iconium**, étendit ses conquêtes jusqu'à la mer Noire et jeta les premiers fondements de l'empire qui, de son nom [1], s'est appelé **Ottoman**. Ces Turcs continuent à s'avancer. **Orkhan**, fils d'Othman, s'empare de Pruse ou **Brousse**, qu'il choisit pour capitale à la place d'Iconium. Nicée, Abydos, Nicomédie, toute la Bithynie, tombent sous les lois du conquérant. Il prend les titres de **sultan** et de **padischah** [2].

106. *Usurpation de Jean Cantacuzène. Intervention des Turcs dans les affaires des Grecs.* — Jean V Paléologue succéda, en 1341, à Andronic III, son père, sous la tutelle de **Jean Cantacuzène**. Ce dernier qui, sous le règne précédent, avait été maître de la Chambre sacrée [3], se fait couronner lui-même, six ans après. Cette usurpation est la cause de troubles qui obligent l'usurpateur à abdiquer en 1355. Il se retire dans un monastère, et **Jean V Paléologue** règne seul jusqu'en 1391.

107. *Premières colonies ottomanes en Europe.* — Les ennemis de l'empire avaient profité de cette querelle. L'un et l'autre parti avaient appelé comme auxiliaires des tribus turques. Cantacuzène s'était assuré l'appui d'Orkhan en lui donnant (1347) la main d'une de ses filles. Mais cette alliance n'empêcha pas **Soliman**, fils d'Orkhan, qui, une première fois, était venu prêter secours à Cantacuzène contre le roi de Servie, de fran-

---

[1] Othman ou *Osman*, d'où l'on a aussi appelé les Turcs *Osmanlis* — [2] Prince défenseur. — [3] Nom donné à la chambre des empereurs.

chir de nouveau le détroit, dans l'intérêt de sa propre puissance. Il fonda des établissements turcs sur la rive européenne, à **Gallipoli** et dans les environs de cette ville.

108. *Mort d'Orkhan ; ses principales institutions.* — Orkhan mourut en 1360, après son fils Soliman, et eut pour successeur un autre de ses fils, **Amurat**. Orkhan fut un prince habile, qui s'occupa, non-seulement d'étendre son empire, mais encore de l'organiser. Aidé par son frère **Alaeddin**, il institua les **cadis** pour rendre la justice ; il forma la milice des **janissaires**[1], composée d'esclaves façonnés à une obéissance fanatique aux ordres du chef. En outre, il créa la cavalerie régulière des **spahis**. Il fit porter à ses sujets, pour coiffure distinctive, des bonnets ronds de feutre, entourés d'un **turban** de mousseline. Il frappa une monnaie particulière à son nom, et donna aux Turcs leurs premiers règlements civils et politiques.

109. *Conquêtes d'Amurat Ier.* — **Amurat** Ier (1360-1389) se distingua par le nombre et la promptitude des coups qu'il porta aux chrétiens, tant en Asie qu'en Europe. Il entraîne les janissaires à trente-sept batailles, en leur donnant des **bénéfices militaires**. Il trouve un indigne marchand génois, **Jean Adorno**, qui consent à fournir des vaisseaux pour transporter en Europe l'armée des infidèles. Amurat s'empare d'**Andripole** et en fait son centre d'action. Deux ans après, il remporte, près de cette ville, une victoire sur une armée de Hongrois, de Serviens et de Bulgares, commandée par le roi de Hongrie, Louis le Grand. C'est alors qu'effrayé, Jean Paléologue se tourne vers l'Occident. Il vient abjurer le schisme entre les mains du pape Urbain V, qui se trouvait passa-

---

[1] *Jeni-tscherd*, nouvelles troupes.

gèrement à Rome, où aucun pape n'était entré depuis soixante ans, et il sollicite, mais en vain, des secours. Les Turcs cependant poursuivent leurs progrès; ils se rendent maîtres de l'**Acarnanie** et d'une partie de la **Macédoine**. Le faible empereur de Constantinople est obligé de payer tribut au sultan et de l'accompagner en Asie Mineure. Le dernier prince chrétien d'Arménie, **Livon de Lusignan**, fuit de ses États perdus pour jamais. Amurat victorieux revient en Europe pour étendre ses conquêtes au delà de l'Hémus.

110. *Victoire de Cassova. Mort d'Amurat.* — **Lazare**, roi de **Servie**, refuse de se soumettre et anéantit la première armée musulmane envoyée contre lui. Amurat s'avance en personne; il rencontre une formidable armée que lui oppose à **Cassova** [1] (1389) Lazare ligué avec les rois de Bosnie et de Bulgarie, et avec Jean Castriot, qui venait de se rendre indépendant dans l'Albanie. La victoire se décide pour les Turcs. Le roi de Servie est fait prisonnier. Un Servien, nommé **Milosh**, se présente devant le sultan comme pour lui parler, se prosterne, et, en se relevant, le poignarde. Avant d'expirer, Amurat fait décapiter devant lui l'intrépide Lazare et les vaillants guerriers qui l'avaient secondé. Cette victoire décisive donne aux Turcs toute la **Macédoine**, la **Bulgarie** et la suzeraineté de la **Valachie**.

111. *Bajazet; sa cruauté envers son frère; ses conquêtes.* — Le successeur d'Amurat est (1389) cet irrésistible **Bajazet** qui fut surnommé l'**Éclair** par ses soldats et le **Tourbillon** par ses ennemis. Son premier acte de souveraineté est de faire **étrangler** son frère unique **Yacoub**. Cet usage existait peut-être déjà; mais dé-

---

[1] En Servie, près de la chaine de l'Hémus.

sormais il sera fidèlement suivi par les successeurs de Bajazet. Puis ce sultan assied son pouvoir dans toutes les provinces au sud du Danube, et subjugue les dernières provinces de l'Asie-Mineure possédée par les Sedjoucides. Il assiége vainement, il est vrai, Constantinople pendant cinq ans ; mais il s'empare de la forte place de **Thessalonique**, et il se prépare à envahir la **Hongrie**.

112. *Croisade contre Bajazet ; bataille de Nicopolis.* — La terreur du nom de Bajazet s'était propagé au loin dans la chrétienté. Une **croisade** se forme pour repousser ce terrible ennemi. Jean, fils de Philippe le Hardi, duc de Bourgogne, amène au roi de Hongrie, Sigismond, une nombreuse armée de chevaliers français et allemands. On distingue parmi eux le connétable de France, Philippe d'Artois ; le grand maître des chevaliers de Rhodes, Philibert de Naillac ; le grand prieur des chevaliers Teutons, Frédéric de Hohenzollern ; les sires de Boucicaut et de Coucy. Le choc a lieu près de **Nicopolis** [1] (1396). Les Turcs sont vainqueurs, mais ils laissent sur le champ de bataille 60,000 des leurs, que Bajazet fait venger le lendemain par le massacre de 10,000 prisonniers. Par son héroïsme pendant le combat, par sa fière intrépidité pendant l'affreux carnage de ses compagnons d'infortune, **Jean** mérita de recevoir de l'admiration universelle son surnom **de Sans Peur.**

113. *Ce que fait Bajazet après sa victoire de Nicopolis.* — Bajazet n'ose pas tenter de poursuivre des succès qui coûtent si cher ; il revient vers une proie plus facile. Un de ses pachas pénètre jusqu'en **Morée**. Lui-même dicte ses volontés à **Manuel II**, qui avait, en 1391, succédé à son père Jean Paléologue, fait bâtir

---

[1] Sur la rive droite du Danube, à l'O. de Routschouk.

une mosquée dans Constantinople même, et établit dans cette ville un cadi pour juger les procès des musulmans; puis il se retire dans son palais somptueux de Brousse. Manuel II va lui chercher en vain à l'Occident des ennemis: c'est de l'Orient qu'arrive le futur vainqueur de Bajazet.

XVIII. — LETTRES. ARTS.

114. *Éclat des lettres en Italie.* — La **France** avait, au XIIIe siècle, tenu la première place dans l'histoire des lettres en Europe. Quand ce siècle est terminé, elle se trouve, jusqu'à la fin du moyen âge, en proie à la guerre civile et à la guerre étrangère. Pendant cette période de luttes acharnées, l'éclat de la littérature française s'obscurcit. Au delà des monts, les discordes intestines déchirent bien l'**Italie**, mais les petits souverains qui se la partagent, les riches habitants des cités républicaines elles-mêmes demandent aux littérateurs, aux artistes, de faire l'honneur et le charme de leurs cours ou de leurs palais. C'est à l'Italie qu'appartient, au XIVe siècle, le premier rang.

115. *Les trois grands écrivains qui, dans ce siècle, perfectionnent et fixent la langue italienne.* — La langue italienne n'était pas encore fixée; on lui avait préféré, au XIIIe siècle, dans la péninsule même, la **langue d'oc. La langue de si** doit son perfectionnement et sa forme définitive à trois grands écrivains du XIVe siècle, deux poëtes et un prosateur: **Dante Alighieri, Pétrarque** et **Boccace.**

116. *Dante et la Divine Comédie.* — Né à Florence, en 1265, épris dans son enfance, de **Béatrix** qui devait mourir à la fleur de l'âge et qu'il célébra dans ses vers, **Dante Alighieri** se mêla avec ardeur, dans sa jeunesse et dans son âge mûr, aux luttes terribles qui déchiraient sa patrie. Il se fit remarquer par sa valeur, dans une expédition des Guelfes de Florence (1289) contre les Gibelins d'Arezzo, par son habileté dans les missions politiques dont il fut chargé. Florence le choisit pour un de ses **prieurs** (1300); mais la faction des Noirs le bannit en 1302. Sa famille était guelfe; il l'était lui-même par son respect filial pour l'Église et par les attaques qu'il dirigea dans ses écrits contre la féodalité, et l'on peut dire qu'il était en même temps Gibelin par son amour pour la monarchie et par sa haine contre les Français envahisseurs de son pays et cause de son exil. Il fut alors obligé d'errer de ville en ville, entre autres à Vérone, où il reçut l'hospitalité princière du grand Cane della Scala, son ami, et à Paris, dont il fréquenta l'Université. Au milieu de toutes ses traverses et de tous ses voyages, il composa cette **Divine Comédie** qui restera un des monuments les plus rares du génie humain. Dans ce poëme, divisé en trois parties : l'Enfer, le Purgatoire, le Paradis, le patriote ardent, le poëte érudit et inspiré éternise sa haine contre ses ennemis politiques, embrasse tout le cercle des connaissances humaines de son temps, et chante, avec une incomparable grandeur, tous les mystères terribles ou consolants de la foi.

117. *Pétrarque, ses sonnets et ses canzoni.* — Né à Arezzo (1304), d'un père guelfe qui fut ami de Dante et qui fut, comme ce poëte, banni de Florence, **Pétrarque** se fixa à Avignon, et habita surtout, près de cette ville, la solitude de **Vaucluse.** Passionné pour la littérature ancienne, dont il découvrit plusieurs chefs-d'œuvre dans de précieux manuscrits, il laissa divers ouvrages latins en prose et en vers; mais ce sont ses **sonnets** et ses **canzoni,** écrits en italien, qui ont rendu son nom immortel.

118. *Boccace et son Décaméron.* — **Boccace** naquit aussi d'un père florentin (1313). Il fut l'ami de Pétrarque, et, désespérant d'atteindre en poésie à la même perfection, il renonça à écrire en vers. Il composa en prose, à la cour de Robert d'Anjou, roi de Naples, son **Décaméron**[1], recueil de récits pleins de gaîté, d'esprit, mais aussi, malheureusement, de licence.

119. *Amadis de Gaule.* — Un nouveau roman chevaleresque, **Amadis de Gaule**, fut composé en Espagne, dans le xive siècle. Le récit des aventures de ce héros fabuleux a été écrit par un ou plutôt par plusieurs auteurs sur le nom desquels on n'est point d'accord.

120. *Moralités et soties.* — Les **moralités**, dont nous avons déjà indiqué la différence avec les mystères[2], étaient des représentations dramatiques ou satiriques, dans lesquelles les vertus, les vices, ou d'autres personnages allégoriques, jouaient des rôles, et qui avaient pour but quelque leçon de morale. Elles étaient jouées par les **clercs de la Basoche**, qui représentaient aussi les espèces de farces connues sous le nom de **soties**.

121. *Le poëte anglais Chaucer.* — L'Angleterre eut, au xive siècle, **Chaucer**, qui est regardé comme le père de la poésie anglaise. Ses compositions sont, en partie, imitées des troubadours et de Boccace.

122. *Historiens et jurisconsultes.* — On ne peut guère citer, parmi les historiens du xive siècle, que **Jean Cantacuzène**, qui écrivit l'histoire d'Orient pendant le règne de ses prédécesseurs immédiats et pendant son propre règne; notre grand chroniqueur, **Jean Froissart**, à qui nous devons la chronique de pres-

---

[1] Ainsi appelé (du grec dékaêmerôn), parce que les récits sont censés remplir *dix journées*. — [2] V. xiiie siècle, n° 96.

que tout le xiv° siècle ; et, parmi les jurisconsultes, le fameux **Barthole**, professeur de droit à Pise et à Pérouse.

123. *Universités fondées pendant ce siècle.* — Les fondations **d'universités** se multiplient en Italie, en France et en Allemagne. On en compte pendant ce siècle **une vingtaine**, entre autres celles de Rome, d'Avignon, de Coïmbre, de Pise, de Florence, de Pavie, d'Heidelberg, de Cologne et de Ferrare.

124. *Études en honneur dans ces universités.* — En **France**, en **Allemagne**, en **Angleterre**, l'étude de la rhétorique, de l'éloquence et de la poésie profanes fut abandonnée pendant cette période ; le latin devint barbare ; le grec resta ignoré. Dans ces trois pays, on n'enseigna guère que la théologie. **En Italie**, il n'en fut pas de même : on étudiait les grands auteurs de Rome ancienne ; on essayait de pénétrer dans la littérature hellénique ; la science du droit fut aussi le partage exclusif de certaines universités italiennes.

125. *Le peintre Giotto.* — C'est encore en Italie qu'on trouve le plus grand peintre du xiv° siècle, **Giotto**. Il s'illustra à Florence. Dans son enfance, ce n'était qu'un pauvre pâtre, et **Cimabué** le surprit dessinant sur une brique les brebis qu'il gardait. Il profita rapidement des leçons que lui donna ce maître fameux, et se fit une place éminente dans la peinture, la sculpture et l'architecture. Ce grand artiste fut l'ami de Dante et de Pétrarque. Nous lui devons le portrait de l'auteur de la Divine Comédie, une magnifique **mosaïque** qui est maintenant à Saint-Pierre de Rome, le **campanile** [2] du dôme [2] de Florence, et de nombreuses et admirables **fresques.**

---

[1] *Campanile* (de *campana*, cloche). Construction destinée à recevoir les cloches, et qui ne fait point partie de l'église. — [2] *Dôme* (de *domus*, maison). Nom donné en Italie aux maisons de Dieu, aux cathédrales.

XIX. — ÉGLISE.

126. *Concile général de Vienne.* — Le quinzième **concile général** se réunit (1311), à **Vienne**, en Dauphiné, sous le pontificat de Clément V. Il condamna les erreurs des **béguards** ou **béguins**, secte fanatique qui professait une doctrine extravagante et impie sur la perfection et la béatitude de l'homme. Ce même concile prononça la suppression de l'ordre des **Templiers**.

127. *Sainte Catherine de Sienne.* — **Sainte Catherine de Sienne** fut une des saintes les plus remarquables du xivᵉ siècle. Entrée dans un couvent de **dominicaines** à vingt ans, morte à trente-trois ans (1380), cette religieuse se distingua par son zèle pour les intérêts généraux de l'Eglise aussi bien que par l'austérité de sa vie. Elle opéra une **réconciliation** entre les Florentins et le pape Grégoire XI ; elle détermina ce pontife à quitter **Avignon** pour retourner à Rome ; enfin, quand éclata le **schisme d'Occident** elle plaida avec une ardeur et une activité extraordinaires la cause d'Urbain VI, afin d'empêcher la continuation de ce scandale. Cette sainte qui, dans sa courte vie, joua un rôle si marqué dans les affaires religieuses de son temps, a laissé en outre des écrits nombreux, poésies, lettres et livres mystiques.

128. *Congrégation des Frères de la vie commune.* — Dans la seconde moitié du xivᵉ siècle, **Gérard Groot** fonda en Allemagne un institut qu'il fit approuver par le Saint-Siége et qu'il appela congrégation des **Frères de la vie commune**. Ces humbles religieux employaient à enseigner et à transcrire des manuscrits tout le temps qu'ils ne consacraient pas à la prière.

Ils se multiplièrent et rendirent aux lettres les plus grands services, jusqu'à la découverte de l'imprimerie.

XX. — FRANCE.

SOMMAIRE.

Différend de Boniface VIII et de Philippe le Bel. — 1309. Clément V à Avignon. — 1311. Concile de Vienne en Dauphiné. — Abolition des Templiers. — 1314. Mort du grand maître Jacques Molay. — Mort de Philippe le Bel. — Louis X le Hutin. — Supplice immérité d'Enguerrand de Marigny. — Assemblée de la noblesse et du peuple. — Affranchissement des serfs. — 1316. Philippe V le Long. — Bannissement des Juifs. — Sages règlements d'administration et de finances. — 1322. Charles IV le Bel. — Confiscation de la Guyenne sur les Anglais. — 1328. Philippe VI de Valois. Il va au secours du comte de Flandre. Bataille de Cassel. — 1339. Commencement de la guerre de Cent Ans. — Révolte de Jacques Artvelt. — 1340. Bataille navale de l'Écluse. — 1341. Commencement de la guerre de succession en Bretagne, après la mort du duc Jean III, entre les comte de Blois et de Montfort. — 1345. Mort d'Artvelt. — 1346. Bataille de Crécy. — Premier emploi de l'artillerie par les Anglais. — 1347. Siége de Calais. — Dévoûment d'Eustache de Saint-Pierre. — 1348. Peste en France. — Acquisition de Montpellier ; cession du Dauphiné ; Charles, héritier présomptif de la couronne, prend le titre de Dauphin. — Établissement de la gabelle. — 1350. Jean le Bon. — Institution de l'ordre de l'Etoile. — Raoul, comte d'Eu et connétable, a la tête tranchée. — Charles de Lacerda, connétable de France. — Assassinat de Lacerda par Charles le Mauvais. — 1355. Reprise des hostilités avec l'Angleterre. — Grande charte de France. — 1356. Bataille de Poitiers. — Captivité de Jean le Bon et de son fils Philippe. — Régence du dauphin Charles. — Troubles dans Paris. — Étienne Marcel est tué par Maillard. — Jacquerie. — 1360. Paix de Brétigny. — 1364. Jean le Bon retourne en captivité à Londres et y meurt. — Charles V le Sage. — Bertrand du Guesclin. — Bataille de Cocherel. — Bataille d'Auray. — 1365. Traité de Guérande. — Duguesclin conduit en Espagne les Grandes compagnies. — 1367. Bataille de Navarette. — 1369. Bataille de Montiel. — Le prince de Galles est cité à comparaître devant la cour des pairs. — Reprise des hostilités. — Les Anglais sont repoussés partout. — 1376. Mort du prince de Galles. — 1380. Mort de Duguesclin. — Mort de Charles V. — Charles VI. — Désordres occasionnés par la mésintelligence de ses tuteurs. — Maillotins. — Révolte des Flamands sous la conduite de Philippe Artvelt. — 1382. Bataille de Rosbecque.

— Olivier de Clisson, connétable. — 1388. Le roi prend les rênes du gouvernement. — 1392. Aliénation mentale de Charles VI. — Les ducs de Bourgogne et de Berry reprennent le pouvoir. — Dissensions et anarchie.

QUINZIÈME SIÈCLE

(Première moitié).

(1401-1453.)

I. — ANGLETERRE.

1. *Usurpation de Henri, duc de Lancastre, au préjudice d'Anne Mortimer. Origine de la guerre des deux Roses.* — Après la déposition de Richard II, le trône d'Angleterre fut usurpé par le **duc de Lancastre,** Henri, descendant de Jean de Gand, duc de Lancastre, troisième fils d'Édouard III. Ce prince se fit couronner sous le nom de **Henri IV. Anne Mortimer** descendait de Lionel, duc de Clarence, deuxième fils de ce même roi Édouard; c'était à elle que la couronne devait appartenir, et, en épousant Richard d'York, fils d'Edmond, duc d'York et quatrième fils d'Édouard III, elle lui transmit ses légitimes prétentions. Telle fut l'origine de la lutte entre la **maison de Lancastre** et la **maison d'York,** lutte célèbre sous le nom de **guerre des Deux Roses,** qui inaugurera en Angleterre l'histoire moderne.

2. *Règne de Henri IV.* — Pendant son règne de quatorze ans (1399-1413), Henri IV eut à réprimer de nombreuses révoltes, entre autres celle de **Percy,** comte de Northumberland, qui avait puissamment

aidé à lui procurer la couronne. Ce seigneur fut battu dans la sanglante bataille de **Shrewsbury**[1] (1403). Haï de ses sujets à cause de ses crimes, Henri IV gouverna par la terreur et fit consister sa politique extérieure à fomenter en France les divisions entre les ducs d'Orléans et de Bourgogne.

3. *La guerre contre la France se rallume sous Henri V.* — **Henri V** succède (1413) à son père et veut profiter de la situation déplorable de la France en proie aux factions des **Armagnacs** et des **Bourguignons**, pour y recouvrer les possessions de ses ancêtres. Il réclame l'exécution du traité de Brétigny, signé depuis plus d'un demi-siècle et qu'avait déchiré l'épée de Charles V. Il descend en Normandie, gagne la bataille d'**Azincourt** (1415), qui coûte la vie à l'élite des chevaliers français. Après une trêve, il opère une seconde descente dans cette même province. Allié de l'indigne **Isabelle de Bavière**, femme d'un roi qui depuis longtemps ne peut plus gouverner la France, il s'empare de Rouen, de toute la Normandie, et bientôt de Meaux et de Paris même.

4. *Traité de Troyes.* — Pour venger son père **Jean sans Peur**, assassiné à **Montereau** par **Tanneguy Duchâtel**, le nouveau duc de Bourgogne, **Philippe le Bon**, conclut avec l'étranger le **traité de Troyes** (1420). Charles VI l'Insensé a signé aussi ce traité qui donne à Henri V la main de sa fille Catherine de France et le titre de régent et d'héritier de la couronne.

5. *Mort de Henri V et de Charles VI.* — Le dauphin avait dû se retirer derrière la Loire. Heureusement pour ce dernier prince, Henri meurt, deux ans après (1422), à **Vincennes**. Le corps de ce roi d'Angleterre

[1] Au S. de Chester.

est exposé à Saint-Denis, comme celui d'un roi de France. Deux mois après, Charles VI expirait aussi.

6. *Les deux régents. La guerre poursuivie en France par le duc de Bedford.* — **Henri VI** succède à son père, mais c'est un enfant âgé de quelques mois seulement. Ses deux oncles paternels sont régents, le **duc de Glocester**, en Angleterre, le **duc de Bedford**, en France. Ce dernier poursuit activement la guerre, bat les Français à **Crevant**, à **Verneuil**, et resserre dans des limites de plus en plus étroites le fils de Charles VI, qu'on appelle le **roi de Bourges** et qui, oubliant au milieu des plaisirs son titre de roi de France, **perd gaîment son royaume.**

7. *Délivrance d'Orléans. Mission et mort de Jeanne d'Arc.* — Orléans, dernier boulevard de la monarchie française, vainement défendu par le courage de Dunois, de La Hire, de Xaintrailles, va succomber, quand Dieu suscite à la France une libératrice. **Jeanne d'Arc**, guidée par **ses voix**, délivre (1429) la ville assiégée, bat à son tour les Anglais à **Patay** et fait sacrer Charles VII à **Reims**. Convaincue que sa mission est finie, la **Pucelle d'Orléans** veut se retirer; mais, retenue par ceux qu'elle a sauvés, elle est prise à **Compiégne** et expie à **Rouen**, dans les flammes d'un bûcher (1431), son vaillant et saint patriotisme.

8. *Résumé de la guerre de Cent ans depuis la mort de Jeanne d'Arc.* — L'œuvre de l'héroïne n'en subsiste pas moins. Bedford a essayé de répondre au sacre de Reims par le couronnement solennel de Henri VI à Notre-Dame de Paris (1430); cette cérémonie reste vaine. La France se rallie autour de son roi. Le **traité d'Arras** (1435) rend à Charles VII le concours du duc de Bourgogne. Bedford venait de mourir. Paris ouvre, l'année suivante, ses portes à son roi légitime. Dunois, La Hire, Xaintrailles, repoussent peu à peu

les Anglais. Henri VI épouse (1445) **Marguerite d'Anjou**. Mais cette union ne peut empêcher l'œuvre nationale de s'accomplir. Les victoires de **Formigny** (1450) et de **Castillon** (1453) rendent françaises pour toujours la Normandie et la Guyenne. En 1453, la guerre de Cent-Ans est terminée. Le roi de Bourges reçoit le nom de **Charles le Victorieux**, et le roi couronné à Notre-Dame de Paris n'a plus en France que **Calais**. Marguerite d'Anjou, qui gouverne en réalité au nom de ce faible prince, aura à déployer toute l'énergie de son caractère dans la longue **guerre des deux Roses**.

II. — ÉCOSSE.

9. *Régence du duc d'Albanay. Règne de Jacques I*er *; sa mort tragique.* — Quand **Robert III Stuart** mourut (1406), son dernier fils Jacques venait d'être fait prisonnier par les Anglais. Cette captivité servit les projets ambitieux du **duc d'Albany**. Le jeune prince fut retenu à la cour d'Angleterre tant que dura la vie de son oncle, qui gouverna l'Écosse, sous le titre de régent. Rendu à la liberté en 1423, **Jacques I**er retourna dans ses États. Ce prince instruit, et qui aimait la justice, fit ouvrir des écoles et chercha à adoucir les mœurs de ses compatriotes et à réprimer les violences des grands. Une conspiration se forma contre lui, et il fut assassiné (1437) par le **comte d'Athol**.

10. *Minorité, gouvernement, crime et mort de Jacques II.* — **Jacques II** était bien jeune encore quand son père mourut. Le temps de sa minorité fut rempli par des troubles continuels, excités par les grands, entre autres par le **comte de Douglas**. Devenu majeur, le roi eut deux objets en vue : secourir Char-

les VII contre les Anglais, réprimer et punir les turbulents seigneurs de son propre royaume. Le jeune
Douglas refusant de quitter la ligne qu'avait formée
la noblesse, Jacques lui enfonce lui-même son poignard dans le cœur, et souille par ce crime un règne
pendant lequel il avait déployé du reste une louable
énergie. Il meurt à 29 ans (1460), tué d'un coup de
canon au siége de **Roxburg**[1]. Sa femme, Marie de
Gueldre, assiste à ce siége et le continue vaillamment
jusqu'à la reddition de la place.

III. — DANEMARK, SUÈDE ET NORVÉGE.

11. *Courte durée de l'union de Calmar.* — L'union de
Calmar ne survécut pas longtemps à Marguerite.
Chacune des trois monarchies dont cette reine avait
voulu former un faisceau unique, ne tarde pas à se
rappeler les anciennes querelles et les intérêts particuliers qui les avaient divisées. Les dispositions de
l'acte fédératif, violées déjà sous Marguerite, le sont
de nouveau, après la mort de cette reine (1412), par
son successeur **Éric le Poméranien**. C'est en Norvége seulement qu'il veut résider. Détesté pour son
caractère ombrageux, lâche et cruel, il est déposé
(1439), et son neveu **Christophe de Bavière** le remplace. Celui-ci se fixe à **Copenhague**, et après sa
mort (1448), le faisceau se rompt. La Suède se donne
pour roi **Charles Canutson**; le Danemarck et la
Norvége, unis encore, **Christiern Ier**, de la maison
d'Oldenbourg. L'union de Calmar n'avait subsisté
qu'un demi-siècle.

[1] Au S d'Édimbourg.

IV. — RUSSIE.

12. *Vasili II et Vasili III. Les Khanats de Kasan et de Crimée.* — Pendant que Vasili II (1389-1425) et Vasili III (1425-1462) règnent à Moscou, des divisions intérieures affaiblissent la **Horde d'or.** Cet empire se démembre, et le Khan **Ouloug-Mohammed,** chassé par ses frères, fonde le Khanat ou royaume de **Kasan** (1437). Un autre État Tartare indépendant se forme, quelques années plus tard, dans la **Crimée. Vasili III** soutient une lutte opiniâtre contre le Khan de Kasan. Les Tartares s'avancent encore jusqu'à Moscou (1451); mais ils en sont repoussés, et Vasili III leur enlève à eux-mêmes la province de Viatka [1]. Son fils **Ivan III,** vers la fin du xvᵉ siècle, délivre la Russie du joug étranger et rassemble sous son sceptre les parties longtemps séparées de ce vaste empire.

V. — PRUSSE ET POLOGNE.

13. *Décadence de l'ordre Teutonique.* — Depuis la défaite de **Tannenberg** (1410), l'ordre Teutonique ne fait que décroître. Les rois de Pologne l'obligent à leur céder successivement plusieurs provinces. Réduit à quelques places fortes, obligé de payer des mercenaires pour se défendre, l'ordre signe enfin, en 1466, la **paix de Thorn.** D'après ce traité, le grand maître **Louis d'Erlichshausen** cède à la Pologne toute la Prusse occidentale, et ne conserve la **Prusse orientale** que comme fief polonais. Les grands-maîtres des chevaliers Teutoniques deviennent princes polonais et conseillers du royaume.

[1] Au N. de Kasan.

14. *Vladislas VI. Bataille de Varna. Casimir IV.* — En Pologne, **Vladislas V** avait eu pour successeur (1436) son fils **Vladislas VI.** Ce prince se fit céder par les chevaliers Teutoniques deux provinces et fut élu roi par les Hongrois. Mais il perdit contre les Turcs la désastreuse bataille de **Varna** (1444), dans laquelle il fut tué. La couronne de Pologne passa alors sur la tête de son fils, **Casimir IV**, déjà grand-duc de Lithuanie et sous qui la Pologne s'accrut de tout ce qu'ajouta à son territoire la paix de Thorn.

VI. — HONGRIE ET BOHÊME.

15. *Jean Hunyade. Ses exploits.* — Après Vladislas VI de Pologne, la Hongrie eut pour roi Ladislas le Posthume, fils d'Albert d'Autriche. Ce jeune prince était trop faible pour la défendre contre ses ennemis : mais la régence y était exercée par **Jean Hunyade**, surnommé **Corvin**[1], vayvode de Transylvanie, qui s'était déjà illustré par ses exploits contre les Turcs. Cet intrépide guerrier avait défendu, pendant six mois, Belgrade contre Amurat II, avant la défaite de Varna. Après cette bataille, il multiplie les efforts de son héroïsme, soutient des combats formidables de plusieurs jours contre des armées quatre fois supérieures en nombre à la sienne, empêche encore une fois **Belgrade** de tomber entre les mains de Mahomet II, qui était entré vainqueur à Constantinople, et meurt, en 1456, pleuré de toute la chrétienté.

16. *Rois de Bohême dans la première moitié du XVe siècle.* — La Bohême eut pour rois les empereurs de la

---

[1] De *corvus*, corbeau. Il avait dans ses armoiries un corbeau portant dans son bec un anneau d'or.

maison de Luxembourg jusqu'à la mort de Sigismond, en 1438. Le successeur de ce même Sigismond au trône de Bohême, aussi bien qu'à l'empire, fut **Albert II d'Autriche**, qui mourut moins de deux ans après. Celui-ci fut remplacé comme empereur par Frédéric III, mais il laissa du moins le trône de Bohême à son fils Ladislas le Posthume (1439). La Bohême fut gouvernée pendant la minorité de ce prince par **Georges Podiebrad**, qu'elle eut pour roi en 1458, après que Ladislas fut mort sans postérité.

VII. — EMPIRE GERMANIQUE.

17. *Robert de Bavière, empereur d'Allemagne.* — Après voir déposé Wenceslas (1400) les électeurs élevèrent sur e trône impérial **Robert de Bavière**. Ce nouvel empereur, à qui **Heidelberg** doit son université, fit dans le Milanais, contre Jean Galéas Visconti, une expédition infructueuse et meurt après un règne de dix ans.

18. *Sigismond, roi de Hongrie ; élu empereur ; roi de Bohême. Guerre religieuse.* — Son successeur fut (1410) le fils de Charles IV, et le frère de Wenceslas, **Sigismond**, que l'élection avait déjà fait, vingt-quatre ans auparavant (1386), roi de Hongrie, après la mort de son beau-père, et qui, neuf ans plus tard (1419), après la mort de son frère, doit joindre encore à ces deux couronnes celle de Bohême. Dans l'élection à empire, où il avait eu pour compétiteur Josse, margrave de Moravie, il avait été secondé par **Frédéric de Hohenzollern**, burgrave[1] de Nuremberg. Il reconnut cet important service en donnant (1417) l'in-

____

[1] *Burg-graff*, comte d'un château.

vestiture de la Marche de **Brandebourg** à ce Frédéric, de qui descend la famille qui règne en Prusse. Pour essayer de rendre le calme à l'Allemagne, il établit une **Chambre impériale**, relevant, comme son nom l'indique, de l'empereur seul, et dont les arrêts devaient prévenir ou réprimer les infractions à la paix publique; mais une terrible guerre religieuse ensanglante la Bohême et l'Allemagne presque tout entière.

19. *L'hérésiarque Jean Huss. Sa doctrine, sa condamnation et sa mort.* — Le concile de Constance, réuni (1414) pour mettre fin au schisme d'Occident, eut à juger la doctrine de **Jean Huss**, recteur de l'Université de Prague, qui, imbu des principes de l'hérésiarque anglais **Wiclef**, avait attaqué dans ses écrits plusieurs points de la foi catholique. Jean Huss sapait dans ses fondements toute autorité, accordant à chacun le droit de juger l'obéissance qu'il doit aux supérieurs de l'ordre ecclésiastique et même civil. Excommunié par le pape, Jean Huss en avait appelé au concile, et se présenta à Constance muni d'un sauf-conduit de l'empereur. Le concile décida la question de doctrine religieuse, en la censurant et en condamnant au feu les écrits qui la contenaient. Invité à se rétracter, Jean Huss refusa, fut dégradé du caractère ecclésiastique dont il était revêtu, et remis, suivant la législation de cette époque, par le **concile**, juge de l'hérésie au point de vue doctrinal et religieux, à l'**empereur**, à qui seul appartenait le pouvoir sur la personne de l'hérétique. Sigismond livre le prédicant au magistrat de Constance qui le condamne au feu comme fauteur de doctrines séditieuses et dangereuses pour la société. Jean Huss expire sur le bûcher (1415), ainsi que son disciple **Jérôme de Prague**. Ses partisans prennent les armes; une guerre terrible s'engage.

20. *Guerre des Hussites.* — Les principaux chefs des Hussites sont **Jean Ziska**, puis, après sa mort, **André Procope**. La Bohême est mise à feu et à sang, le sénat de Prague égorgé, le Roi Wenceslas meurt d'effroi (1419). Les rebelles refusent de reconnaître à sa place Sigismond comme roi de Bohême. La révolte se propage ; diverses sectes se forment, parmi lesquelles les **Orphelins** et les **Taborites** se font remarquer par l'exaltation de leur fanatisme. D'horribles ravages sont commis en Autriche, en Saxe, en Bavière et dans toutes les provinces voisines de la Bohême. En 1433, le concile de Bâle parvient à réconcilier à l'Eglise les **Calixtins**, les plus modérés de tous, qu'effrayent les ruines amoncelées par leurs sauvages coreligionnaires. Ils s'unissent aux catholiques et les aident à remporter (1434) la victoire de **Bohémischbroda** [1], suivie de la paix d'**Iglau** [2]. Ce traité met un terme à cette guerre civile qui avait duré près de vingt ans. Sigismond meurt trois ans après (1437) ; il avait été cinquante ans roi de Hongrie, vingt-sept ans empereur et dix-huit ans roi de Bohême. Avec lui s'éteint la **maison de Luxembourg**.

21. *Frédéric de Misnie investi de l'électorat de Saxe.* — En 1422, Sigismond avait investi de l'électorat de **Saxe** Frédéric le Belliqueux, descendant du fameux chef Saxon Witikind, et qui était margrave de **Misnie** et landgrave [3] de Thuringe. Ce Frédéric est la tige de la **maison royale de Saxe**.

22. *Avénement de la maison d'Autriche au trône impérial.* — Après le dernier prince de la **maison de Luxembourg**, celle d'**Autriche** ou de **Habsbourg** qui, depuis Rodolphe, avait déjà donné plusieurs em-

---

[1] A l'E. de Prague. — [2] Au N.-O de Brunn. — [3] *Land-graff*, comte d'un territoire.

pereurs à l'Allemagne, remonte sur le trône impérial et elle l'occupera pendant trois siècles. Gendre de Sigismond, **Albert II** devient (1438), comme lui, roi de Bohême, de Hongrie et empereur.

23. *Comment Albert II divisa l'empire et quels efforts il fit pour y assurer la paix.* — A la diète de Nuremberg (1438), Albert II essaye d'assurer la **paix publique**. Les dispositions contenues dans la bulle d'or sont renouvelées. A la fin du dernier siècle, Wenceslas avait, le premier, divisé (1387) l'Allemagne en quatre cercles. Albert II renouvelle cette division et porte le nombre des **cercles** à six. Ils ont pour **directeurs** ou capitaines généraux, l'électeur de Brandebourg, l'archevêque de Saltzbourg, l'évêque de Mayenne, le comte de Wurtemberg et les électeurs de Cologne et Saxe. Les États compris dans chaque cercle forment une association pour la défense de leurs droits respectifs et pour le maintien de la tranquillité publique. L'appel au tribunal de l'empereur est établi. Mais ces sages mesures n'obtinrent pas, sous le successeur d'Albert II, trop faible pour résister à ses vassaux, tous les résultats qu'on en pouvait attendre.

24. *Frédéric III empereur ; Ladislas roi de Bohême et de Hongrie.* — Après un règne de moins de deux ans que etumine une expédition malheureuse contre les Turcs, Albert II a pour successeur à l'empire (1439) un prince de sa famille, **Richard III**[1], surnommé **le Pacifique**, et aux couronnes de Bohême et de Hongrie, son propre fils **Ladislas** dit le **Posthume**. Après que l'abdication de l'antipape Félix V eut rendu la paix à l'Église, Frédéric III alla se faire couronner (1452) à

---

1 C'est à ce Frédéric III, qui pourtant ne fit rien pour la grandeur de l'Autriche, qu'on attribue la devise A. E. I. O. U. (Austriæ Est Imperium Orbis Universi) : *à l'Autriche appartient l'empire de l'univers.*

Rome par le pape Nicolas V, et il renonça en même temps d'une manière complète aux anciens droit de l'empire sur cette ville. Ce fut la dernière fois que l'antique cité vit le couronnement d'un empereur par le pape.

VIII. — SUISSE.

25. *Nouveaux progrès de la Confédération helvétique.* — Après avoir assuré son indépendance par ses victoires, la Confédération helvétique, qui se composait, à la fin du xive siècle, de huit cantons, y ajoute celui de **Saint-Gall** au commencement du xve (1405). Près d'elle, dans la Rhétie, les **ligues grises** se forment en confédération particulière (1424), vassale toutefois de l'Autriche. Mais, en 1436, le lien qui s'est formé entre les cantons menace de se rompre à propos de la succession du comte de **Tockenbourg**[1], à laquelle prétendent les cantons de Zurich et de Schwitz. Le premier de ces deux cantons s'allie un instant avec l'Autriche, mais il rentre, en 1450, dans la confédération.

26. *La Suisse attaquée par la France. Combat de Saint-Jacques. Traité d'alliance perpétuelle.* — Pendant cette guerre intestine, Charles VII envoya au secours des impériaux assiégés dans Zurich par les Suisses, le dauphin Louis, à la tête d'une armée de 32,000 routiers, nommés Armagnacs. Ce prince s'avança jusque près de Bâle. Une petite troupe de 1,600 confédérés ne craignit pas d'engager une lutte qu'elle soutint (1444), opiniâtrément dans le cimetière **Saint-Jacques**. Seize Suisses seulement échappèrent ; six mille Armagnacs jonchaient le champ de bataille. Le dauphin s'em-

[1] Dans le canton de Saint-Gall.

pressa de conclure avec le vaillant peuple qu'il venait de combattre une paix, qui amena un **traité d'alliance perpétuelle,** signé contre les deux pays en 1453.

IX. — ITALIE. VENISE. GÊNES.

27. *Diminution de la puissance de Gênes.* — Après avoir dû à Boucicaut la conquête de l'île d'Elbe et de Livourne, Gênes se révolte contre les Français et les chasse. Les doges qu'elle se donne ne peuvent se maintenir, et elle est obligée (1419) de reconnaître la domination des ducs de Milan. Elle la rejette un moment pour retomber dans l'**anarchie,** puis de nouveau entre les mains des Français (1458). La prise de Constantinople par les Turcs décide sans retour de la perte de sa puissance.

28. *Accroissement de la puissance de Venise.* — Venise, pendant ce temps, prend des accroissements importants et plus durables. Elle s'empare de **Vicence,** de **Vérone,** du **Frioul** ; elle enlève à la Hongrie la **Dalmatie,** au Milanais les territoires de **Brescia** et de **Bergame.** Les Vénitiens dominent dans la mer Adriatique ; ils deviennent maîtres du golfe de Corinthe. Constantinople aux abois implore leur secours ; mais le Lion de Saint-Marc arrive trop tard pour sauver l'empire d'Orient.

X. — SAVOIE. LOMBARDIE.

29. *Amédée VIII, premier duc de Savoie, ermite, antipape, et enfin cardinal.* — Les princes de la maison de Savoie portaient, depuis quatre siècles, le titre de comtes. L'empereur Sigismond donna à **Amédée VIII,**

en 1416, celui de **duc**. La vie de ce dernier prince fut soumise à bien des vicissitudes. Après avoir augmenté ses États du **Bugey** et y avoir réuni de nouveau le **Piémont**, qui en avait été séparé, il laissa son fils Louis les gouverner, et alla (1434) s'enfermer, pour y mener une vie tranquille et régulière avec quelques seigneurs, dans l'ermitage de **Ripaille**[1], sur les bords du lac Léman. Tiré de cette retraite riante par le choix de plusieurs prélats du concile de Bâle qui, après avoir déposé Eugène IV, l'ont élu luimême pape sous le nom de Félix V, il abdique la couronne (1440), et, neuf ans après, renonce à la tiare, pour faire cesser le schisme. Il meurt enfin (1451) cardinal, à Ripaille.

30. *Ordres de l'Annonciade et de Saint-Maurice.* — Amédée VIII avait donné de nouveaux statuts à l'ordre du Collier, créé par le comte Vert, et dont il fit **l'ordre de l'Annonciade**, et il avait institué l'**ordre militaire de Saint-Maurice**, auquel devait, plus tard, se réunir l'ordre de Saint-Lazare[2].

31. *Les Visconti : Jean Galéas, Jean-Marie, Philippe-Marie.* — **Jean-Galéas Visconti**, mort (1402) au moment où il assiégeait Florence, eut pour successeur un de ses fils, **Jean-Marie**, qui signala sa domination de dix ans par les plus effroyables cruautés et mourut assassiné. A Jean-Marie succéda (1412) son frère **Philippe-Marie**. Ce dernier, habile, perfide et ambitieux, enleva de nouveau à Venise les places qu'elle avait reprises au duché depuis la mort de Jean-Galéas. Il mit à la tête de ses armées les condot-

---

[1] Les historiens les plus exacts parlent avantageusement l'Amédée VIII. Mais, dans cet ermitage de *Ripaille*, la vie était douce, au lieu d'être austère. L'expression proverbiale qui s'attache à ce nom n'est donc juste que par comparaison. — [2] V. xiiᵉ siècle, nᵒ 68 (note).

tieri les plus fameux de cette époque, entre autres **Cermagnole** et **François Sforza**.

32. *Fin et mort du condottiere Carmagnole.* — Philippe-Marie Visconti devint jaloux de Carmagnole, et ce condottiere fut obligé de **s'enfuir à Venise**. Placé à la tête des troupes de cette république, auxquelles se joignirent celles du duc de Savoie, Amédée VIII, il remporta sur son ancien maître deux victoires, dont Venise, soupçonneuse et ingrate à son tour, le récompensa par la prison et l'**échafaud**.

33. *Comment François Sforza devint duc de Milan.* — La famille des Visconti (1447) dans la personne de Philippe-Marie. Milan voulut se constituer de nouveau en république ; mais, menacée par plusieurs prétendants, elle prit pour général **François Sforza**. Cet heureux condottiere, dont le père s'était déjà signalé et était mort grand-connétable de Naples, était devenu seigneur d'Ancône et avait reçu du dernier Visconti la main de sa fille naturelle. Ce fut un acheminement à une plus haute fortune. Trois ans après la mort de son beau-père, il était parvenu à se faire reconnaître **duc de Milan** *(*1450*)*, titre que ses descendants devaient conserver pendant près d'un siècle, et qui devait leur être disputé par les rois de France.

34. *Sur quoi se fondaient les prétentions de la France au duché de Milan.* — Le puissant duc Jean-Galéas Visconti avait vu son alliance recherchée par les Valois de France. Il avait donné sa fille du premier lit, **Valentine de Milan**, à **Louis d'Orléans**, frère du roi Charles VI. Dans la dot de Valentine se trouvait comprise l'expectative du Milanais quand la race des Visconti viendrait à s'éteindre. Lorsque le petit-fils de ce duc d'Orléans parvint au trône de France, sous le nom de Louis XII, il fit valoir ces prétentions qui de-

vaient, pendant bien longtemps, faire couler le sang
français au delà des Alpes.

XI. — TOSCANE.

35. *Accroissement de la puissance de Florence.* — En
1406, Florence assure sa domination sur la Toscane,
par la prise de possession de **Pise**, que lui a vendue
le duc de Milan, et qui, malgré un long siége intrépidement soutenu, ne peut échapper au joug. Les
Pisans quittent leur ville ; elle devient presque dé-
serte. **Livourne**, que Florence achète encore (1421),
mais aux Génois, deviendra la ville commerciale de
la Toscane.

36. *Jean et Côme de Médicis.* — Les Médicis reprennent, en 1421, le pouvoir que venaient d'exercer les
Albizzi. **Jean de Médicis** mérite le beau surnom de
Père des Pauvres, et il a pour successeur dans la
charge de gonfalonier, son fils **Côme** (1429), qui consacra, pendant trente-cinq ans, sa noble intelligence
au service de ses concitoyens ; on le surnomma le **père
le la patrie**. La brillante histoire de Florence a commencé avec le gouvernement de cette famille féconde
en grands hommes ; cette cité devient un des principaux foyers d'où vont jaillir la lumière des lettres et
l'éclat des arts.

XII. — ÉTATS DE L'ÉGLISE.

37. *Conciles de Pise et de Constance; fin du grand
schisme d'Occident.* — L'Église gémissait de la prolon-
gation du schisme d'Occident. En 1409, le **concile
le Pise** se réunit pour y mettre un terme ; il dépose
les deux papes de Rome et d'Avignon, Grégoire XII

et Benoît XIII, et nomme **Alexandre V.** Mais le désordre augmente : au lieu d'un chef unique, il y a trois compétiteurs. Enfin Jean XXIII, qui a succédé à Alexandre V, convoque, de concert avec l'empereur Sigismond, un **concile général à Constance** (1414). Ce concile, dont la durée est de quatre ans, et où figure le pieux et savant **Gerson,** fait enfin cesser cette déplorable division. Grégoire XII renonce au pontificat ; Jean XXIII est forcé de l'imiter ; Benoît XIII est déposé. **Martin V,** élu à leur place (1417), finit, malgré l'opiniâtreté de Benoît XIII, par être universellement reconnu.

38. *Jugement qu'on doit porter sur les conséquences du schisme d'Occident.* — Le schisme d'Occident fut sans doute une cause très-affligeante d'abus et de scandales ; mais il n'en faut point exagérer les conséquences. Il y avait **en fait** un doute sur la personne du chef de l'Église, mais il n'y avait pas une révolte contre ses droits. Des deux côtés, on restait attaché à l'autorité souveraine du siége apostolique, et, dans les deux partis, il y eut des chrétiens vertueux et de bonne foi, également prêts à lui rendre obéissance dès qu'il serait connu d'une manière certaine.

39. *Ce que devenaient vers ce temps les villes de Pérouse et de Bologne.* — Vers ce moment, en 1416, la ville de **Pérouse,** qui s'était soumise aux papes à la fin du siècle précédent, tombait au pouvoir d'un fameux condottiere **Forte-Braccio** [1], originaire de cette ville, et qui s'en fit une principauté. De son côté, la famille des **Bentivoglio** établissait sa domination à **Bologne,** enlevée également à l'autorité pontificale.

40. *Ce qui suivit l'élection de Martin V. Convocation d'un concile à Bâle.* — Le concile de Constance avait

---

[1] Bras-fort.

rempli les deux objets pour lesquels il avait été convoqué : la condamnation de l'hérésie de Jean Huss, et l'extinction du schisme. L'élection qui rendait sur ce dernier point le calme à la chrétienté fut suivie d'une **inauguration solennelle**. L'empereur et l'électeur palatin, à pied, tinrent les rênes du cheval blanc que montait le pape pour se rendre à l'église. Les princes, tout le concile, suivaient. Martin V présida les dernières sessions. Mais l'Église avait besoin de nombreuses réformes. Aussi ce pape convoqua-t-il un nouveau concile à **Bâle**; mais la mort l'empêcha d'en voir la réunion.

41. *Concile de Bâle. Nouveau schisme.* — Le **concile de Bâle** s'ouvrit en 1431, sous le pontificat d'**Eugène IV**. Ses deux principaux objets étaient la réformation générale de l'Église, et la réunion des Grecs à l'Église latine. Il rendit des décrets pour rétablir la discipline; mais les Grecs ayant demandé d'une manière instante que le concile où ils devaient se rendre se tînt dans une ville d'Italie, le pape Eugène IV, après la vingt-cinquième session, déclara dissous (1437), le concile de Bâle et en convoqua à **Ferrare** un autre, que, deux ans après, il transféra à **Florence**, Plusieurs prélats restèrent à Bâle, s'arrogèrent le droit de déposer le pape légitime, Eugène IV, et élurent l'antipape Amédée VIII, duc de Savoie, qui prit le nom de **Félix V**. Un nouveau schisme déchirait l'Église.

42. *Réunion des Grecs et leur retour au schisme.* — Le concile transféré à Ferrare, puis à Florence, s'occupa, dès 1438, de la **réunion des deux Églises grecque et latine**, et il eut le bonheur de l'accomplir, mais pour un temps trop court. L'empereur Jean Paléologue et une trentaine d'évêques d'Orient étaient venus; on avait discuté sur la procession du Saint-Esprit, le purgatoire, la primauté du siége de Rome.

18.

En 1439, le décret de réunion dans lequel le pape était reconnu comme le chef suprême de toute l'Église, fut signé par les deux parties ; mais l'empereur, à son retour, ne put faire accepter ce décret de réunion par son peuple ; les évêques qui l'avaient accompagné se rétractèrent ; les Grecs restèrent dans leur schisme. **Bessarion** seul, qui était évêque de Nicée, fut sincère dans sa conversion. Ce savant prélat se fixa à Rome et y fut nommé cardinal.

43. *Pragmatique sanction de Bourges.* — Au moment où le concile de Bâle achevait de promulguer ses décrets, en 1438, la France en mit plusieurs à exécution dans la **Pragmatique sanction de Bourges**, en supprimant les droits connus sous le nom de **réserves** [1], **annates** [2] et **expectatives** [3].

44. *Fin de la nouvelle division causée par l'élection de l'antipape Félix V.* — Eugène IV étant mort en 1447, eut pour successeur **Nicolas V**. Deux ans après, ce nouveau pontife réussit par sa prudence à faire cesser la division qu'avait causée la nomination de Félix V. Celui-ci abdiqua volontairement et fut nommé doyen des cardinaux. En 1450, la chrétienté célébra cet événement dans un jubilé solennel.

45. *Ce qui affligea la fin du pontificat de Nicolas V.* — Avant de descendre dans la tombe, Nicolas V vit **Porcaro** tramer contre lui un complot qui avait pour but de rétablir à Rome la république et qui échoua ; et il eut, cette même année (1453), la douleur de voir

---

[1] Nomination à certains bénéfices, que le pape s'était *réservée*, pour le moment où ces bénéfices deviendraient vacants. — [2] Droit qu'avait le pape sur les revenus de la première *année* d'un bénéfice vacant. — [3] Droit que le pape donnait en *expectative* à un bénéfice, pour l'époque où il viendrait à vaquer.

tomber entre les mains des Turcs l'empire chrétien, quoique schismatique, de Constantinople.

XIII. — ROYAUMES DE NAPLES ET DE SICILE.

46. *Jeanne II, Alphonse d'Aragon et Louis III d'Anjou.* — A Ladislas succéda (1414), sur le trône de Naples, sa sœur **Jeanne II**, dernière héritière des Duras. Cette princesse, comme Jeanne Ire, adopte successivement deux princes différents : d'abord **Alphonse V**, dit le Magnanime, roi d'Aragon, puis **Louis III**, de cette **seconde maison d'Anjou** qui avait eu pour chef Louis, frère du roi de France Jean le Bon, et qui, depuis l'adoption de Jeanne Ire, n'avait pas renoncé à ses prétentions sur Naples.

47. *Reconstitution du royaume des Deux-Siciles.* — Louis III précéda d'un an dans la tombe Jeanne II. Quand cette princesse fut morte, en 1435, Alphonse le Magnanime, qui avait déjà succédé, comme roi d'Aragon et de Sicile, à son père Ferdinand, se prépara à ne point laisser échapper ce nouvel héritage. En vain le **bon roi René** [1] qui avait hérité des prétentions de

---

[1] *René d'Anjou*, né en 1408, mort en 1480, gouverna successivement et se vit successivement disputer le duché de Lorraine, que lui avait apporté sa femme, le royaume de Naples puis l'Anjou, dont il avait hérité du chef de son frère Louis III. Il termina ses jours dans le comté de Provence, qui avait fait partie du même héritage. Ce prince, ami des arts, qui cultivait la poésie et la peinture, était d'un courage brillant dans les combats, et montra dans le malheur la plus ferme résignation. Plein de sollicitude pour ses sujets, il fut nommé par eux le *bon roi René*. La Provence lui dut l'encouragement de plusieurs industries utiles et l'introduction de plusieurs plantes encore inconnues dans ce pays.

son frère aîné Louis III, vint-il à Naples et s'y fit-il reconnaître par une partie de la population. Alphonse l'en chassa en 1442, se fit proclamer roi, et reconstitua ainsi le **royaume des Deux-Siciles**. Il régna jusqu'en 1458.

48. *Ce que devinrent les prétentions de la deuxième maison d'Anjou.* — Les prétentions de la deuxième maison d'Anjou au trône de Naples ne devaient pas s'éteindre. Transmises par René à son neveu Charles d'Anjou, elles passèrent, en vertu du testament de ce dernier, à Louis XI, et ramenèrent, dès la fin du XVe siècle, les armées françaises en Italie.

XIV. — ESPAGNE. CASTILLE.

49. *Jean II et son oncle Ferdinand.* — Le fils de Henri III de Castille, **Jean II**, n'avait pas encore deux ans lors de la mort de son père (1406). La régence fut exercée, pendant la minorité du jeune roi, d'abord par son oncle **Ferdinand**, qui s'acquit le surnom de **Juste** pour avoir refusé de porter lui-même la couronne qui revenait à son neveu. Ferdinand administra sagement le royaume ; mais ce prince ayant été appelé au trône d'Aragon (1412), **don Alvarès de Luna** qui, des rangs les plus humbles de la société, était parvenu à devenir le favori et le ministre du jeune roi, gouverna en son nom.

50. *Longue puissance d'Alvarès de Luna.* — Il eut à soutenir contre la noblesse une lutte opiniâtre de vingt ans. S'il se fit haïr par ses exactions et par son despotisme, il se distingua par son courage contre les ennemis du dehors. Après avoir pris l'épée de **connétable de Castille**, il battit à deux reprises les Maures. Mais enfin la noblesse qui, deux fois, avait obtenu

l'exil du favori, obtint sa tête. Alvarès, accusé d'un assassinat et de plusieurs autres crimes, périt sur l'échafaud (1453), après avoir pendant plus de quarante ans exercé l'autorité souveraine.

51. *Mort de Jean II; ses enfants.* — La même année, ce Jean II qui n'avait été roi que de nom, mourut laissant un fils qui lui succéda sous le nom d'**Henri IV**, et une fille qui fut la célèbre **Isabelle**. Le mariage de cette princesse avec Ferdinand le Catholique réunira les deux couronnes d'Aragon et de Castille, et sous leur règne, les Maures, ces antiques ennemis de l'Espagne, perdront Grenade, leur dernier asile.

XV. — ARAGON. NAVARRE.

52. — *Avénement de la maison de Castille au trône d'Aragon, en la personne de Ferdinand le Juste.* — Quand la maison de Barcelone se fut éteinte en Aragon, dans la personne de **Martin** (1410), sept prétendants aspirèrent à sa succession. Les Cortès nommèrent une commission électorale, et celle-ci déféra (1412) la couronne à un prince de la **maison de Castille**. Ce prince était ce même **Ferdinand le Juste** qui avait refusé de prendre le titre de roi de Castille au préjudice de son neveu, et qui était, par sa mère, petit-fils de Pierre IV le Cérémonieux. Il eut pour successeur (1416) son fils **Alponse V le Magnanime**.

53. *Alphonse le Magnanime, roi d'Aragon et de Sicile, roi de Naples.* — Ce prince mérita son surnom par ses grandes qualités, par son courage, par sa bienfaisance. Il s'occupa du bonheur de ses sujets et aimait à se promener parmi eux, sans suite, disant qu'un père au milieu de ses enfants n'a rien à craindre. Il ne négligea point la grandeur de sa maison. Adopté par

Jeanne II, reine de Naples, il sut conquérir ce royaume et le joindre (1435), malgré les efforts du Roi René, à celui de Sicile. Constantinople fut prise sous son règne, qui se prolongea jusqu'en 1458. Après cette catastrophe, il se plut à attirer dans ses États les savants chassés de l'Orient par la conquête musulmane.

54. *Un père et un fils se disputant la couronne de Navarre.* — **Blanche II,** qui succéda (1425) à son père Charles III sur le trône de Navarre, le partagea avec son époux, **Jean infant d'Aragon** et deuxième fils de Ferdinand le Juste. Mais, en mourant (1441), elle laissa la couronne à son fils, **don Carlos, prince de Viana.** Jean ne voulut point renoncer au pouvoir souverain ; Carlos revendiqua contre son père ses droits, les armes à la main. Il fut battu deux fois, et obligé d'aller se réfugier à la cour de son oncle, Alphonse le Magnanime (1456). Il avait pour implacable ennemie une seconde femme de Jean, qui voulait assurer le trône à son propre fils Ferdinand, et six ans plus tard, mourut (1461) empoisonné par elle. Jean II, déjà roi d'Aragon par la mort de son frère Alphonse V (1458), devint ainsi roi de Navarre par un crime commis sur son fils par sa femme.

XVI. — PORTUGAL.

55. *Jean Ier le Grand.* — **Jean Ier,** après avoir vaincu les Castillans à Aljubarotta (1385), porte ses armes contre les musulmans. En 1415, il passe la mer avec ses trois fils et enlève aux Maures, sur la côte africaine, la ville de **Ceuta.** Ce prince, à qui l'on a donné le surnom de **Grand,** réunit en un recueil les lois portugaises ; ce fut pendant la dernière année de son règne, en 1433, que la résidence royale fut transférée de Coïmbre à **Lisbonne.**

56. *Édouard; Alphonse l'Africain, son fils.* — Ses successeurs, dans la première moitié du xve siècle, furent son fils **Édouard** (1433), puis (1438) le fils d'Édouard, **Alphonse V**, surnommé l'**Africain**. Après avoir fait de sages règlements d'administration, le premier, voulant continuer les succès de son père contre les infidèles, fit assiéger **Tanger**; mais cette tentative échoua et coûta la liberté à son frère, l'infant Ferdinand, qui mourut prisonnier des Maures. Édouard lui-même périt, en 1438, dans une peste terrible qui ravagea Lisbonne. **Alphonse V** n'avait que six ans quand il monta sur le trône. Dans la seconde moitié du xve siècle, il acquit son surnom d'**Africain** par ses conquêtes au delà du détroit.

57. *Découvertes maritimes des Portugais.* — Ce fut sous Jean le Grand que les Portugais commencèrent cette série de découvertes qui devaient porter si haut leur gloire et leur grandeur. Un des fils de ce roi, qui avait signalé son courage devant Tanger, **Henri de Viseu**, fait son étude spéciale de l'art de la navigation et lui donne une protection éclairée. Non content de faire exécuter des voyages par des hommes habiles, il en entreprend lui-même, et mérite le surnom de **Navigateur.** L'île de **Madère** est découverte en 1419. On y transplante de Sicile la canne à sucre et la vigne de Chypre qui doit y donner des vins si renommés. L'ardeur des entreprises va croissant : en 1432, on s'avance jusqu'aux **Açores**, en 1434, jusqu'au **Cap Bojador** ou **Nun**, que les anciens regardaient comme l'extrémité du monde. Hannon, amiral de Carthage, n'avait pu le doubler; mais Gilianez le franchit. Une **école navale** fondée par Alphonse V, à la pointe la plus avancée du Portugal, au cap Saint-Vincent, devient une pépinière de hardis marins, qui arrivent bientôt au cap Vert, aux côtes de la Guinée et qui, à la fin du siècle, auront su doubler le cap des Tempêtes.

XVII. — ORIENT.

58. *Le nouveau conquérant mongol Tamerlan.* — Un nouvel empire, formé des débris de celui de Gengis-Khan, s'était élevé à **Samarkand** pendant les dernières années du XIVe siècle. Un Mongol, qui dans son enfance n'avait possédé qu'un cheval et un chameau, **Timour-Lenk** [1], nommé par corruption **Tamerlan**, avait parcouru en vainqueur la Tartarie, la Perse, les Indes ; il avait inondé ces pays de sang et les avait couverts de ruines. Des émirs Seldjoucides de l'Asie-Mineure, dépouillés par Bajazet, allèrent implorer la protection du conquérant mongol. Tamerlan ordonne au sultan de restituer aux émirs leurs possessions. Le sultan fait ignominieusement couper la barbe aux messagers du Grand-Khan et les renvoie à leur maître avec des paroles insultantes. Tamerlan fond sur l'Asie-Mineure.

59. *Tamerlan aux prises avec Bajazet ; bataille d'Ancre.* — Après avoir impitoyablement rasé Sivas (l'ancienne Sébaste), Tamerlan semble oublier un instant le sultan ottoman pour se jeter sur la Syrie et sur l'É-gypte. Il fait un immense butin, réduit en cendres **Damas**, élève à la place de **Bagdad** détruite un trophée de 90,000 têtes humaines, puis revient vers son ennemi. Tamerlan conduit au combat 800,000 hommes. Bajazet le rencontre près d'**Ancyre** [2] (1402), à la tête de 120,000 soldats, parmi lesquels ses janissaires et 10,000 Serviens. La mêlée est furieuse ; mais le nombre l'emporte. Les Ottomans sont exterminés ; en

[1] Timour le boiteux. — [2] Aujourd'hui Angora, dans l'Anatolie.

ain les chrétiens de la Servie, qu'admire le farouche amerlan, traversent-ils trois fois l'armée ennemie our essayer de sauver le sultan. Celui-ci voit tomber utour de lui tous ses janissaires jusqu'au dernier, et est amené captif devant son vainqueur qui affectait e jouer alors une partie d'échecs. Il plaît à Tamerlan ar la fierté de ses réponses, et meurt l'année suivante ans une captivité honorable, et non, comme on l'a prétendu, enfermé dans une cage de fer.

60. *Mort de Tamerlan. Ce qui restera de son empire.* — Trois ans après la victoire d'Ancyre, Tamerlan meurt aussi (1405) au début d'une expédition contre la Chine. De son vaste empire, il ne restera qu'un débris dans l'Inde, et ce débris formera l'empire du **Grand Mongol.**

61. *L'empire turc pendant les vingt ans qui suivent la bataille d'Ancyre.* — La défaite de Bajazet et les querelles de ses fils permettent, pendant quelques années, à Constantinople de respirer. Son fils **Soliman** restitue quelques villes à l'empereur Manuel II. Il a pour successeurs ses frères **Musa** (1410), puis **Mahomet I**er (1413). Ce dernier doit la couronne à l'empereur de Constantinople et reste son allié. Mais son fils, **Amurat II,** qui lui succède (1421), va signaler son règne par des luttes importantes en Europe.

62. *Commencement du règne d'Amurat.* — Amurat II eut d'abord à se défendre contre un compétiteur, nommé Mustapha, qui se donnait faussement pour le fils de Bajazet, et que soutenait Manuel Paléologue. Quand il se fut débarrassé de ce rival, il voulut se venger de l'empereur et vint assiéger Constantinople à la tête de 200,000 hommes : mais Manuel excita encore à la révolte un frère d'Amurat, et le sultan dut lever le siége pour aller châtier le rebelle. **Jean VIII Paléologue** succéda à Manuel (1425), et il acheta la

paix en se soumettant à payer aux Turcs un tribut annuel.

63. *Amurat II envahit la Servie et menace la Hongrie.* — Après diverses conquêtes dans la Grèce, Amurat II se tourna du côté du Danube. Profitant de la mort du roi de Hongrie, Sigismond, il envahit la Servie, dont les habitants n'avaient été jusqu'alors que les tributaires des sultans, et s'empare de **Sémendrie**[1], la capitale. L'empereur Jean VIII, que ne rassure plus suffisamment la paix qu'il avait achetée, veut se rendre les Latins favorables. Il vient à Florence, comme nous l'avons vu[2], signer, au sein du concile assemblé dans cette ville, un traité de réunion entre les deux Églises, qui ne sera point observé. Mais ce n'est pas encore vers Constantinople que se dirige Amurat, maître de la Servie ; c'est vers la Hongrie, déchirée par la guerre civile.

64. *Belgrade défendue par Jean Hunyade. Paix entre les chrétiens et les Turcs.* — **Belgrade** qu'il avait assiégée (1440), est un boulevard contre lequel viennent se briser tous ses efforts. **Jean Hunyade Corvin**[3], le **Chevalier Blanc de Valachie**, s'était enfermé dans la ville. Après six mois de combats, Amurat est obligé de lever le siége. De nombreuses batailles gagnées par le vaillant vayvode de Transylvanie, entre autres celle de **Sophia**[4] (1442), obligent Amurat à signer une paix que les chrétiens jurent sur l'Évangile, et les musulmans sur le Coran. La Servie est évacuée par ces derniers ; la Bulgarie leur reste.

65. *Violation de la paix. Bataille de Varna.* — Excité par des conseils funestes, le jeune roi de Hongrie et de Pologne, Vladislas VI, organise une croisade et

---

[1] Sur le Danube, à l'E. de Belgrade. — [2] V. ci-dessus, n° 42. [3] V. ci-dessus, n° 15. — [4] En Bulgarie.

viole la paix. Amurat atteint l'armée chrétienne près de **Varna**, en Bulgarie (1444). Il appelle sur elle les vengeances du Dieu qui punit le parjure. Le combat est acharné, et les Turcs remportent une victoire complète. Vladislas est tué, Hunyade est obligé de prendre la fuite.

66. *Amurat, II qui a voulu abdiquer garde le pouvoir ; il ravage la Morée.* — Amurat, croyant la tranquillité assurée à son empire par ce triomphe, veut abdiquer et passer le reste de sa vie dans le calme de la retraite. Mais une **révolte des janissaires** l'oblige à reprendre les rênes du gouvernement. Il ravage la **Morée**, emmène en esclavage 60,000 Grecs de cette presqu'île ; mais il trouve en **Albanie** un héros chrétien digne d'être le frère d'armes de Jean Hunyade.

67. *Georges Castriot, surnommé Scanderbeg.* — Ce nouvel adversaire est **Georges Castriot**. Son père, Jean Castriot, un des petits souverains de l'Albanie, forcé (1423) de se reconnaître tributaire d'Amurat II, avait livré au sultan comme **otage** Georges et ses frères. Ceux-ci avaient péri empoisonnés, dit-on. Distingué et séparé de ses frères, le jeune Georges fut élevé dans l'islamisme, avec le fils même d'Amurat, Mahomet II, et il émerveilla tellement les Turcs par sa force et par son courage qu'ils l'appelèrent **Scander-beg** [1]. Amurat le nomma **Sandjak-Bey** [2], avec un commandement de 50,000 hommes.

68. *Scanderbeg, devenu chrétien soutient, dans Croïa un siége contre Amurat.* — Après la mort de son père, Scanderbeg, qui s'était secrètement lié avec Jean Hunyade, s'enfuit de l'armée ottomane ; il s'empare

---

[1] *Scander-beg*, seigneur Alexandre. — [2] Chef d'une petite province. Ce fonctionnaire ne peut faire porter devant lui qu'une seule queue de cheval.

de **Croïa** [1], se déclare catholique et **soldat du Christ**. Il soulève les Albanais. A la tête de 12,000 hommes, il en repousse 40,000. Amurat vient l'assiéger dans Croïa. Scanderbeg envoie à Venise femmes et enfants, et, avec ses indomptables guerriers, se rit de tous les efforts du sultan.

69. *Défaite de Jean Hunyade à Cassova.* — Une invasion de Jean Hunyade appelle les armes ottomanes dans la Servie. Mais, trahi par le chef perfide de ce pays, le vaillant Hongrois est obligé de fuir une seconde fois (1448), après une bataille dans cette même plaine de **Cassova** qui avait déjà vu triompher et périr le premier Amurat.

70. *Second siège de Croïa. Mort d'Amurat II.* — Le vainqueur revient à Croïa. Croïa reste imprenable, et, désespérant de réussir, Amurat II retourne à Andrinople, où il meurt (1451).

71. *Constantin XII et Mahomet II. Forteresse turque sur la rive européenne du Bosphore.* — Depuis trois ans, Jean VIII avait été remplacé sur le trône de Constantinople par son frère **Constantin XII**, quand **Mahomet II** succéda à son père. Le nouveau sultan avait résolu de s'emparer de Constantinople. Dès le commencement de son règne, il se met à l'œuvre. Il fallait d'abord empêcher cette ville de recevoir par mer les secours de Gênes ou de Venise. Il fait bâtir sur la rive européenne du Bosphore une **forteresse**, en face de celle que son père avait fait construire sur la rive opposée. Parmi l'artillerie qu'il y place, figure un canon énorme qui lance à mille pas un boulet de 300 kilogrammes. Un aga et 400 janissaires sont placés dans ce fort pour lever un tribut sur tous les navires qui passeront. Un vaisseau vénitien refuse d'obéir : il est

---

[1] Au S.-E. de Scutari.

coulé bas d'un seul coup de canon, son capitaine empalé, ses matelots décapités.

72. *Dispositions prises pour l'attaque et pour la défense de Constantinople.* — Dès les premiers jours du printemps de 1453, les Turcs s'approchent de Constantinople. Les opérations du siége commencent le 6 avril. L'armée assiégeante est de plus de 250,000 hommes et se dispose à attaquer, au moyen de quatorze batteries de canons et de machines de guerre, la double ligne de fortifications qui se déploie devant elle. Constantinople, dans ses murailles qui se développent sur une circonférence de plus de 12 kilomètres, renferme 10,000 hommes ; mais sur ce nombre, **Phranzès**, ministre de Constantin, ne peut trouver que 4,970 combattants. On joint à cette petite troupe un corps auxiliaire de 2,500 étrangers vénitiens ou génois, dont le chef est le noble Génois **Justiniani.** L'entrée du port est fermée par une grosse chaîne et défendue par quelques navires. La flotte turque, de son côté, intercepte l'entrée de la mer de Marmara.

73. *Principales péripéties du siége.* — Malgré leur petit nombre, les défenseurs de Constantinople résistent avec une indomptable opiniâtreté. Après les longs combats de la journée, ils passent la nuit à réparer les brèches faites aux murs, à tenter des sorties et à détruire, à leur tour, les travaux des assiégeants. Mais, à la fin, le grand nombre devait l'emporter. Ne pouvant rompre les chaînes qui fermaient le port, Mahomet fait creuser un chemin à travers les collines qui entourent Péra, et, pendant une nuit, il fait glisser, sur des planches enduites de graisse, toutes ses galères, jusque dans le golfe allongé qui forme le port de Constantinople. Une trahison empêche les Vénitiens de brûler la flotte ottomane. Le moment est venu : au bout de cinquante-trois jours de siége, l'assaut général va être donné.

74. *Dernière journée de l'empire Grec.* — Mahomet fixe le **29 mai** pour cette solennelle journée. Le 27, il avait pris ses dernières dispositions et enflammé ses troupes par l'espoir du pillage. Le 28, au soir, les plus nobles des Grecs et les chefs des troupes auxiliaires sont mandés au palais impérial. Le dernier discours que tient le dernier César à cette héroïque assemblée est digne de la grandeur de la circonstance. Tous s'embrassent et se préparent à mourir. L'empereur, avec ses fidèles compagnons, va s'agenouiller à **Sainte-Sophie** et y prendre des forces pour la lutte, dans la prière et la communion. Puis il demande publiquement pardon de toutes les offenses qu'il a pu commettre, et monte à cheval pour visiter les postes. Le 29, à trois heures du matin, les lignes ottomanes s'avancent vers le fossé. Après deux heures de carnage, il est comblé de cadavres turcs. Les assaillants s'approchent en passant sur les corps des leurs, et veulent escalader le mur; les assiégés les renversent. Constantin semble être à la fois sur tous les points menacés. Théophile Paléologue, Démétrius Cantacuzène, Justiniani, font des prodiges de valeur. Justiniani est blessé; les Génois se retirent. L'empereur continue de combattre; les Turcs arrivent au sommet des murs et des tours. Théophile Paléologue se précipite au milieu des ennemis et ne reparaît plus. Constantin, sur la grande brèche, jonche la terre de cadavres autour de lui et tombe sous deux coups de cimeterre. La ville est envahie et est livrée au pillage pendant trois jours : 60,000 Grecs sont tués ou faits prisonniers. Mahomet entre en vainqueur dans Sainte-Sophie. Il fait donner une sépulture honorable au dernier Constantin, et s'occupe de repeupler la ville qui va devenir le siége de l'empire Ottoman.

XVIII. — LETTRES. ARTS. DÉCOUVERTES.

75. *Grand mouvement littéraire en Italie pendant la première moitié du xve siècle.* — Le grand mouvement littéraire qui s'est manifesté en Italie, pendant le xive siècle, reçoit, dans le suivant, une impulsion nouvelle de la présence des savants qui viennent s'établir dans cette péninsule quand Constantinople chancelle et tombe sous les coups des Turcs. La littérature hellénique commence à être plus connue. **Chrysoloras**, que l'empereur avait envoyé en Occident pour solliciter les secours des Latins, répand le goût de cette belle langue et attire de nombreux auditeurs aux leçons qu'il fait à Florence, à Venise, à Rome et à Paris même. Son compatriote, le savant cardinal **Bessarion**, qui s'est fixé à Rome, remet en honneur la philosophie de Platon. Ils sont secondés par les savants de l'Italie. On distingue parmi ces derniers **Léonard Arétin** qui, à son talent d'helléniste, joint celui d'historien, et **Le Pogge**, élève de Chrysoloras, qui se livre aussi aux travaux historiques et à la recherche des œuvres des auteurs de l'ancienne Rome. Un encouragement suprême est donné à cette culture des belles-lettres par le Saint-Siége, et entre autres par le pape Nicolas V, qui réunit des trésors inestimables dans la **bibliothèque du Vatican**.

76. *Universités fondées, pendant ce demi-siècle, en Europe.* — Plus de **quinze universités** nouvelles s'élèvent en Europe, pendant ce demi-siècle. Parmi les plus célèbres, on distingue celles de Leipsig, de Louvain, de Poitiers, de Caen, et celles de Saint-André et de Glasgow, en Écosse.

77. *Principaux écrivains français.* — La France nous offre alors, parmi les poètes : **Villon, Charles d'Or-**

léans, père de Louis XII, qui, pour charmer les ennuis de sa captivité, après la bataille d'Azincourt, écrivait des vers; **Christine de Pisan**, que les lettres consolèrent aussi de ses malheurs; parmi les historiens, **Monstrelet** dont la chronique continue celle de Froissart et finit à la dernière année du moyen âge.

78. *Artistes renommés que l'Italie continue à produire.* — L'Italie continue à s'enrichir des chefs-d'œuvre de ses artistes. **Brunelleschi** élève à Florence la façade du **palais Pitti** et l'admirable coupole de **Sainte-Marie des Fleurs**; **Donato Donatello** orne de délicates sculptures le campanile de cette église, et nous laisse des statues qu'admirera Michel-Ange; ces deux illustres Florentins décernent eux-mêmes à leur compatriote **Ghiberti** la palme à laquelle ils avaient aspiré, dans le concours pour les **portes du baptistère** ou de l'église Saint-Jean; le merveilleux travail dont Ghiberti a couvert ces portes de bronze les a rendues, selon le jugement de Michel-Ange lui-même, dignes d'être les portes du paradis. Enfin, près de Florence, naît le **frère Angelico de Fiesole**, et ce dominicain, à qui sa sainteté a mérité le titre de bienheureux, fait passer dans ses tableaux religieux toute l'ardeur de sa foi et toute l'onction de sa piété.

79. *Invention de la peinture à l'huile.* — L'origine de **la peinture à l'huile** n'est pas bien certaine. On l'attribue généralement à deux peintres flamands, **Jean van Eyck**, ou **Jean de Bruges**, et à son frère Hubert van Eyck, qui travaillait toujours avec lui. Cette invention daterait de 1428. Les œuvres de ces fondateurs de l'école flamande ont conservé une inaltérable fraîcheur de coloris,

80. *Grande découverte qui a signalé la première moitié du XVe siècle.* — Plusieurs essais, faits de bien des

côtés à la fois, amènent, vers la fin de la première moitié du xve siècle, la grande découverte de l'**imprimerie**. On avait commencé par graver les manuscrits sur bois, puis sur cuivre, quand on s'avisa de fondre des **caractères mobiles**. La plus belle part de cette invention, qui constituait un art nouveau, revient à **Guttenberg**. Cet homme remarquable naquit à Mayence, en 1400. Après bien des tentatives poursuivies à Mayence et à Strasbourg, après bien des traverses, il s'associa avec un banquier, **Jean Fust**, qui fournit les fonds nécessaires à l'impression de la première **Bible**. Elle fut achevée en 1453, après trois ans d'un opiniâtre labeur. Mais l'atelier de Guttenberg, dont ce dernier fut dépouillé par la mauvaise foi de Fust, passa entre les mains de ce banquier qui s'adjoignit un ouvrier nommé **Schœffer**. Fust et Schœffer publièrent un Psautier en 1457. L'imprimerie ne tarda pas à se propager à Cologne, à Strasbourg, à Rome, à Paris, à Venise. Le désir qui avait animé l'humble frère Gérard Groot [1] recevait son entier accomplissement ; désormais les œuvres de l'intelligence pouvaient être reproduites de manière à satisfaire aux besoins de tous les esprits.

XIX. — ÉGLISE.

81. *Conciles généraux tenus pendant la première moitié du xve siècle.* — Les conciles généraux tenus pendant la première moitié du xve siècle furent les deux conciles dont nous avons fait l'histoire [2] : celui de **Constance** (1414) qui condamna l'hérésie des Hussites et mit un terme au **grand schisme d'Occident**, et celui de **Florence** (1439), où s'était faite entre l'É-

---

[1] V. xive siècle, n° 128. — [2] V. ci-dessus, n°^s 37, 42.

glise latine et l'Église grecque une réunion qui ne dura pas.

82. *Personnages remarquables que nous offre l'histoire de l'Église pendant la première moitié du xve siècle.* — L'histoire de l'Église nous offre, pendant la première moitié du xve siècle, plusieurs personnages célèbres : **saint François de Paule**, né en Calabre, qui, en 1436, fonda l'ordre des **Minimes**, et qui, à la fin de ce même siècle, apporta en France, à Louis XI mourant, les consolations de la religion; **Thomas a-Kempis** qui, dans un monastère de la Hollande, consacra sa vie à copier des ouvrages utiles et à en composer d'autres où respire la plus douce piété. C'est encore au xve siècle que brillèrent en France deux illustres et saints personnages : **Pierre d'Ailly** et **Gerson.** Le premier qu'on surnomma l'**Aigle des docteurs de la France**, fut cardinal (1411) et légat du Saint-Siége. Le second, qui lui succéda dans la charge de chancelier de l'Université de Paris, reçut de ses contemporains le surnom de **Docteur très-chrétien.** On ne sait pas d'une manière précise qui a écrit l'**Imitation de Jésus-Christ**, « le plus beau livre qui soit sorti de la main des hommes, puisque l'Évangile n'en vient pas. » Mais le savant et pieux Gerson a mérité d'être un de ceux auxquels il a été attribué, et avec le plus de vraisemblance, par la reconnaissance de la postérité.

XX. — FRANCE.

Lutte entre les ducs d'Orléans et de Bourgogne. — 1404. Mort de Philippe le Hardi. Jean Sans-Peur lui succède. — 1407. Il assassine le duc d'Orléans. — Querelles des Armagnacs et des Bourguignons. — Paris en proie aux Cabochiens. — 1415. Bataille d'Azincourt. — Isabeau de Bavière trahit la France, son époux et son fils. — 1419. Assassinat de Jean Sans-Peur à Montereau. — 1420. Traité de Troyes. — 1422. Mort de Charles VI. — CHARLES VII dit le Victorieux. — 1423.

Défaite de Crevant. — **1424.** Défaite de Verneuil. — Charles VII est appelé le roi de Bourges. — 1428. Siége d'Orléans par les Anglais. — 1429. Jeanne d'Arc leur fait lever le siége. — Victoire de Patay sur Talbot. Couronnement de Charles VII à Reims. — 1430. Jeanne d'Arc est prise à Compiègne. — 1431. Elle est brûlée à Rouen. — 1435. Traité d'Arras entre Charles VII et le duc de Bourgogne, Philippe le Bon. — 1448. Reprise des hostilités contre les Anglais. — Dunois, Xaintrailles les attaquent. — 1450. Victoire de Formigny et conquête de la Normandie. — 1453. Victoire de Castillon et conquête de la Guyenne. Les Anglais ne conservent en France que Calais. — Fin de la guerre de Cent ans.

État de l'Europe à la fin du moyen âge.

1. *États du nord et du centre de l'Europe.* — Au moment où se termine le moyen âge, l'**Angleterre,** maîtresse de l'Irlande, ne possède plus en France qu'une ville, Calais, et va être déchirée à l'intérieur par la guerre des deux Roses. L'**Écosse** se réorganise et ses rois s'occupent de combattre avec énergie la féodalité. — L'union de Calmar est rompue, et le **Danemark** dispute à la **Suède** la possession de la **Norvége.** — La **Russie**, encore sous le joug des Tartares, commence à le secouer, mais ne peut encore le rompre. — En **Pologne,** la noblesse se prépare à lutter contre le pouvoir royal. Ce royaume comprend la Lithuanie, s'avance de deux côtés, vers Memel et vers Dantzick, jusqu'aux rives de la Baltique, et resserre de toutes parts la **Prusse,** qui déjà réclame sa protection pour échapper aux chevaliers Teutoniques. — **La France** vient d'assurer son indépendance et son unité, et ses rois dominent la féodalité en attendant qu'ils l'abattent. — En **Allemagne,** l'**Autriche** grandit ; mais la puissance impériale est singulièrement amoindrie par celle des princes de l'empire, souve-

rains indépendants. — La **Suisse** vient d'acquérir sa liberté par de nouvelles victoires sur les ducs d'Autriche, et va l'affermir par des victoires nouvelles sur le dernier puissant feudataire du roi de France, le duc de **Bourgogne**. — La Hongrie et la **Bohême**, qui ont pour roi un prince de la maison d'Autriche, sont le boulevard de la chrétienté.

2. *États du sud de l'Europe et Terre-Sainte.* — La **Moldavie** a encore une existence indépendante sous le gouvernement de princes alliés des Hongrois. Ce dernier peuple dispute la **Valachie** et la **Bosnie** aux Turcs, qui ont déjà imposé le tribut à ces deux pays. — L'**Empire ottoman**, outre ses possessions asiatiques, qui touchent à l'Euphrate, comprend en Europe les pays situés au sud du Danube jusqu'à Belgrade. Il a absorbé la **Bulgarie** et la **Servie** ; mais la croix est défendue en **Albanie** par l'épée de Scanderbeg. — Le petit empire grec de **Trébizonde**, le duché d'**Athènes**, occupé par les Florentins, les îles de l'Archipel, et notamment **Rhodes**, autre boulevard de la chrétienté, n'ont pas encore subi la conquête musulmane. La **Terre-Sainte**, si longtemps disputée aux infidèles, est, ainsi que la Syrie, aux mains des soudans mameluks d'Égypte. Le petit royaume de **Chypre** leur a échappé. — Dans l'**Italie**, on trouve au nord **Venise**, pour qui arrive l'heure de la décadence, mais qui possède, des bords de l'Adda à ceux de l'Isonzo, un vaste territoire, auquel il faut joindre la Dalmatie, la Crète, les îles de l'Archipel. Le duché de **Milan** comprend Parme et Plaisance. Les États de la **Maison de Savoie** s'étendent en France jusque auprès de Lyon, et au delà des Alpes jusqu'à la Méditerranée. **Gênes** est momentanément aux Français. Dans le nord de la Péninsule, on trouve encore la principauté de **Mantoue**, celle de **Modène** et **Fer-**

rare que gouverne la maison d'Este ; **Lucques** a maintenu son indépendance contre **Florence**, qui est dans sa période de splendeur sous les Médicis. — **Rome** est redevenue la capitale des Papes ; et, si les souverains pontifes ont cessé d'être, dans les affaires temporelles, les arbitres de l'Europe, ils continuent, outre leur mission sacrée, leur œuvre civilisatrice, en se montrant les protecteurs les plus généreux et les plus éclairés des arts. — Au sud, le royaume des **Deux-Siciles** jette un vif éclat sous la domination d'Alphonse le Magnanime, roi d'**Aragon**. — En Espagne, la couronne de **Navarre** se réunit, sur la tête d'un père ambitieux, à celle d'Aragon ; ce dernier royaume est encore séparé de celui de **Castille** ; mais le moment approche où ils se réuniront, et où l'armée espagnole chassera de Grenade les Maures et les renverra dans l'Afrique qui les a lancés sur l'Europe. — Enfin, sur les bords de l'Océan, le **Portugal** prépare sa prochaine grandeur et s'avance, de découvertes en découvertes, le long des côtes occidentales de cette même Afrique que ses flottes doubleront bientôt, pendant qu'un nouveau monde surgira, sur l'autre bord de l'Atlantique, aux yeux d'un navigateur de génie, animé par la foi.

RÉCAPITULATION

Les dix siècles et demi, dont nous venons de présenter l'histoire abrégée, peuvent se réduire à quatre grandes périodes.

Première période, depuis le partage définitif de l'empire romain, après la mort de Théodose le Grand, en

395, jusqu'au rétablissement de l'empire d'Occident par Charlemagne, en 800.

Cette période de quatre siècles comprend l'**invasion des barbares**, le démembrement de l'empire romain, les premiers commencements des États modernes, le progrès du christianisme chez les Barbares, la naissance et les progrès du mahométisme. (Pages 1 à 57.)

Deuxième période, depuis le rétablissement de l'empire d'Occident par Charlemagne, en 800, jusqu'à la première croisade, en 1095; période de trois siècles, comprenant les incursions des Normands, le schisme de l'Église grecque, l'établissement du **régime féodal**, le commencement de la lutte entre le sacerdoce et l'empire. (Pages 57 à 142.)

Troisième période, depuis la première croisade, en 1095, jusqu'à la mort du pape Boniface VIII, en 1303; période de deux siècles remplie par les **Croisades**, et qui est l'époque de la plus grande puissance de la papauté. (Pages 142 à 213.)

Quatrième période, depuis la mort du Pape Boniface VIII, en 213, jusqu'à la prise de Constantinople par les Turcs, en 1453; période d'un siècle et demi, qui comprend la **guerre de Cent ans** entre la France et l'Angleterre, le grand schisme d'Occident, le commencement de la puissance de la maison d'Autriche, et la chute de l'empire d'Orient. (P. 213 à 330.)

FIN DE L'HISTOIRE DU MOYEN AGE.

TABLE DES MATIÈRES